中共中央党校（国家行政学院）
马克思主义理论研究丛书

马克思人学的
存在论阐释

AN ONTOLOGICAL EXPLANATION OF
MARX'S HOMINOLOGY

陈曙光◎著

社会科学文献出版社
SOCIAL SCIENCES ACADEMIC PRESS (CHINA)

代序一

在中央党校马克思主义学院
成立大会上的讲话
（2015 年 12 月 26 日）

何毅亭

今天是中央党校一个值得纪念的日子，因为中央党校马克思主义学院正式成立了。我代表刘云山校长、代表中央党校校委会，对中央党校马克思主义学院成立表示热烈的祝贺！对前来参加马克思主义学院成立大会的各位领导和嘉宾表示衷心的感谢！对在马克思主义理论教学和研究中辛勤耕耘和默默奉献的校内外老领导老同志和广大教职员工表示诚挚的敬意！

《共产党宣言》发表以来，马克思主义在一个多世纪里实现了广泛的传播，唤起了普遍的觉醒，指导和引发了世界范围深刻的社会变革。马克思主义的传入给近代中国带来了革命性变化，中华民族由此开启了全新历程。如今，世界上越来越多的人认识到：中国道路深刻改变了当代中国面貌，中国理论使马克思主义焕发生机，中国经验对世界的影响日益凸显。回过头看，世界上还没有哪种思想理论像马克思主义这样对人类社会发展产生如此巨大的作用和如此深远的影响。

成立中央党校马克思主义学院，是中央党校校委会作出的重大决策，得到刘云山校长的大力支持和党中央批准同意。在前不久召

何毅亭，中共中央党校（国家行政学院）分管日常工作的副校（院）长。

开的全国党校工作会议上，习近平总书记在讲话中强调坚持党校姓党首先要坚持姓"马"姓"共"时特别指出："中央批准中央党校成立马克思主义学院，就是坚持党校姓'马'姓'共'之举。"在如此重要的场合，习近平总书记把中央党校成立马克思主义学院提到这样的高度来强调，充分体现了党中央对发挥好党校作用这个党的独特优势的重视和期望，是对中央党校马克思主义学院乃至全国所有马克思主义学院的最大鼓舞和鞭策。

中央党校的前身就是1933年在江西瑞金建立的"马克思共产主义学校"，一开始就姓"马"。新中国成立前后一段时间，中央党校曾更名为"马列学院"，也公开姓"马"。长期以来，中央党校的教学和科研坚持以马克思主义为中心，各个教研部围绕马克思主义理论学科建设来设置，2009年又专门增设马克思主义理论教研部。就是说，中央党校从整体上就是一所马克思主义学院。那么，为什么还要单独成立马克思主义学院呢？

我们知道，中央党校是党的最高学府，是党的思想理论建设的重要阵地和意识形态工作的重要部门，讲授马克思主义、研究马克思主义、宣传马克思主义，既天经地义更责无旁贷，中央党校马克思主义基本理论学科齐全，除国务院学位委员会第一批批准的马克思主义理论一级学科外，还拥有马克思主义哲学、政治经济学、政治学等学科博士学位授权点，其中哲学、理论经济学、科学社会主义、党史党建是国家重点学科。在多年理论教学和研究工作中，中央党校聚集和培养了一批政治立场坚定、马克思主义学养深厚、在相关学科领域有影响的专家学者。在中央党校马克思主义理论教研部基础上成立马克思主义学院，可以搭起一个新的更大的平台，更好整合校内马克思主义理论学科资源，更好聚集党校系统马克思主义理论学科建设优势，更好发挥中央党校乃至整个党校系统在马克思主义理论教学、研究、宣传和人才培养方面的重要作用。特别是党的十八大以来，以习近平同志为核心的党中央更加重视马克思主义理论研究和建设工程，明确提出要大力推进包括马克思主义学院建设在内的理论工作"四大平台"建设。中央党校成立马克思主义学院，是贯彻党中央要求的重要举措，很有必要、意义重大。

刚才，几位兄弟单位的领导发表了热情洋溢的讲话，你们在讲授、研究、宣传马克思主义理论方面卓有成效的工作，对我们有很大启发和帮助。中国社会科学院自 2005 年成立马克思主义研究院至今已经十年，取得的成就和产生的影响有目共睹。北京大学今年 10 月举办首届"世界马克思主义大会"，来自五大洲的 400 余位中外学者参加会议，120 余位专家学者在论坛发言，规模空前、成果丰厚。目前，全国已有 200 多所高校成立了马克思主义学院，大家各具特色和优势，发展态势可喜可贺。中央党校马克思主义学院要学习借鉴兄弟单位的成功做法，进一步彰显自己的特色和优势，努力建成一流的马克思主义教学基地、一流的马克思主义研究高地、一流的马克思主义思想阵地。

建成一流的马克思主义教学基地，最根本的是干好党的理论教育和党性教育这个主业主课，在用马克思主义理论教学育人方面走在前列。党校是我们党教育培训党员领导干部的主渠道主阵地。旗帜鲜明、大张旗鼓地讲马克思主义、讲中国特色社会主义、讲共产主义，用马克思主义理论武装学员头脑，推动学员提升看家本领，帮助学员补钙壮骨、立根固本，是党校办学的中心工作，更是马克思主义学院必须重点抓好的第一位任务。马克思主义学院讲授马克思主义，要更加注重学员对马克思主义经典著作的学习研究，引导学员努力掌握辩证唯物主义和历史唯物主义基本原理和方法论。特别要把马克思主义中国化最新成果作为中心内容，深入解读阐释习近平总书记系列重要讲话精神，引导学员以"四个全面"战略布局和"五大发展理念"为主线，进一步深化对习近平总书记系列重要讲话的系统学习和深入理解，做到学而信、学而用、学而行。还要强化问题导向，注重回答普遍关注的问题，注重消除学员思想上的疙瘩，防止空对空、两张皮，增强马克思主义理论教学的针对性和实效性。

建成一流的马克思主义研究高地，最根本的是以马克思主义眼光纵观天下大势，在研究阐释 21 世纪马克思主义、当代中国马克思主义方面走在前列。马克思主义是在提出问题和分析问题过程中产生的，也要在提出、分析和解决问题中不断丰富和发展。21 世纪的世界，各种问题矛盾风险层出不穷、不确定因素大量增多，马克思主义为分析和应对这些问题矛盾风险以及不确定因素提供了根本的思想指南。21 世纪的中国，我们党带领人民为实现"两个一百年"目标和中华民族伟大复兴的中国梦而不懈奋斗，在这个进程中也会遇到各种矛盾风险挑战，会面临一些需要研究解决的深层次问题。比如，如何在经济社会发展中更好体现社会主义本质，实现效率与公平、人与自然的统一；如何在坚持和完善中国特色社会主义政治制度中更好发展社会主义民主、健全社会主义法治，充分实现人民当家作主；如何在推进社会主义精神文明建设中培育和践行社会主义核心价值观，实现人的自由全面发展，在借鉴世界优秀文明成果基础上实现中华文明的复兴。凡此等等，都需要以马克思主义为指导进行深入探索和研究，从理论和实践结合上作出有说服力的回答。马克思主义学院开展这方面的研究，开展哲学社会科学研究，不能坐而论道，而要突出问题意识和实践导向，积极参加马克思主义理论研究和建设工程，深入实施马克思主义理论骨干人才计划，加强对重大现实问题和突出矛盾的对策性研究，努力成为出思想、出成果、出人才的研究高地。

建成一流的马克思主义思想阵地，最根本的是在加强思想理论引领、构建中国特色话语体系方面走在前列。当今时代，社会思想观念和价值取向日趋多元，社会思潮纷纭激荡。党校不是世外桃源，意识形态领域的许多重大问题都会在党校汇聚。这就给党校、给中央党校马克思主义学院提出了提升思想引领力和话语主导权的任务。现在，世界范围话语权上"西强我弱"的格局还没有根本改变，我们的话语体系还没有建立起来，声音偏小偏弱，不少方面处于"失语"或"无语"状态，我国发展优势和综合实力还没有转化为话语优势。你没有，西方话语体系就乘虚而入，就大肆兜售和贩卖。如果我们饥不择食，沿用人家的逻辑和思路来做，就会进人家的套。习近平总书记在全国党校工作会议上明确提出：失语就要挨骂。争取国际话语权是我们必须解决好的一个重大问题。他要求党校在这方面发挥重要作用。马克思主义学院要认真贯彻习近平总书记这一要求，发挥好中央党校和党校系统的学科优势、人才优势和整体优势，加强力量协调，加强资源整合，弘扬主旋律、传播正能量，及时发出中国声音、鲜明展现中国思想、响亮提出中国主张。要加强对各种社会思潮的辨析和引导，坚持在重大政治原则和大是大非问题上净化"噪音""杂音"，敢于发声亮剑，善于解疑释惑，为坚持和巩固党在意识形态工作的领导、巩固马克思主义在意识形态领域的指导地位作出积极贡献。

这里需要特别指出的是，中央党校成立马克思主义学院，绝不是简单的名称改换，绝不是追求形式上的好看中听，而是要以学院成立为新起点和重大契机，着力提振全校的精神状态，以新的思路和得力举措全面提升马克思主义学院的教学科研水平，全方位提升马克思主义学院的影响力和核心竞争力。

马克思主义学院要坚持政治建院，始终唱响姓"马"姓"共"主旋律。马克思主义学院因加强马克思主义理论教学和科研而办，坚持政治建院是应有之义。要始终把握正确的政治方向，严守党的政治纪律和政治规矩，向以习近平同志为核心的党中央看齐，把姓"马"姓"共"贯穿于办院全过程，做到党中央要求干什么就坚定干什么，党中央禁止什么就坚决反对什么，以实际行动维护党中央的权威。马克思主义学院一切工作都要围绕党和国家的中心工作来进行，无论是制定教学和科研规划、确定教学和科研任务，还是设置教学和科研内容、创新教学和科研方法，都要自觉从党和国家工作大局去把握、去落实。在这个问题上，脑子要特别清醒、眼睛要特别明亮、立场要特别坚定。要把握好政治立场坚定性和科学探索创新性的有机统一，处理好学术研究和理论宣传的关系，处理好言论自由和政治纪律的关系，做到学术研究无禁区、课堂讲授有纪律、公开言论守规矩，决不允许公开发表违背党中央精神的错误观点，决不能信口开河、毫无顾忌。

马克思主义学院要坚持人才强院，多举措打造高端理论人才队伍。办好学院，关键在人才，尤其是领军人才和拔尖人才。缺乏马克思主义理论名师名家，缺乏一流的理论人才队伍，马克思主义学院是一流不起来的。习近平总书记在全国党校工作会议上对党校师资队伍和人才队伍建设提出明确要求，强调党校要办好必须有一批理论大家和教学名师，强调要充分利用各方资源，不求所有、但为所用，强调只要能够提高党校师资水平和教学水平，可以"八仙过海，各显神通"，各种办法都可以用。这些重要思想，给办好党校、办好学院提供了科学的人才方法论。中央党校将围绕打造马克思主义理论高端人才队伍，抓紧实施"名师工程"和"高端人才引进计划"。一方面，通过访学深造、挂职锻炼、教研实践、蹲点调研、外出培训以及优秀教师传帮带等方式，着力提高学院现有教研人员的政治素养、专业水平、科研能力。另一方面，打开选人用人视野，以调入、聘任、兼职、合作研究等多种方式网罗人才，确保引得来、留得住、用得好。要通过坚持不懈努力，造就理论功底深、学术造诣高、教学科研成绩大、在学术界有影响的马克思主义理论名师名家；引进学术功底扎实、具有创新能力、在相关领域作出突出贡献的马克思主义理论高端人才；培养专业知识丰富、具有较大发展潜力的马克思主义青年才俊，从而形成自己的人才高地，以人才高地建设增强学院的实力、提振学院的影响力。

马克思主义学院要坚持管理兴院，全方位提升办学水平。办好一流的马克思主义学院，必须有一流的管理。政治建院、人才强院要落到实处都要依靠管理，通过管理形成风清气正、充满活力，富有效率、有利于出思想出人才出成果的政治生态和人文环境。学院的领导和中层干部要有责任意识和管理才能，处理好治院与治学的关系，既要当好学问家、学术带头人，还要当好管理者、组织者、善于抓执行、抓落实，积极探索和遵循办学规律，把马克思主义学院办出水平。一要坚持开放办院、开拓办院。要加大与先进同行的战略联盟，互联互通，共赢互进，共谋发展。尤其要加大与国内外先进同行在重大活动开展、议题设置、学科建设、平台建设、人才培养等方面的交流与合作，取长补短，博采众长，联合国内外优秀马克思主义研究者，引领马克思主义研究方向，提升话语权和软实力。二要抓好协同。把学院办好不仅仅是学院本身的事，党校各个单位都有责任，都要尽心尽力、协同作战。目前已经成立了囊括我校马克思主义理论研究和建设工程专家的专家委员会，还把中国马克思主义研究基金会也放了进去，下一步还要根据需要继续做好整合协调工作，像教研部门、刊物、学会、网站、数据库等都要协同起来，共同发挥最大作用。三要抓好保障。当前首要的是抓紧实施中央党校教学和智库建设创新工程，切实在用人制度创新、机构设置创新、教研组织方式创新、教研评价机制创新、教学科研资源配置方式创新上下功夫，最大限度地解放和发展教研生产力，调动教研人员积极性和创造性，为建成一流马克思主义学院提供坚强保障。要通过改革创新建立完善办学体制机制，鼓励学术立身，鼓励拔尖冒尖，鼓励集体攻关，让马克思主义理论人才感到有尊严、有盼头、有奔头，让马克思主义理论领军人才和青年才俊茁壮成长，让马克思主义理论名师名家脱颖而出。

中央党校马克思主义学院的成立，是中央党校的光荣，更是学院教职员工的光荣。希望学院全体同志牢记使命、振奋精神、鼓足干劲，全身心投入到马克思主义学院建设上来，尽快找准定位、理清思路，确保开局顺利，早日实现建院目标。

代序二

在"马克思主义理论创新与新中国 70 年成功实践暨第四届全国党校系统马克思主义学院教学科研座谈会"上的讲话
（2019 年 7 月 20 日）

甄占民

今年是中华人民共和国成立 70 周年，深入总结我们党治国理政的经验无疑是庆祝新中国 70 岁华诞的重要内容。目前全党正在开展"不忘初心、牢记使命"主题教育，深入研究守初心、担使命的深刻内涵和实践要求无疑是理论工作者的重要责任。在这样的背景下，我们召开这次座谈会，以习近平新时代中国特色社会主义思想为指导，围绕新中国 70 年成功实践，探讨马克思主义理论创新问题，有助于我们深化对共产党执政规律的认识，把握初心初衷和使命担当，进一步回答中国共产党为什么"能"；有助于我们深化对马克思主义中国化历程的认识，深刻理解马克思主义深刻改变中国的生动实践，进一步回答马克思主义为什么"行"；有助于我们深化对改革开放和中国特色社会主义道路非凡意义的认识，更好地探讨"中国经验""中国奇迹"，进一步回答中国特色社会主义为什么"好"。可以说，这次座谈会时机特殊、意义特殊，展现了党校人、马院人对坚持和发展马克思主义的深厚情怀；展现了我们对党校姓党、思想建党、

甄占民，中共中央党校（国家行政学院）副校（院）长。

理论强党的不懈追求；展现了我们对坚持和发展中国特色社会主义、实现"两个一百年"奋斗目标和中华民族伟大复兴中国梦的责任担当。

在理论创新与实践创新的紧密互动中坚持和发展马克思主义，不断用发展着的马克思主义指导新的实践，是我们党带领人民进行革命、建设和改革的鲜明主题，也是新中国成立70年来最为宝贵的历史经验。70年来，我们党始终坚持解放思想、实事求是、与时俱进，始终坚持把马克思主义基本原理同中国具体实际和时代特征相结合，不断赋予马克思主义以新的时代内涵和新的实践特色，又不断从新的历史实践和历史经验中丰富和发展马克思主义。从坚持和发展毛泽东思想，再到创立邓小平理论，到形成"三个代表"重要思想，到形成以人为本、全面协调可持续的科学发展观，都是如此。历史也充分表明，理论创新与实践创新的紧密互动，成就了我们党，成就了中国特色社会主义，成就了马克思主义的新境界。也可以说，正是靠着不懈的理论创新和实践创造，我们党一次次在回答"时代之问"上达到了新的高度，一次次在"从哪里来、向何处去"的问题上产生了新的思想飞跃，一次次在推动历史进步上掀开了新的历史篇章。

越是波澜壮阔的实践，越是呼唤新的思想引领，也越能孕育新的伟大思想。党的十八大以来，面对具有许多新的历史特点的伟大斗争，以习近平同志为核心的党中央顺应时代发展大势，勇于回答"新的时代之问"，创立了习近平新时代中国特色社会主义思想，开辟了马克思主义的新境界。如果我们仔细分析这一思想的创立过程，就会清晰感到，一系列新的重大思想观点的提出、一系列新的重大战略举措的确立，都是在理论创新和实践创新的紧密联系中不断深化和完善的；如果我们深深领悟这一思想的鲜明特质，也会深深感到，贯穿其中的就是习近平总书记马克思主义政治家、思想家、战略家的非凡理论勇气、卓越政治智慧、强烈使命担当，"我将无我，不负人民"的赤子情怀，应时代之变迁、领时代之先声、立时代之潮流的领袖气度。应该说，植根于中国特色社会主义新时代，坚持理论创新和实践探索相统一，彰显了习近平新时代中国特色社会主义思想的独特思想魅力和强大实践引领力。

在理论创新与实践创新的紧密互动中坚持和发展马克思主义，是推动马克思主义中国化时代化大众化的基本规律；从理论与实践的紧密结合上学好、用好、讲好习近平新时代中国特色社会主义思想，是我们坚持和发展当代中国马克思主义、21世纪马克思主义的重要遵循。近年来，全国党校（行政学院）系统把学习研究宣传习近平新时代中国特色社会主义思想作为重中之重，在推进这一思想"进教材、进课堂、进头脑"上做了卓有成效的努力，得到了广大学员和社会各方面的普遍好评。如何往"深"里钻、往"透"里讲，引导党员干部在学懂、弄通、做实上再往前迈进一步？一个重要方面，还是要从理论与实践相结合上多努力、下功夫。从当前看，有两个方面的问题特别值得我们重视。

第一个问题，深入研究习近平新时代中国特色社会主义思想重大历史意义，特别是原创性贡献。

理论的价值在于原创性，原创性贡献越大则历史作用就会越深远。这对于我们深入学习贯彻习近平新时代中国特色社会主义思想，是一个至关重要的问题。

我们说，形成党的理论创新成果，实现了党的指导思想的与时俱进，重要的体现是什么？就是在紧跟时代中实现了理论上的创新创造；我们说，要充分认识这一思想的时代意义、理论意义、实践意义、世界意义，意义在哪里？关键是有理论上创新创造价值；我们说，增强贯彻落实创新理论的政治自觉、思想自觉、行动自觉，前提也是要真正弄清这一思想的原创性贡献。

"善学者尽其理，善行者究其难。"理论的原创性，不是指一般的看法、办法和措施，更多的是指对事物发展变化的规律性或本质性的新揭示，是指具有长远和全局意义的思想理念和战略举措的新创造，从而在社会历史进程中发挥引领作用。习近平新时代中国特色社会主义思想，贯穿着许多新视角、新范畴、新的分析框架，打破了惯常的视野局限、思维局限与理论局限，既有对马克思主义基本原理的进一步揭示，又有关于当今时代问题的新思想新观点，既有对社会主义理论基本范畴的丰富，又有对一些重要思想观点内涵的拓展，说出了很多前人没有说过的"新话"，阐明了很多前人没有阐明的道理，提出了许多前人没有提出的战略之举。

对习近平新时代中国特色社会主义思想的原创性贡献，思想理论界作了不少研究阐释。有的从马克思主义三大组成部分角度来阐述，即阐明对马克思主义哲学、政治经济学、科学社会主义方面的贡献；有的从中国特色社会主义理论体系的基本框架角度来阐述，即阐明这一思想在揭示社会主义本质特征、目标追求、发展动力等方面的贡献；有的从现代化发展战略的角度来阐述，包括阐明在战略目标、战略路径、战略布局等方面的贡献。所有这些，都对我们有重要的启示意义。

如果从政治与学理的结合上把握这一思想的原创性贡献，"三大规律"是很好的切入视角。为什么是一个好视角？从字面上讲容易理解：共产党执政规律、社会主义建设规律、人类社会发展规律，是一个层层递进、逐步深入的思路；从更深层面来思考，在坚持和发展中国特色社会主义的过程中，无论是在理论上，还是在实践上，我们党遇到的最经常、最集中的问题，就是这"三大规律"的问题。党的十九大报告也指出，"以全新的视野"深化了对"三大规律"的认识，在此基础上形成了习近平新时代中国特色社会主义思想。

第二个问题，深入研究习近平新时代中国特色社会主义思想的基本内涵，特别是系统化的理论体系。

任何一种思想学说都有一定的系统性。作为马克思主义中国化最新成果的习近平新时代中国特色社会主义思想，同样具有系统化的鲜明特征。从党的历史进程看，每一次重大理论创新成果的确立，每一次指导思想的与时俱进，都是在系统回答时代课题中实现的，也是以系统化的思想观点来呈现的。

比如，关于毛泽东思想，党的历史上有两次集中的阐述。第一次，是党的七大上刘少奇在修改党章的报告中的阐述，强调毛泽东思想是"中国人民完整的革命建国理论"。第二次，是1981年6月党的十一届六中全会审议通过《关于建国以来党的若干历史问题的决议》，对毛泽东思想独创性贡献作出集中概括，强调"它在土地革命战争后期和抗日战争时期得到系统总结和多方面展开而达到成熟，在解放战争时期和中华人民共和国成立以后继续得到发展"，同时系统阐述了其"6个关于"和"3个灵魂"的内涵。

比如，关于邓小平理论，实际上也有两次集中的阐述。第一次是党的十四大，当时的提法是"建设有中国特色社会主义的理论"，指出这个理论第一次比较系统地初步回答了如何建设社会主义、如何巩固和发展社会主义的一系列基本问题。第二次是党的十五大，把"建设有中国特色社会主义的理论"明确概括为"邓小平理论"，又一次强调这一理论抓住"什么是社会主义、怎样建设社会主义"这个根本问题，"第一次比较系统地初步回答了中国社会主义"的一系列基本问题。

习近平新时代中国特色社会主义思想，作为马克思主义中国化的最新成果，也有其内在的系统性。党中央印发的《习近平新时代中国特色社会主义思想学习纲要》（以下简称《学习纲要》）不仅强调习近平新时代中国特色社会主义思想"体系严整、逻辑严密、内涵丰富、博大精深"，而且围绕党的十九大报告特别是"八个明确""十四个坚持"的核心内容进行了更为逻辑化、系统化的阐述，这也是《学习纲要》的一个突出贡献。

我们可以结合研读《学习纲要》，对习近平新时代中国特色社会主义思想的科学体系做进一步的研究，包括这一思想的历史方位；包括坚持和发展中国特色社会主义的方向目标；包括坚持和发展中国特色社会主义的根本立场和领导力量；包括坚持和发展中国特色社会主义的总体布局、战略布局和战略安排；包括坚持和发展中国特色社会主义各个领域的理念思路和大政方针；包括贯穿这一思想的马克思主义世界观和方法论等，都值得我们深入研究探讨。

这次会议，同时是第四届全国党校系统马克思主义学院教学科研座谈会。前三届，各位专家、代表围绕马克思主义学院教学科研提出了一些真知灼见，很好地推动了工作的展开。这里，我想从工作层面，就进一步做好马克思主义学院教学科研工作提几点要求。

第一，切实加强党校系统马克思主义学院（学科）建设。2016年12月，我们在第二届全国党校系统马克思主义理论教学科研座谈会上说过，如果要说党校工作的"四梁八柱"，那么马克思主义理论教学科研就是"第一根梁，第一根柱"。加强马克思主义学院工作，就是要加强马克思主义学科建设，围绕"马克思主义"这条主线搞好教学科研，将"源头"和"潮头"结合起来。我们既要加强对马克思主义基本原理、马克思恩格斯等经典作家思想即"源头"的研究，又要加强对马克思主义中国化尤其是最新理论成果——习近平新时代中国特色社会主义思想即"潮头"的研究。我们既要坚持"老祖宗"，又要发展"老祖宗"，还要讲"老祖宗"没有讲过的新话。

第二，深入推进党校系统马克思主义学院（学科）的协同创新。我们要广泛交流，集思广益，探讨马院之间的交流平台、合作机制。比如，搭建教学擂台。大家可以围绕马院承担的经典著作导读或专题课程进行集体备课和集体评课，共同推进教学管理与教学方法创新；可以围绕打造精品课程进行集体攻关。比如，搭建传播平台。党校系统马院要进一步加强学术互动，形成有特色的学术交流平台和品牌；集体合作撰写发表具有全局性和战略性意义的马克思主义研究报告，打造马克思主义研究权威的理论发布平台。再如，搭建交流合作舞台。加强党校系统马院教师的交流互访以及共同合作，更好地为教师提供各种舞台，提升教师在全国马克思主义理论界的能见度、知名度、美誉度。2015年12月，习近平总书记在全国党校工作会议讲话中明确提出："要在研究上多下功夫，多搞'集成'和'总装'，多搞'自主创新'和'综合创新'，为建设具有中国特色、中国风格、中国气派的哲学社会科学体系作出贡献。"党校系统马院要进一步推进资源整合，强化力量协同，形成相得益彰、共生多赢的良好发展态势，不断提升党校系统马克思主义理论教学科研工作的学科引领力、社会影响力和学术团队凝聚力。

第三，充分发挥党校马克思主义学院（学科）在思想理论领域的引领作用。何毅亭同志曾在中央党校马克思主义学院成立大会上讲过"三个一流"和"三个走在前列"。这实际上就是马院的目标、使命。"一流的马克思主义思想阵地"、"在加强思想理论引领、构建中国特色话语体系方面走在前列"，是这一目标、使命的重要内容。马院的各位专家学者要走出书斋、走出课堂，积极主动关注思想理论领域的重大问题，在重大事件重大节点上发出声音，在坚守重大政治原则和大是大非等重大问题上亮出观点，在守住思想舆论领域红色主阵地，压缩负面黑色地带，争取灰色地带重大时段上体现担当、敢于发声。只有这样，我们才能不断提升马院的学术引领力、社会影响力、平台辐射力。

第四，注重培养壮大党校系统马克思主义理论人才队伍。我们要牢固树立人才强院意识，切实尊重学术发展规律和人才成长规律，打造一支忠诚党的事业、坚守人民立场、有学术影响力的人才队伍。我们要坚持德才兼备原则和生产力标准，创造有利于人才成长的环境和氛围。我们要加大人才培养和引进力度，通过培养与引进相结合的方式，着力培养具有全国影响、在马克思主义理论研究方面有深厚造诣的学术名师和学科带头人。我们还要加大青年教师培养力度，注重资源向青年教师倾斜，注重加强名师大家、学科负责人与青年教师的结对，注重扶持青年教师研究团队，尽快让青年教师脱颖而出、担当大任。

丛书出版前言

马克思主义深刻改变了世界，也深刻改变了中国。在马克思主义指导下，中国共产党人带领中国人民历经艰苦卓绝的奋斗，创建了中华人民共和国。新中国成立 70 年来，中华民族历经站起来、富起来到强起来的伟大飞跃，我们比历史上任何时期都更接近、更有信心和能力实现中华民族伟大复兴的目标，比历史上任何时期都更具坚定走中国特色社会主义的道路自信、理论自信、制度自信、文化自信。

新组建的中共中央党校（国家行政学院）是党中央培训全国高中级领导干部和优秀中青年干部的学校，是研究宣传习近平新时代中国特色社会主义思想、推进党的思想理论建设的重要阵地，是党和国家哲学社会科学研究机构和中国特色新型高端智库，是党中央直属事业单位。站在新的历史起点，分管日常工作的副校（院）长何毅亭同志提出，经过五年左右乃至再长一些时间的努力，把中共中央党校（国家行政学院）建设成为党内外公认的、具有相当国际影响力的中国共产党名副其实的最高学府，建设成为在党的思想理论建设特别是研究宣传习近平新时代中国特色社会主义思想上不断开拓创新、走在前列的思想理论高地，建设成为英才荟萃、名师辈出、"马"字号和"党"字号学科乃至其他一些学科的学术水准在全国明显处于领先地位的社科学术殿堂，建设成为对党和国家重大问题研究和决策提供高质量咨询参考作用的国家知名高端智库。中共中央党校（国家行政学院）马克思主义学院是党中央批准成立的。2015 年 12 月 14 日，习近平总书记在全国党校工作会议上强调："中央批准中央党校成立马克思主义学院，就是坚持党校姓'马'姓'共'之举。"习近平总书记的重要讲话和中共中央党校（国家行政学院）"四个建成"目标的提出，为我们建设好马克思主义学院指明了方向。

为了向新中国 70 华诞献礼，展示中共中央党校（国家行政学院）马克思主义学院政治过硬、理论自觉、本领高强、作风优良、建功立业党校人的学术风范和最新研究成果，学好用好习近平新时代中国特色社会主义思想，推动中共中央党校（国家行政学院）马克思主义学院建成一流的马克思主义教学基地、一流的马克思主义研究高地、一流的马克思主义思想阵地，努力在国内乃至国际上产生重要的政治影响力、学术影响力和社会影响力，我们编辑出版了"马克思主义理论研究丛书"。首批丛书共 11 册，包括《探求中国道路密码》《对外开放与中国经济发展》《国家治理现代化的唯物史观基础》《中国道路的哲学自觉》《历史唯物主义的"名"与"实"》《马克思主义中国化的理论逻辑》《发展：在人与自然之间》《马克思主义基本原理若干问题研究》《马克思人学的存在论阐释》《新时代中国特色新型城镇化道路》《比较视野下的中国道路》。以后，我们还会陆续编辑，择时分批出版。

本丛书的编辑出版得到中共中央党校（国家行政学院）分管日常工作的副校（院）长何毅亭和副校（院）长甄占民的大力支持，并同意将他们在"中央党校马克思主义学院成立大会"上的讲话和在"马克思主义理论创新与新中国 70 年成功实践暨第四届全国党校系统马克思主义学院教学科研座谈会"上的讲话作为丛书的序言。社会科学文献出版社社长谢寿光、该社社会政法分社总编辑曹义恒及各本书的编辑也为丛书出版做出了重要贡献。在此一并感谢。由于我们的水平有限，错误之处在所难免，请广大读者批评指正。

丛书编委会

2019 年 7 月 28 日

目　录

第一章

"存在"论

本章内容摘要：

存在论是哲学大厦之基。作为一种因果还原论，存在论所追寻的是越过"最近之因"的"最后之因"。这一追问形成了哲学史上两个迥异的本体论传统："实体本体论"和"生成本体论"。实体即本体，自本自因，自根自据，独来独往，自由自在，既无生发也不退场。人类追寻实体的初衷是为了寻找"安身立命之本"，结果却陷入"无家可归之境"。有鉴于此，部分哲学家们高高擎起了"拒斥本体论"的旗帜，以实体本体论哲学之误而否定"本体论追求"的合理性。其实，此乃因噎废食的做法。解决本体论哲学之误的出路不在于告别本体论，而在于以符合现时代需要的策略重建本体论。以马克思为代表的哲学家们关闭了传统本体论哲学的大门，但又开辟了现代生成本体论的道路。传统本体论囿于"实体"情结必然导致"存在'存在者'化"，而现代本体论则是让"存在者'在'起来"。本体论追问"是"的问题，其意义却超越"是"的领域，任何"是"的追问都指向"应该"，任何本体论都内含价值论的意蕴，缺乏价值维度的本体论是无效的。

人类理性天然具有一种刨根问底、探本溯源的品格，这一追问即本体论①的追问。"本体论"乃哲学大厦之基，是哲学的核心领域。"本体论追问"蕴藏了人类自身求真、向善的永恒使命，代表了人类超越当下、走向美好的不懈追寻。有人类史以来即有本体论追问，因而古老；然而本体论追问穿梭于古今而意义常新，因而年轻。本体论追问永远在途中，是一条走不尽的漫漫长路。

第一节　因果与还原

存在论，归根到底是对原因、根据的追问，无论是本原论形态的本体论、本质论形态的本体论，还是生成论形态的本体论，莫不如此。但是，本体论作为追问存在之为存在的学问，它不是追问"存在"的最近原因、最初根据，它所追寻的是越过"最近之因"的"最后之因"，捕捉的是"存在"的最后原因、最终根据。一般来说，事物因果链上的原因均不足以构成事物何以存在的"本体论根据"，真正的"本体"很难在因果链上得到明确直观的反映。比如，追寻人之存在的本体论根据时，我们不能把人成为人的"最近之因"即男女交合的行为上升到本体论的高度，而是要追问人之为人的终极原因。不同哲学派别对人之为人的终极根据的回答是不一样的，宗教神学本体论往往从人之外的神秘世界去寻找人之为人的存在论根据，人之为人的终极原因是上帝的造化，上帝化生万物，化生人。古希腊早期的自然本体论往往从人之外的自然世界去寻找人之为人的奥秘，人之所以为人是因为某种自然物质或自然实体的存在，人被归结为物质性的自然存在。德谟克利特则提出人的本性是从肉体原子和灵魂原子的结合中产生的，人的灵魂或理性不过是原子的运动形式而已。马克思则从自然存在与社会存在的结合处破解人的存在之谜，这一存在论认为，人之为人的终极原因在于人类

---

① 本书在同一意义上使用"存在论"和"本体论"这一概念。

自身的感性活动，人是实践的产物和结果，正是在人类自身的实践活动中，人方成其为人。生存论本体论认为，"人的现实生活""人的生命存在"是自己最本原的基础。上述这些都是从本体论的高度来回答人之为人的终极原因。

存在论（本体论）是一种因果还原论，从"多"还原为"一"。哈贝马斯指出："形而上学试图把万物都追溯到'一'。自柏拉图以来，形而上学就明确表现为普遍统一的学说；理论针对的是作为万物的源泉和始基的'一'。"①"一"与"多"，既对立又统一，"一"是本源，"多"是派生；"一"是原因，"多"是结果；"一"是主词，"多"是宾词；"一"派生"多"，"多"源于"一"；"一"主宰"多"，"多"服从"一"；任何"多"无非都是"一"的外化、展开和实现，任何"多"都可以化约为"一"，都可以追溯到"一"，都可以还原为"一"。可见，存在论（本体论）是一种还原论，但不是一般的还原论，而是彻底的还原论，还原的是事物背后的最终原因；构成万物存在之根据的最终原因本身并没有更深刻的原因，对最终原因的追问在现实中是无效的，在逻辑上是非法的。存在论（本体论）是对"本原"的追问，但不是一般的追问，而是终极的追问，也就是说追问至此已经完成，"本原"已经呈现，对"本原"本身的追问是非法的、无效的。存在论（本体论）是对"原因"的探寻，但不是最近的原因，而是最后的原因；不是诸多的原因，而是"多"后面的"一"，是某种"唯一者"。

这种因果还原论既有其合理性，但也存在明显的缺憾。还原论将饱满的社会存在向后追溯、分解还原到一个最简单、最基本的层次，将一切丰富性化约为简单性来处理，但是，这样往往导致在分解还原的过程中"要紧的东西都跑了"，② 从而得出似是而非的结论。西方传统的本体论哲学依凭逻辑建构出来的概念世界，尽管严

---

① 〔德〕哈贝马斯：《后形而上学思想》，曹卫东、付德根译，译林出版社，2012，第137页。
② 钱学森：《要从整体上考虑并解决问题》，《人民日报》1990年8月14日。

密规整、合乎逻辑，具有不可挑战的权威性，但相对于灵动的"现实世界"而言已经变得面目全非了。这种把"多"还原为"一"，把具体还原为抽象，以追求最后的绝对本体的还原方法和超验方法，必然会剥夺时间和空间的维度，直接抹掉现实世界的丰富性和历史性，必然远离现实的人，导致对生活世界的粗暴践踏。

第二节　实体与本体

在西方传统人学中，实体即本体，本体也以实体的形式表现出来。康德说："在世上一切变化中，实体保留着，而只有偶性在变更"。① 实体自本自因、自根自据，独来独往、自由自在，既无生发也不退场。唯其如此，它才成为世界的最终根源和最后基础，才成为本体。

笛卡尔、斯宾诺莎、黑格尔对"实体"都给出了明确的定义，其内涵大同小异。笛卡尔认为，"实体"是能自己存在并且其存在不需要任何别的事物的一种东西。斯宾诺莎也认为，实体应该被"理解为在自身内并通过自身而被认识的东西。换言之，形成实体的概念，可以无须借助于他物的概念"。② 黑格尔说："实体"是"最高尚的、最自由的和最独立的东西。"③ 根据他们的观点，"实体"的存在不需要根据、不需要理由，从时间上来说，它是无限的、永恒的；从空间上来说，它是唯一的、不可分的。海德格尔一针见血地指出，"把'实体'的存在特征描画出来就是：无所需求。完全不需要其他存在者而存在的东西就在本真的意义上满足了实体观念"。④ 由此看来，"实体"正是万变之中那个不变者，这就已经满足了"本体"的所有特征，如果这不是存在论意义的概念，那还会是什么呢？

---

① 〔德〕康德：《纯粹理性批判》，邓晓芒译，人民出版社，2004，第172页。
② 〔荷兰〕斯宾诺莎：《伦理学》，贺麟译，商务印书馆，1983，第3页。
③ 〔德〕黑格尔：《小逻辑》，贺麟译，商务印书馆，1980，第64页。
④ 〔德〕海德格尔：《存在与时间》，陈嘉映、王庆节译，生活·读书·新知三联书店，2006，第108页。

人类不遗余力地追寻实体，其初衷是为了给自己确立在世的理由，确立"安身立命之本"。为可变的人生找寻不变的"实体"，通过不变的"实体"筹划可变的人生，这是整个西方传统人学的基本建制和坚硬内核，也是其矢志不渝的信条。在不同的历史时期，哲学家们追寻的"实体"是不同的：比如水、火、气、原子等自然实体，灵魂、理念、"我思"、"先验自我"、"绝对自我"、"绝对理念"等理性实体，还有"上帝""真主"等神性实体，但这些实体所承载的价值是相似的。人类对"实体""本体"的迷恋并不仅是为获得世界的统一性，更深层次上的意义是要为人类自身寻找"精神之乡"和"立命之本"。它以探求对象之外、之上的超验实体的方式来表达人对生命意义的诉求，为人的生命确立"意义"，为人自身设定"活着"的价值，探求人的存在之根、生命之本，为人类自身构筑理想的"精神家园"，使人能够超越世俗的生存得以"安身立命"，漂浮的心灵得以"安居"。

然而，事与愿违，人类追寻实体的结局使人陷入了"无家可归之境"。我们知道，尽管"实体"一次次地改旗易帜、重装登场，但是，它们的作用机理是相同的：用"一"来遮蔽"多"，以同一性来遮蔽差异性，以虚假的偶像来主宰真实的存在，其结果就是使人陷入"无家可归"之境。这是西方传统人学的最大弊端，这是从古至今的最大迷误，这是人类思想史上纠缠不清的一种"幻象"。①西方传统人学一直坚守"实体"存在的合理性，却遭遇了不合理性的结局，那就是：人们在找寻"意义"的途中失去"意义"，在营建"精神家园"的途中失去"精神家园"，在确立人的生命意义之根基的同时使人的生命意义在根基处失落。

可见，不管是"实体"，还是"本体"，它们作为终极实在、终极本质、终极真理，始终占据着崇高的位置，支配着人们的全部思想和世俗生活。在"实体"面前，人的独立性、自主性已经退场，

① 〔德〕阿多诺：《美学理论》，王柯平译，四川人民出版社，1998，第516页。

变成了"被赋予思想的石头"。不变的"实体"与可变的"人生"构成了紧张的对立关系。

当然，实体即本体，但实体并非本体论的唯一出场方式。这就是接下来要讨论的"现成本体论"与"生成本体论"的问题。

第三节　现成与生成

纵观哲学史，存在两种截然不同甚至根本对立的本体论传统：一是"现成本体论"（也称"既成本体论"），二是"生成本体论"。相对于"现成本体论"的久远历史，"生成本体论"的出场则要晚得多了。

所谓"现成本体论"，意味着"本体"在万变的情境下具备"我自岿然不动"的品质，具有以不变应万变的本领。"实体本体论"本质上属于现成论性质的本体论。所谓"实体本体论"（Substantive Ontology），是指"我们感官观察的现象并非存在本身，隐藏在它后面作为其基础的那个超感性'实体'，才是真正的'存在'，构成了'存在者'之所以'存在'的最终根据。'存在论'的任务就是运用逻辑理性，深入'事物后面'，进行'纵向的超越'，去把握超感性的、本真的'实体'"。① 一句话，传统人学实体本体论是将现实存在的万物回溯到和还原为一个原始的"始基"和"实体"，在人的生存之外寻求万物的存在根据。

实体本体论的解释原则导致了"人"的遗忘，严重冒犯了"存在"。这种本体论在哲学发展史上将人之为人的根据归结为人之外的"实体"。或者认为人来自自然，人是自然的一部分，自然物质是人之存在的根据；或者认为上帝是人之为人的根据，上帝是人之存在的本体论基础；或者认为"至上理性""绝对精神"统摄人的一切，理性成为人之存在的本体论依据。在实体本体论的视界内，哲学关

---

① 贺来：《马克思哲学与"存在论"范式的转换》，《中国社会科学》2002 年第 5 期。

注的是"什么存在"这样实体性、知识性的问题，而这只是关于"存在者"的问题而非"存在"的问题。

实体本体论传统肇始于古希腊，绵历 2000 多年而长盛不衰。2000 多年来，"实体"一次次改头换面，一路狂飙、高歌猛进，终于在黑格尔体系中得以集大成，也正是在黑格尔那里走上了终结之路。实体本体论的僭越必然导致对实体主义情结的整体性反叛，随着黑格尔的去世，彻底清算黑格尔的哲学遗产成为当时德国哲学界的时髦。德国古典哲学的终结同时标志实体本体论的终结，标志本体论传统的整体断裂，标志西方哲学迎来了重生的曙光。生存论的转向，生成本体论道路的开辟，是 19 世纪西方哲学史上发生的革命性事件。这一"转向"的实质在于，在本体论的意义上废黜"实体"，转而面向人的生存本身来解答"存在之谜"。

所谓"生成本体论"，意味着"本体"不是某种万变不离其宗的不变者，不是虚无缥缈的存在者，而是生成着的、历史性呈现与展开的"存在"本身。马克思、克尔凯郭尔等是生成本体论路向的决定性开辟者。在马克思看来，能够担当本体之重任的不是某种超感性的实体，而是感性实践活动及其历史性展开。在生成本体论的视界中，不是逻辑和知性支配流动的生命，而是流动的感性活动具有无条件的优先性，并且构成逻辑和知性的本体论基础。这种本体论关注的是与人的生存和发展内在相关的"生存性"问题，关注的世界是人生活于其中的世俗世界。哲学只有立足于生活，脚踏坚实的大地，才能获得可靠的根基；只有摆脱抽象和思辨，越过逻辑和知性，回归感性与生活，才能获得"改造世界"的能量。

现成本体论与生成本体论的区别可以从以下几个方面来理解。其一，现成本体论预先拟定一个超验的世界本质，世界的发展就是验证这一设定，完成这一设定，因而具有封闭性；生成本体论则注重世界的自我生成、自我实现，因而具有开放性。其二，现成本体论注重用不变的实体解释可变的生命现象，具有机械性；

生成本体论注重"存在者如何存在",体现为过程性。其三,现成本体论注重在先验世界中追寻抽象不变的"一",因而具有超验性;生成本体论注重人的感性生存活动的根基地位,因而具有经验性。其四,现成本体论无视现实的人的创造个性和主体性,因而具有不变性;生成本体论则是注重现实的人的差异性和主体性,因而具有可变性。其五,现成本体论把完整的人肢解为支离破碎的人,因而具有非人性;生成本体论把人的社会性和精神性、现实性和理想性、经验性和超验性统一于人的生命活动之中,因而具有属人性。

总而言之,生成本体论的出场是人学史上的重大历史事件,它拯救了实体本体论对人的"存在"的遗忘,宣告了实体本体论追逐的"超验世界"的破产,颠覆了实体本体论"超历史"的本体论诉求,也终结了实体本体论对"理性万能"的迷恋,为哲学通达人的现实世界、观照人的现实生命开辟了道路。

第四节　在者与存在

存在论,即关于"存在"的学问。在哲学史上,巴门尼德第一次提出了"存在"的问题,古希腊哲学的主题形态就是存在论。但是,"ontology"这一词的出现则是 17 世纪的事了,是由德国经院学者郭克兰纽首先命名,并经由沃尔夫加以完善和系统化的。"ontology"这个词的词根是希腊语"on"(拉丁文 ens,英文 being,德文 sein)。根据英语的语法规则,being 指的是以个别的方式存在的人和事物,我们一般称之为"存在者";Being,则解释"存在","存在"是一切存在者的总体、总和。"存在"作为最高的总概念,它统帅一切存在者,具有本源性和超验性。也就是说,"存在者"和"存在"本是两个不同的问题,而西方传统形而上学的一个重大失误或者说错觉就在于:误将"存在"的问题归结为"存在者"的问题,导致"存在'存在者'化",长久以来,这一笼罩在西方传统形而上学头上的迷雾始终挥之不去。

"存在论区分"是海德格尔的贡献。"存在"和"存在者",是理解存在论的重要概念。"在"（sein），也即"存在"，是指存在物的显现、在场，不是指具体的、现场的存在物。"在者"（dasein），也称"存在者""存在物"，是指已有的存在物，包括一切已经显现出来的现实的存在物和尚未显现的观念中的事物。海德格尔认为，"存在"本身是使"存在者"成为"存在者"的那个东西，是使"在者"成为"在者"的活动过程，是使"在者"得以可能的前提条件，是使在者"在起来"的事实。因此，根据海氏的观点，相对于"存在者"，"存在"在逻辑上具有无条件的先在性，在地位上具有无条件的根基性；一切"在者"首先必须"在"，然后才有可能成为现实的、确定的"存在者"。没有"在"的前提，没有"在"的过程，没有"在起来"的事实，就没有"存在者"。"在"是"在者"的根据和前提，"在者"是"在"的结果和呈现。可见，从逻辑上来说，"在"较之一切"在者"而言，具有优先地位。

鉴于"在"所具有的逻辑先在性，那么，如何通过"在"的事实揭示"在"的意义呢？海氏借助了现象学的方法——"回到事实本身"。然而，"在者"是繁多的，绝大多数的"在者"对自身"在"的生存结构和方式是无所察觉和体会的，因而也就无法揭示自身"在"的意义。唯有"人"这个特殊的"存在物"才可能提出"在"的意义问题，才可能体会和察觉"在"的生存结构与生命历程。海氏将"人"这个独特的"在者"称为"此在"。海氏认为，"此在"与一切"在者"相比，具有两个方面的优先地位：一方面，"此在"优先于其他一切"在者"，只有"此在"能追问自己的"在"，而其他"在者"不能；另一方面，唯有通过"此在"方能领会"在"的意义，不仅领会自身"在"的意义，也能领会其他一切在者"在"的意义，绕开"此在"断不可能。可见，"此在"开启了通往其他一切在者"在"的通道，一切其他"在者"的本体论都要通过"此在本体论"的中介才能得以澄明，世界万物唯有通过

"此在"的介入才能得以呈现"在"的生命结构，通过"此在"的澄明才能获得"在"的意义，"此在"之在世成为揭示存在意义的一把钥匙，正是"此在"构成了追问一切存在者存在意义的本体论基础，这就是海氏的"此在本体论"。

根据海德格尔的研究，传统人学在本体论追问的道路上导致"存在'存在者'化"，而现代哲学在本体论追问的道路上比较注重让"存在者'在'起来"。传统形而上学，从柏拉图一直贯穿到黑格尔，它们的重大偏失就是没有了解"在者"究竟怎样"在"以前就予以先行断定，以对"在者"的研究代替对"在"本身的研究，没有回答"在者怎样在"的难题。存在物的呈现不是因为"存在者"的眷顾，而在于"存在"本身的光辉；离开了"存在"之光，一切存在物本身都是蔽而不明的。海德格尔的这一看法与马克思有旁通之处，马克思认为现实世界是一个不断展开、不断生成的过程，不存在某种既成不变的本体世界对现实世界的牵引、规定、宰制。同样的道理，人本身也是在自身的感性活动中生成为现实的人并向着理想的人跃迁，并没有一种凌驾于人之上的、万变不离其宗的"实体"来拟定人的生存过程，人的伟大与崇高并不需要人之外的实体来裁定，人的地位与价值也不需要人之外的实体来赋予，人的一切荣耀与光环都应该归功于人自身的存在。

第五节 是与应该

我们这里所说的"是"与"应该"不同于伦理学中的"事实"与"规范"问题。在这里，"是"属于存在论的问题，"应该"属于价值论的问题。或者说，存在论回答"是"的难题，价值论回答"应该"的问题。

"是"与"应该"的关系问题，也就是存在论与价值论的关系问题。从哲学史的变迁来看，"是"最终都指向"应该"，存在论都内含价值论的意蕴。我们大概可以得出这样的判断，缺乏价值维度的存在论是无效的，缺乏存在论根基的价值论也是无效的；或者说，缺乏价值关怀的存在论是不存在的，缺乏存在论支撑的价值关怀也是漂浮的、无根的。

西方传统人学对"人是什么"的存在论问题的回答是错位的，导致了对"如何对待人"的价值论问题的解答也是扭曲的。在实体本体论的视界中，实体即主体，而真正的主体——人则遁入无形，"以人为本"仍然是一个尚未真正开启的意义领域。因为在西方传统人学那里，"实体"的特质与"人"的本性之间发生了颠倒："实体愈是神圣，人就愈是罪恶；实体愈是独立，人就愈是失去独立；实体愈是自由，人就愈是受到禁锢；实体愈是高尚，人就愈是沦为低俗；实体愈是完善，人就愈是被肢解；实体愈是在场，人就愈是退场；实体愈是万能，人就愈是无能；实体愈是提升为主体，主体就愈是沦落为非人"。① 总之，只要实体凌驾于人之上，人就无法摆脱实体的宰制。比如，中世纪宗教神学本体论对"人是什么"的回答是："神是人的最高本质"，人是上帝的作品；因而对"应该如何对待人"的回答就是：灭绝人欲，服从上帝。在上帝主宰人间的条件下，不可能有人的主体性和自由。费尔巴哈和马克思都意识到，不推倒神就不可能恢复人的最高权威，"因为这些神灵不承认人的自我意识具有最高的神性。不应该有任何神灵同人的自我意识并列"。② 再比如，德国古典哲学的集大成者黑格尔对"人是什么"的回答是：人"属于精神概念本身的一个必然环节"，③ 只不过是精神概念（绝对理性）自我运动、自我发展过程中的一个节点；因而对"应该如何对待人"的回答就是：服从绝对理性是人的天命。在黑格尔的体系中，没有给人的独立性和自由留下充足的空间。马克思在《神圣

---

① 陈曙光：《存在论传统的断裂与重建——马克思人学革命研究（下）》，《探索》2014年第4期。

② 马克思：《博士论文》，人民出版社，1973，第3页。

③ 〔德〕黑格尔：《小逻辑》，贺麟译，商务印书馆，1980，第92页。

家族》中批判道："在德国，对真正的人道主义来说，没有比唯灵论即思辨唯心主义更危险的敌人了。它用'自我意识'即'精神'代替现实的个体的人，并且同福音传播者一道教诲说：'精神创造众生，肉体则软弱无能。'显而易见，这种超脱肉体的精神只是在自己的想象中才具有精神力量。"① 总之，人本向度的遮蔽与实体的僭越是西方传统人学的一体两面。

与实体本体论不同，生成本体论的最大贡献不在于拯救了本体论的未来发展，而在于开启了人本价值的新视野。马克思人学本体论对"人是什么"的回答是：感性活动是整个现存感性世界非常深刻的基础，也是人成为人非常深刻的基础，我将其称为感性生活本体论。② 感性生活本体论开启了一个全新的价值空间。在这个价值空间里，实现人的自由和解放，必须通过人的感性活动铲除资本主义生产方式乃至整个与之相适应的社会制度，才有可能成为现实；必须通过人的感性活动，在"政治解放"的基础上追求"人类解放"，在"解释世界"的基础上力求"改造世界"，在"反思现实"的基础上力求"超越现实"，才有可能成为现实。感性生活本体论说明，人的伟大与崇高只能归功于人自身，人的世界只能"以人为本"。感性生活本体论还说明，社会生活理应以人为本，而不是以任何别的先验实体为本。总之，感性生活本体论不可能是与人无涉的和价值中立的，而是注定包含人本价值的意蕴。

感性生活本体论超越了传统形而上学所建立的各式各样的"实体形而上学"，将人的世界还给人自己，将人类社会归属于人自己。社会历史不是超验"实体"的杰作，而是人自己的作品，是人的感性活动在时间和空间上的展开。人类历史绝不能还原为某种抽象的实体，既不能像自然主义哲学家那样还原为抽象的"自然物质实体"，也不能像理性主义哲学家那样还原为抽象的"精神实体"，更不能像神学家那样还原为抽象的"神性实体"，而只能还原为人的感

① 《马克思恩格斯全集》第2卷，人民出版社，1957，第7页。
② 详见第三章。

性生活本身。因此，任何反人本化的价值取向（比如物本、神本、君本、钱本等）都是一种本末倒置、舍本求末的表现，只有"以人为本"才是人类社会的现实选择。

（本章内容原载于《北京大学学报》2016 年第 6 期）

第二章
实体本体论的基本建制及其动摇

本章内容摘要：

　　人类理性天然具有穷根究底的品格。自古希腊以来，人类便开始了对于人自身的终极追问，这一追问塑造了人学史上坚不可摧的实体本体论传统。实体本体论的僭越严重地冒犯了"存在"，遮蔽了人的现实生活，它试图把现实的人消融于无限的"实体"之中。西方传统人学在实体本体论的引领之下，走进了一条没有出口的胡同。这种人学形态的集大成之时也必定是它的终结之日。为实体祛魅，恢复感性的崇高地位，这是19世纪哲学家们面临的重大课题。在终结实体形而上学的人学革命中，费尔巴哈起到了开路先锋的作用。

　　前费尔巴哈时代，西方传统人学始终处于"超感性领域统治感性领域"的阴影之中，"实体主义情结"挥之不去。在终结实体形而上学的人学革命中，费尔巴哈是一个绕不过去的人物。费尔巴哈以"神的主体是理性"反叛"我是我所是"的神学第一原理，极大地动摇了神学本体论的坚硬内核，但终归未能前行多远而中途折返；费尔巴哈以"理性的主体是人"对抗"人的主体是理性"的理性主义原则，极大地动摇了实体本体论人学的基本建制，但终归未能彻底瓦解而半途而废；费尔巴哈以"我欲故我在"颠覆"我思故我在"的近代理性哲学传统，开辟了"回归感性"的人学存在论道路，但终归未能贯彻到底而止步于"感性直观"。"感性直观本体论"的出场确实提供了发动一场人学存在论革命的可能性，但绝不是这场革命的实现，更不是这场革命的完成。尽管费尔巴哈留给后人的都是一些"半拉子工程"，但他依然是那个时代无法绕过的巨大身影！

费尔巴哈未竟的事业终究是要有人来完成的。彻底走出超感性的"思想密林"，决定性地摧毁实体本体论的基本建制，拯救被深度遮蔽的现实的人，开辟一条通达人的现实生命的人学存在论道路，这个历史性任务落在了马克思的肩上。

人类理性天然具有一种对事物穷根究底、探本溯源的品格，对人自身也一样，天然地要求反思人之为人的终极根据。所以，问题的关键不在于应不应该去追问这个"根"与"底"，而在于如何去穷根究底以及这个"根"和"底"究竟是什么，究竟在哪里。

第一节　实体本体论人学的基本建制

西方传统人学在 2000 多年的发展史上始终笼罩着浓郁的实体主义情结，形成了从内部始终无法攻破的强大传统。实体本体论人学坚守着"超感性统治感性"的存在论道路，这一方面引领了人学的发展，另一方面也招致了人学自身的困境。

一　寻"根"意识：西方传统人学难以撼动的实体主义情结

自古希腊以来，人类便开始了对自身的终极追问。纵观人学发展史，在马克思之前，哲学家们对"人之为人的存在论根据"的回答有两条不同的路径。

第一条路径就是外化路径。其追问的方法就是在"主客二分"的基础上，从"人之外"寻求人之存在的本体论根据。也就是说，人与外部世界构成两个互不关涉的独立存在，而人之所以为人的终极根据不在于人之内，而在于人之外的自在世界的"自然实体"或人之外的本体世界的"超验实体"，如古希腊的自然本体论、中世纪的神学本体论、黑格尔的绝对理性本体论等。

第二条路径就是内省路径。其追问的方法就是在"主客二分"的基础上，从"人之内"寻求人之存在的本体论根据。也就是说，人与外部世界构成两个互不关涉的独立存在，而人之所以为人的终极根据不在于与人无涉的某种独立实体，而在于源于人但又独立于人之外的某种精神实体，如古希腊德性主义人学的灵魂、理念本体论，近代理性主义人学的理性本体论等。

"外化路径"和"内省路径"的区别仅仅是形式上的，从根本上说它们是一致的。用海德格尔的话说，它们都只是从某一个角度抓住了"存在者"（Das Seiende）而遗忘了"存在"（Sein）[1] 本身，所以它们又可以归结为"实体本体论"。"存在论"的任务就是运用逻辑理性，深入"事物后面"，进行"纵向的超越"，去把握超感性的、本真的"实体"。[2] 一句话，实体本体论是将现实存在的人回溯到和还原为一个原始的"始基"和"实体"，在人的生存之外寻求人的存在根据。从存在论的演进历史来看，西方传统人学所迷恋的"实体"始终在改头换面，但变的背后隐藏着不变的特质：其一，实体本体论注重对人的本质进行预先规定，人的发展过程就是实现这一规定的过程，因而是既成性的本体论；其二，实体本体论关注的

---

① 海德格尔提出了"存在论区分"，具体区分了"存在"和"存在者"。See Martin Heidegger, *Being and Time*, ed. by John Macquarrie & Edward Robinson, Oxford: Blackwell Publishers, 1962, 29.

② 贺来：《马克思哲学与"存在论"范式的转换》，《中国社会科学》2002 年第 5 期。

仅仅是"存在者"的问题，注重追问"人是什么"，往往用终极本质解释存在，用不变者解释活动，因而是终极性的本体论；其三，实体本体论注重还原论的一元论思维，在万变的现象中追寻不变的"一"，因而是超验性的本体论；其四，实体本体论无视现实的人的创造性和能动性，无视人生的丰富性和差异性，无视个体的唯一性和独特性，因而是静态性质的本体论；其五，实体本体论把完整的人肢解为支离破碎的人，无视人的自然性和社会性的统一、物质性和精神性的统一、现实性和理想性的统一、经验性和超验性的统一，因而是非人性的本体论；其六，实体本体论从时态上来说是过去式的，一切皆已注定，人生早有安排，生活的意义在于服从命运的宰制，因而是消极的本体论。

"外化路径"和"内省路径"的摇摆构成了整个西方传统人学发展史。西方传统人学对人之存在的存在论追问始终行走在这两条不同的路径上。当外化路径走入了死胡同之后，便转向内省路径；当内省路径看不到希望的时候，又自觉地向外传；如此循环往复，推动着人学的发展。当然，这种存在论循环不是简单地对前人的回复，而是在更高层次上的回复，是波浪式的前进。但是，这种前进不是无止境的。西方传统人学的每一次前进，都是向着实体本体论人学的终极形态的靠拢。这种人学形态的集大成之时也必定是它的终结之日，坚不可摧的实体本体论传统也必定要在后人的决定性的反击中来摧毁。

二 寻"根"之旅：西方传统人学绵历不衰的实体本体论传统

回顾西方人学史，西方传统人学展示了前仆后继、兴衰枯荣的壮丽图景，一批批哲学家的熙来攘往，每个人都试图建构既超越前人同时又是后人无法超越的终极体系。但是，事与愿违，他们尽管建设了一座推翻另一座的"大厦"，里面"居住"的却是一个替代另一个的"实体"，人学的存在论基础从其主流来看始终没有偏离而恰恰是推进了实体本体论的强大传统。

（1）西方哲学自其诞生之日起，就开始了对人的终极思考。从主体形态上说，作为西方哲学之源的古希腊哲学是本体论哲学，其理论旨趣聚焦于"始基"的问题。这一时期人学追问的是"人从哪里来"一类的问题，但由于人类早期生存状态和认知能力的局限，哲学家们的回答也难以脱离作为人安身定命之所的自然界，用自然的镜子来审视人的模样，"人事"和"天事"纠缠在一起，"世界的起源问题与人的起源问题难分难解地交织在一起。"① 人的问题被当成一个自然的问题来考虑，把人归结为物质性的自然存在，从人之外的物质存在中去寻找人的奥秘和本质。例如，阿那克西曼德认为人是从"鱼"变来的，阿那克西米尼则认为人起源于"气"，恩培多克勒以自然的"四元素"解释人，赫拉克利特用"火"来说明万物和人类的起源，等等。这就是古希腊早期自然主义的人学路向，体现了一种朴素的本体论认知。

（2）随着人类抽象思维能力的发展，古希腊中晚期人学突破了原来的自然主义局限，逐步呈现高度抽象化、思辨化的特征。苏格拉底明确把"人"看作哲学的主题，把"认识你自己"当作哲学的根本任务，确立了人在哲学中的核心位置。他反对用物质性的原因来解释人及其行为的做法，强调认识存在于人本身中的、普遍的、共同的本质即理性精神，这样才能真正认识自己，做自己的主人。正如胡塞尔所说："从苏格拉底开始，人真正作为人而成为探讨的主题。"② "划分苏格拉底和前苏格拉底思想的标志恰恰是在人的问题上……他所知道的以及他的全部探究所指向的惟一世界，就是人的世界。他的哲学……是严格的人类学哲学。"③

苏格拉底的学生柏拉图沿着先生开辟的道路前进，开启了影响

---

① 〔德〕卡西尔：《人论》，甘阳译，上海译文出版社，1985，第5页。

② 〔德〕胡塞尔：《现象学与哲学的危机》，吕祥译，国际文化出版公司，1988，第165页。

③ 〔德〕卡西尔：《人论》，甘阳译，上海译文出版社，1985，第6页。

西方长达 2000 多年的形而上学传统——柏拉图主义的传统。柏拉图把人的存在分为灵魂和肉体两个部分，其中肉体是变幻无常的偶然存在，灵魂则是永恒的完美存在，是人之为人的根本。人的灵魂由三个部分组成：情欲、意志和理性。"灵魂可比作是两匹飞马和一个车夫的组合体。"① 其中理性是起主导作用的车夫，占据着最为核心的地位。

柏拉图的学生亚里士多德进一步推进了柏拉图主义。他认为个别实体（包括人）由两方面构成：一是质料，二是形式。决定个别实体是其所是的不是质料而是形式。使质料成为某物的原因"就是形式，也就是实体"。② 正如哲学家基尔松所言，亚里士多德的"形式"无非就是柏拉图的"理念"。③ 在这里，理性是"形式"，即实体，即人之为人的存在论根据。

（3）古希腊后期，柏拉图与亚里士多德哲学中的"灵魂（理性）"沿着超验的方向进一步发展，"灵魂（理性）"便完全由人之内走向了人之外，成为异在的统摄人的神秘实体——上帝，这就是中世纪宗教人学的首要特征。中世纪宗教人学的存在论追问实现了从内向外转，将异化于人而又外在于人的"上帝"归结为人之存在的本体论根据。宗教人学对人的存在论证明诉诸上帝，上帝被看作"至高、至美、至能、无所不能，至仁、至义、至隐、无往而不在，至坚、至定、但又无从执持，不变而变化一切，无新无故而更新一切"④ 的创始者，宇宙万物的存在都归源于上帝，上帝成为唯一的标准和尺度。

（4）作为反叛中世纪宗教人学的产物和结果，"我思故我在"开启了近代理性主义人学的新路向。近代理性主义人学的致思理路实现了从外向内转，将依附于人身的理性独立出来，并进一步上升

---

① 苗力田主编《古希腊哲学》，中国人民大学出版社，1989，第 281 页。
② 苗力田主编《亚里士多德全集》第 7 卷，中国人民大学出版社，1993，第 187 页。
③ See Etienne Gilson, *Being and Some Philosophers*, Toronto：Mediaeval Studies of Toronto, Inc., 1952, p. 147.
④ 〔古罗马〕奥古斯丁：《忏悔录》，周士良译，商务印书馆，1963，第 5 页。

为人之存在的根据。笛卡尔对近代理性人学的形成起了关键作用。"我思"的出场，标志着理性主义人学从此进入了"以头立地"的时期。笛卡尔的"我思"是什么呢？笛卡尔自己说："严格说来我只是一个在思维的东西，也就是说，一个精神，一个理智，或者一个理性。"① "我是一个实体，这个实体的全部本质或本性只是思想。"② 海德格尔也认为，"'我思'是理性，是理性的基本行为。纯然从'我思'中抽取的东西是纯然从理性本身中获得的东西"。③ 在这里，代表理性的"我思"是一个不同于"自然实体"的"心灵实体"。可见，笛卡尔在继承古希腊"人是理性的动物"这一人学传统的同时又推进了这一传统，从理性之上进入了理性之中，对理性本身进行了反思。这是古希腊时期难以达到的理论高度。

"我思"不仅是一个认识论的范畴，它首先开启的是存在论维度。黑格尔是这样描述的："有了笛卡尔的'我思故我在'（ego cogito），哲学才首次找到了坚固的基地，在那里哲学才能有家园之感"。④ "我思故我在"彰显了"理性"的崇高地位，笛卡尔之后的人学更是"直面理性本身"，对"理性"本身的追问构成了后笛卡尔时期人学的唯一主题，笛卡尔之后的近代理性主义人学都行走在这一条不归路上。海德格尔对"我思"的批判可谓一语中的：如果人们从笛卡尔的 Ego cogito（"我思"）出发来设定客体，那么我们便无法再来穿透对象领域，"因为根据我思的基本建制（正如根据莱布尼茨的单子基本建制），它根本没有某物得以进出的窗户"。由于"我思是一个封闭的领域"。"'从该封闭的区域出来'这一想法是自相矛盾的。因此，必须从某种与我思不同的东西出发"。⑤ 海德格尔在这里昭示了人学的未来发展路向，这就是避开"我思"，另辟

---

①〔法〕笛卡尔：《第一哲学沉思集》，庞景仁译，商务印书馆，1986，第24页。

②《西方哲学原著选读》（上），北京大学哲学系编译，商务印书馆，1981，第369页。

③ 孙周兴选编《海德格尔选集》（下），上海三联书店，1996，第884页。

④ 转引自〔德〕海德格尔《面向思的事情》，孙周兴译，商务印书馆，1996，第64页。

⑤〔德〕海德格尔：《晚期海德格尔的三天讨论班纪要》，《哲学译丛》2001年第3期。

蹊径。

（5）德国古典人学以其理性主宰世界的致思轨迹延续了始自笛卡尔的人学变革之路，成就了西方近代理性主义人学的最高峰。德国古典人学的存在论追问从内向外转，无限抬高理性的地位，使内存于人身的理性脱离了人，膨胀为万能的主体，即实体，亦即本体。

德国古典哲学的开辟者康德在"我思"的基础上向前迈出了决定性的一步，把"我思"中的感性经验因素彻底"剔出"出去，从而得到了一个纯之又纯的、不含任何经验杂质的、存在于主体之外的"我思"——先验自我。这个"先验自我"构成了人之为人的存在论根据。康德说："与其他所有表象相关的'我'这一单纯表象（正是'我'使其他表象的综合统一得以可能）是先验的意识。至于这一表象自身清晰或是模糊，或者是否实际存在，都不是我们这里要讨论的。"[①] 在这里，康德明确指出这个"我"是先验的意识，"我"的功能是"综合其他表象"，而至于这些表象自身"清晰或是模糊，或者是否实际存在"等都是无关紧要的。可见，康德的"先验自我"实质上只是一个纯形式的先验观念，而不能被还原为任何意义上的经验实在。

后来的德国古典人学都行走在康德开辟的道路上，直至黑格尔那里总其所成。黑格尔将康德的"先验自我"、费希特的"绝对自我"进一步发展为"绝对理念"。黑格尔认为，一切存在（思想的和实在的）都根源于"绝对理念"，都是从"绝对理念"这一"种子"中"生长"出来的。"理性是世界的灵魂，理性居住在世界中，理性构成世界的内在的、固有的、深邃的本性，或者说，理性是世界的共性。"[②] "绝对理念"处于不断的发展运动之中，其展开的第一阶段是逻辑阶段，"绝对理念"表现为逻辑理念。第二阶段是自然阶段，"绝对理念"表现为自然界的万事万物。自然界发展到一定时

---

① Immanuel Kant, *Critique of Pure Reason*, ed. by Norman Kemp Smith, Beijing: China Social Sciences Publishing House, 1999, p. 142.
② 〔德〕黑格尔：《小逻辑》，贺麟译，商务印书馆，1980，第 80 页。

期，就产生了人。"绝对理念"是一粒"种子"，人是"绝对理念"发展过程中的一个环节。"绝对理念"不是任何别的东西，而就是上帝的代名词，是人之为人的存在论根据。

近代理性主义人学发展到它的完成形态即黑格尔人学时，已经严重地冒犯了"存在"，严重遮蔽了人的现实生活，它试图把现实的人和人的现实生活消融于无限的"实体"之中。这种"彰实体而废生活"的形而上学做法不仅抹杀了"存在"与"存在者"之间的存在论差异，而且遮蔽了"存在"的意义和现实个人在世的世界图景。正因为如此，西方传统人学在黑格尔那里得以集大成，也正是在黑格尔那里走向了终结之路。

三　人本价值的深度遮蔽：实体本体论人学的价值论错位

西方传统人学在实体本体论的引领之下，走进了一条没有出口的胡同。实体本体论的错位是一个具有根本性意义的错位，它直接地导致了人的退场和人本价值的深度遮蔽。

其一，按照实体本体论本质主宰存在的解释原则，"人的命运自己掌握"不过是史上最大的欺骗。在实体本体论看来，人生在先验本质里早已安排就绪，人之为人的根据并不是由人自己的活动生成和确定的，而是由先于和外在于人的本体预先规定的，人并不能以自己的方式去实现其本质，而只能按照先在的规定实现其本质，只能用本质去解释存在，而不能用存在去理解本质。如果这种本质被理解为"自然实体"，就像古希腊早期的哲学家那样，那么，人就必须绝对地服从自然的法则，而不得超越自然的界线一步；如果这种本质被理解为"神性实体"，就像中世纪的哲学家那样，那么，人就必须绝对地服从上帝的宰制，做上帝忠实的奴仆；如果这种本质被理解为纯粹精神性，像黑格尔那样，那么，"人就成了绝对精神的工具和傀儡"。然而，这种与人的感性生活敌对的"先验本质"，对人来说却始终只能是经验之外的东西。先验本质"反客为主"，成为宰制一切的主体，人的自我发展和自我创造的本性消失了。①

其二，按照实体本体论抽象还原的思维方法，"丰富多彩的人生"不过是纯粹的假象。实体本体论是一种还原论，但不是一般的还原论，而是彻底的还原论，把"多"还原为"一"，把具体还原为抽象。这种以"绝对本体"为目标的还原方法认为，多姿多彩的人生本质上是简单的，其背后都存在某种不变的"原型"，都可以通过不变的"原型"来解释可变的人生。但是，这种还原论思维在分解还原的过程中必定远离现实的人，必定遗漏人的生活世界的丰富性和变动性，必定无法从整体上把握人的丰富图景。其结果就是，人多重的、丰富的现实生命被化约为单一的一极，人们按照自己的具体境遇来选择和决定自己的生活方式的能力被消解，丰富多彩的人生沦为纯粹的假象，人的生活方式在这种齐一化的过程中愈来愈模式化、公式化、样板化。

其三，按照实体本体论实体至上的基本立场，"人民创造历史"不过是善意的谎言。西方传统人学在某个奉若神明、至高无上的本原概念的率领下，衍生出一个严格遵循逻辑规则和先定秩序的"现实世界"，这个世界根本没有为灵动的生命——"人"留下施展拳脚的地盘和空间。现实世界中的人既是无关紧要的，也是无所作为的，人被迫从属于非人的实体，缺乏深层的根基和"在家"的感觉。实体本体论人学不懂得劳动发展史是理解全部社会史的钥匙。比如，在黑格尔看来，"'理性'是世界的主宰，世界历史因此是一种合理的过程"。② 理性（绝对理性）是历史的前提、本质、动因和目的。之所以有历史，是因为理性要在其中认识自身、完成自身，理性只有呈现为历史的状态，它的意义才能显现出来，理性自我生成、自我发展、自我完善的过程就是历史。黑格尔的理性史观宣示：理性

---

① 贺来：《实践与人的现实生命——对"生存论本体论"的一点辩护》，《学术研究》2004 年第 11 期。

② 〔德〕黑格尔：《历史哲学》，王造时译，生活·读书·新知三联书店，1956，第 47 页。

主宰世界、理性说明世界、理性解释世界；理性生成历史，历史合乎理性；理性自本自因、自根自据、自由自在、无所需求、无所不能。正如恩格斯在《终结》中所说："在黑格尔那里，绝对概念不仅是从来就存在的（不知在哪里？），而且是整个现存世界的真正的活的灵魂……在自然界和历史中所显露出来的辩证的发展，在黑格尔那里，只是概念的自己运动的翻版，而这种概念的自己运动是从来就有的（不知在什么地方），但无论如何是不依任何能思维的人脑为转移的"。①

实体本体论人学遗忘了现实的人，却依然可以绵延千年而不衰，究其原因就在于它为人们描绘了一个现实生活中永远达不到、但又能引导人们无限向往的理想生活模式。在任何时代，人们总有一种超越当下、追寻理想的希冀，而西方传统人学则正是迎合了人们的这一心理，引导人们实现了对日常生活的超越，为特定历史背景下的人们构筑起了对未来的憧憬和对生活的遐想。但是，西方传统人学向人们展示的不过是抽象的真与善，面对现实世界的苦难，面对人的异化生存，却始终束手无策。人不能总是生活在虚无缥缈的超验世界中，追求永远不可能实现的幻境。一旦人们走进经验世界，那么对于实体本体论所承载的生命意义就必然产生深刻的怀疑。找回被实体本体论所遗忘的人，为"无家可归者安居"是 19 世纪哲学家遭遇的重大课题。

第二节　存在论的感性转向：费尔巴哈的贡献及限度

前费尔巴哈时代，西方传统人学始终笼罩在实体本体论的宰制之下，"超感性领域统治感性领域"的迷雾挥之不去。实体本体论人学在黑格尔那里达到了巅峰，同时也穷尽了自身发展的一切可能性。

---

① 《马克思恩格斯文集》第 4 卷，人民出版社，2009，第 297 页。

为实体祛魅，为上帝祛魅，为理性祛魅，为超感性祛魅，恢复感性的崇高地位，恢复人的最高权威，恢复理性的本来面目，这成为制约 19 世纪人学能否走出困境、再展辉煌的关键所在。

存在论的"感性转向"是西方人学史上发生的重大事件。它标志着西方传统形而上学的基本建制开始遭遇重创，标志着终结实体形而上学的人学革命已经拉开序幕，标志着西方人学向生活世界回归的前景已经初露端倪，标志着一个崭新的人学时代已经拨云见日，标志着人的解放的可能前景已经展露曙光。这一事件的肇始者不是别人，正是费尔巴哈。

一　费尔巴哈以"神的主体是理性"反叛"我是我所是"的神学第一原理，极大地动摇了神学本体论的坚硬内核，但终归未能前行多远而中途折返

费尔巴哈人本学对宗教神学的批判不仅是一种伦理批判，更是一种存在论的批判。"上帝"是宗教神学本体论的符号。在宗教神学那里，上帝全知全能，人不过是上帝的作品；上帝的价值与人的价值成反比："为了使上帝富有，人就必须赤贫；为了使上帝成为一切，人就成了无"；① "上帝是无限的存在者，而人是有限的存在者；上帝是完善的，而人是非完善的；上帝是永恒的，而人是暂时的；上帝是全能的，而人是无能的；上帝是神圣的，而人是罪恶的。"② 人给予上帝的越多，他自己留下的就越少。在宗教神学的视域中，有限的个人没有独立的意志，只能以上帝的意志为意志。一言以蔽之，神是人的最高本质，上帝是人的存在论根据。

在《基督教的本质》中，费尔巴哈颠覆了德国古典哲学的致思理路，将批判的矛头对准了西方文化精神的最高实体。他鲜明地指

---

① 《费尔巴哈哲学著作选集》下卷，荣震华、王太庆、刘磊译，商务印书馆，1984，第 52 页。

② 《费尔巴哈哲学著作选集》下卷，荣震华、王太庆、刘磊译，商务印书馆，1984，第 60 页。

出，用理性的火炬照亮宗教黑暗的本质，依靠人的力量将人解放出来，恢复人的最高权威——这是人本学唯物主义的最高使命。

针对"神是人的最高本质"的观点，费尔巴哈针锋相对地指出："神的主体是理性"。① 在费氏看来，宗教神学的本质"不是别的，正就是知性——理性或理智"；② 高高在上、神秘莫测的上帝实质上"只是一个心情的实体、想象的实体、幻想的实体"；③ "上帝的人格性，本身不外乎就是人之被异化了的、被对象化了的人格性"；"无限的或属神的本质，就是人的精神本质；但是，这个精神本质被从人里面分离出来，被表象成为一个独立的存在者"。④ 一言以蔽之，上帝不过是人的本质的外化，是人创造了上帝，而不是相反。只不过上帝一经出场便反客为主，凌驾于主体之上，成为宰制主体的异己力量。因此，上帝的伟大只能说明人的伟大，上帝的无所不能只能说明人的理性无所不能。既然如此，费氏认为，批判宗教的第一步就是将颠倒了的事实重新颠倒过来——"推倒神恢复人的最高权威"。

针对宗教神学从"无限者""绝对者"出发的做法，费氏针锋相对地指出：哲学的开端只能是"有限者""确定者"。费氏说："哲学的开端不是上帝，不是绝对，不是作为绝对或理念的宾词的存在。哲学的开端是有限的东西、确定的东西和实际的东西"；⑤ 无论是宗教哲学还是理性哲学中被制造、被设想、被拟定出来的无限者，任何时候都仅仅是某种有限的东西、实际的东西、确定的东西。没有确定的东西，神秘者是无法想象的；没有实际的东西，绝对者是

---

① 《费尔巴哈哲学著作选集》上卷，荣震华、李金山等译，商务印书馆，1984，第247页。
② 《费尔巴哈哲学著作选集》下卷，荣震华、王太庆、刘磊译，商务印书馆，1984，第267页。
③ 《费尔巴哈哲学著作选集》下卷，荣震华、王太庆、刘磊译，商务印书馆，1984，第61页。
④ 《费尔巴哈哲学著作选集》下卷，荣震华、王太庆、刘磊译，商务印书馆，1984，第327页。
⑤ 《费尔巴哈哲学著作选集》上卷，荣震华、李金山等译，商务印书馆，1984，第107页。

无法想象的；没有有限的东西，无限者是无法想象的；有限的东西才是无限者的真理，实际的东西才是绝对者的奥秘，人性的东西才是神秘的东西的根据。人成为人的存在论根据只能从有限中去寻找，而不应该越过有限而从无限中去寻找。正如费氏所说："宗教认为是第一性的东西——上帝——，我们已经证明，实际上原本是第二性的，因为，他只不过是人之自己成为自己对象的本质；因而，宗教认为是第二性的东西——人——，就应当被设定和表明为第一性的"。① 可见，从本体论的意义上来说，人的最高本质和最后根据不应该从人之外来寻找，而只能从人自身来寻找，"Homo homini Deus est（对人来说，人就是上帝）——这就是至高无上的实践原则，就是世界史的枢轴"。② 在这里，费氏已经认识到"人自身才是人之所以为人的根据和本质"，③ 已经揭示了"人是人的最高本质"的真理，在一定程度上已经实现了对神学本体论的翻转。

综上所述，尽管费尔巴哈极大地动摇了神学本体论的坚硬内核，但他的贡献也仅仅停留在"动摇"上。费尔巴哈不是一个彻底的无神论者，他在批判宗教路上并没有前行多远就中途折返，因为他不打算从根本上废除宗教，而只是主张以无神的宗教——"爱"的宗教代替有神的宗教。费尔巴哈对宗教神学的批判并未获得"最后的胜利"——神的确从天国中被逐出，但又在人的心中得以安家，成为挥之不去的"内在性"，因此，"真正人的东西归根到底仍然是神的东西"。费尔巴哈并没有真正走进历史，走进生活，去发现那个被西方传统人学所遗忘了的"现实的人"——"在历史中行动的人"。这决定了费氏不可能破解宗教的真正秘密，不可能完成"恢复人的最高权威"的神圣使命。对宗教批判的最后完成，对神本原则的彻

---

① 《费尔巴哈哲学著作选集》下卷，荣震华、王太庆、刘磊译，商务印书馆，1984，第 315 页。

② 《费尔巴哈哲学著作选集》下卷，荣震华、王太庆、刘磊译，商务印书馆，1984，第 315～316 页。

③ 李毓章、陈宇清选编《人·自然·宗教——中国学者论费尔巴哈》，商务印书馆，2005，第 168 页。

底瓦解，对人的权威的真正恢复，这是费氏给后人留下的第一座"烂尾楼"。

二　费尔巴哈以"理性的主体是人"对抗"人的主体是理性"的实体主义原则，极大地动摇了实体本体论人学的基本建制，但终归未能彻底瓦解而半途而废

近代理性主义人学的突出成就在于极大地彰显了理性的力量，建构了以"理性"为核心的文化精神。然而，理性的彰显走向了理性的膨胀，理性地位的抬升导致了理性本体论的僭越。自笛卡尔以来，近代西方理性主义人学秉持着"理性实体化，实体理性化"的基本建制，饱含人血的"理性"一步一步地被推到了极致，推上了神坛，在黑格尔那里完成了向"理性神学"的复辟。在黑格尔的体系中，"理性"已经成为与人割裂开来的精神实体，有限的理性上升为"无限者"，确定的理性上升为"绝对者"，世俗的理性上升为"神秘者"。现实的人唯有依附于"绝对理性"才有"在世"的前景，人是"绝对观念"完成自己目的的工具，是"绝对理性"外化的一个环节。这种尊圣域鄙俗世、彰实体废生活的做法使黑格尔极度忽视人在历史中的地位和价值，极度贬抑人的能动性和创造性，在绝对理性的世界里没有为个人的自由留下地盘；相反，"奴役与节制""人在劳动中的自我异化"，反而被黑格尔视为实现人类的基本精神的必要阶段。①"绝对理性"愈是雄心勃勃，这样的"理性"就愈是可怕；"绝对理性"愈是无所不在，凡夫俗子就愈是无处安身立命；"绝对理性"愈是无所不能，现实的人就愈是无能为力；"绝对理性"愈是完备，就愈是成为人全面发展的桎梏；"绝对理性"愈是向前发展，就愈是与人类追求的价值理想相背离，愈是与文艺复兴以来开启的人文主义方向相背离。最终的结局就是，"理性"的狂

---

① 〔英〕凯蒂·索珀：《人道主义与反人道主义》，廖申白、杨清荣译，华夏出版社，1999，第26页。

妄必然导致"理性"自身的反动。

当然，我们无意全盘否定黑格尔的"理性"，必须一分为二地看待黑格尔体系中的这一核心概念：当"理性"作为替代"神圣形象"的"上帝"而登场时，这个"理性"是值得期待的，因为它有正面、积极的价值；而当"理性"上升为"非神圣形象"的"上帝"时，这个"理性"是值得怀疑的，因为它是阻碍人追求自由的一只拦路虎，是横亘在人的自由发展之路上的一道屏障，是导致人自我异化的始作俑者。黑格尔的理性是一种"非人的、狂妄的、神圣的、冷酷的"理性，需要以"属人的理性"去改造"非人的理性"，以"谦虚的理性"去收拾"狂妄的理性"，以"世俗的理性"去对抗"神圣的理性"，"以'丰富的人性'去讨伐'冷酷的理性'"。① 面对"理性"的僭越，后黑格尔时代哲学批判的对象集中到了理性本身，反思"理性"成为时代的主题，消解"理性"鲸吞宇宙的力量成为思想的目标。黑格尔这个曾经的无冕之王在他去世后的十多年中就沦为任人宰割的对象，真是令人唏嘘不已。费尔巴哈就是其中的主要代表人物之一。

费尔巴哈针对黑格尔"理性实体化""理性非人化"的基本原则，旗帜鲜明地指出"理性的主体是人"。② 费氏认为，理性无非人的理性，设想存在某种脱离了人身的、与人无关的、实体化了的，同时还能宰制人的理性，这本身就是不合理性的。人的理性本不神秘，更不具有万能的本领，所谓"理性"绝对化、实体化、万能化的形而上学做法都是纯粹的虚构。费氏说："那个孤立的，封闭在自身之内的思维，那个没有感觉，没有人的，在人以外的思维，却是不能也不应当成为别人的客体的绝对主体"。③ "理性"实体化、绝对化的企图注定是徒劳无功的，注定无法穿越思想的密林而到达现

---

① 孙正聿：《思想中的时代》，北京师范大学出版社，2004，第126页。
② 《费尔巴哈哲学著作选集》上卷，荣震华、李金山等译，商务印书馆，1984，第247页。
③ 《费尔巴哈哲学著作选集》上卷，荣震华、李金山等译，商务印书馆，1984，第182页。

实生活的开阔地带。费尔巴哈反对理性本体化、绝对化，但他并没有反对一切理性，而只是褪掉了"理性"身上的神秘色彩。费氏驱除了"无人身的"理性，但是留下了"饱饫人血的"理性，将其安置到它本来"安居"的地方。费氏指出："不思想的人当然不是人；但是这并不是因为思维是人的本质的缘故，而只是因为思维是人的本质的一个必然的结果和属性。"① 在这里，费氏实现了对黑格尔的颠倒，人是主词，理性是宾词，人是理性的主体，理性是人的属性。

值得注意的是，宗教神学与理性神学"貌离神合"，"绝对理性"与"神性"本质相通，扬弃理性神学与扬弃宗教神学相辅相成，所以，费氏对神学本体论传统和理性本体论传统的批判是同时发起、一体展开、一同推进的。

三　费尔巴哈以"我欲故我在"颠覆"我思故我在"的近代理性人学传统，开辟了"回归感性"的人学存在论道路，但终归未能贯彻到底而止步于"感性直观"

费尔巴哈动摇了上帝本体和理性本体的崇高地位，第一次将人学的存在论根据从天国拉回到人间，深刻揭示了"人是人的最高本质""人是人自己的上帝"这一真理。既然上帝本体和理性本体都是南辕北辙，那么，人的存在论根据究竟是什么？费氏的回答是："我欲故我在。""我欲"即"感性"。在这里，"感性"首先开启的是本体论的维度。

近代以降，"我思故我在"标志着理性主义人学的滥觞。此后的哲学家包括康德、费希特、谢林、黑格尔都行走在笛卡尔开辟的这条道路上，所不同的是"理性"在不断净化的同时无节制地膨胀、无底线地泛滥和无边界地僭越。而与此同时，感性湮没于"超感性"之中，感性的权威被践踏，感性的地位被忽视，失去了其应有的荣光。

---

① 《费尔巴哈哲学著作选集》上卷，荣震华、李金山等译，商务印书馆，1984，第182页。

针对近代理性主义人学"我思故我在"的致思理路，费氏针锋相对地提出了"我欲故我在"的存在论立场。费尔巴哈指出，"人的最内秘的本质不表现在'我思故我在'的命题中，而表现在'我欲故我在'的命题中"。① 人之所以成为人的存在论根据不能归功于"理性"，"人的存在只归功于感性。理性、精神只能创造著作，但不能创造人"，② 唯有恢复感性、经验的权威才是正道。在费尔巴哈看来，决定我存在的东西不是理性，而是感性；不是"我思"，而是"我欲"，即"我感觉着、欲望着、爱着"。离开人的感性的存在是没有意义的。只有回到感性、回到事情本身，在感性开始的地方，一切争论和怀疑才会终止。③ 可见，费氏开启了一条全新的存在论道路，力图以"我欲故我在"的理论原则来瓦解理性形而上学的坚硬内核。

费尔巴哈的感性本体论完全区别于"理性实体化"的存在论原则。实体本体论是从"非人性"的"绝对者""无限者"出发，而费尔巴哈人本学则是从"人性"的"有限者"和"确定者"出发。为什么唯有人性的东西才能成为人本学的出发点，费尔巴哈是如此解释的："只有那种不需要任何证明的东西，只有那种直接通过自身而确证的，直接为自己作辩护的，直接根据自身而肯定自己，绝对无可怀疑，绝对明确的东西，才是真实的和神圣的。但是只有感性的事物才是绝对明确的；只有在感性开始的地方，一切怀疑和争论才停止"。④ 从因果还原论来说，感性的东西是第一位的，所谓"第一位的感性东西是指非派生的东西"。⑤ 这里非常鲜明地突出了感性

---

① 《费尔巴哈哲学著作选集》上卷，荣震华、李金山等译，商务印书馆，1984，第591页。

② 《费尔巴哈哲学著作选集》上卷，荣震华、李金山等译，商务印书馆，1984，第213页。

③ 舒永生：《论费尔巴哈"我欲故我在"的本体论证明》，《贵州社会科学》2003年4期。

④ 《费尔巴哈哲学著作选集》上卷，荣震华、李金山等译，商务印书馆，1984，第170页。

⑤ Feuerbach. *Vorlesung über das Wesen der Religion*. F. Feuerbach. Gesammelte Werke, Berlin, 1984, Band. 6, p. 100.

的本体论地位。面对无可证实的"实体",感性无须证明;面对捉摸不透的"实体",感性没有任何伪装;面对晦暗王国的"实体",感性自立于光天化日之下。费尔巴哈"自觉地承认感性的真理性",开辟了一条有别于笛卡尔主义的人学新路向。

"感性"究竟为何物?费氏认为,"感性"就是依靠自身存在的东西,就是真实的东西,就是"有血有肉的存在""感性的存在""直观的存在""具体的存在","感性也就是现实性",① 就是人的思维和语言之外的客观的对象存在。"感性"构成精神、理性、意识的物质附着体,除了感性之外,没有任何别的什么东西可以承载它们。没有人身的理性,脱离肉体的精神,离开大脑的意识,都只能是一种想象,所谓肉体与灵魂、身体与理性、物质与意识的分离只有在我们的思维中才能被设想。正如费氏所说:"没有胃、没有血、没有心,从而最终也就没有脑袋的生存"。② 感性是直接的、本原的存在,感性的存在与本体的存在是直接同一的, "感性"与"本体"在某种程度上说就是同义语,"凡是一切事物存在的地方……就是事物是其所是的东西存在的地方,就是说:事物的本质不是离开它的存在的,事物的存在是离不开它的本质的",③ 无须在"感性"之外再去寻找一个高高在上的实体,以此来统摄感性、主宰感性、规制感性;也无须将感性的东西还原为超感性的实体的东西。

当然,费尔巴哈的"感性"既有很大的历史进步性,但也带有很大的历史局限性。从进步的一面来看,相对于理性主义人学将"理性"实体化的存在论路向,费尔巴哈完成了对理性的颠倒,恢复了"感性"作为"理性"之本源的本来面目。从局限性的一面来看,费尔巴哈的"感性"还仅停留在"感性直观"的层次上;或者

---

① Feuerbach. *Vorlesungüber das Wesen der Religion*. F. Feuerbach. Gesammelte Werke, Berlin, 1984, Band. 6, p. 19.

② 《费尔巴哈哲学著作选集》上卷,荣震华、李金山等译,商务印书馆,1984,第293页。

③ Feuerbach. *Grundstzu der Philosophie der Zukunft*. L. Feuerbach. Gesammelte Werke. Berlin, 1982, Band. 9, pp. 306 - 307.

说，费氏还只是站在了"感性"的外面，尚未深入"感性"之中，揭示出"感性"的真谛。因此，"感性直观本体论"才是对费氏人学本体论的恰当表达。

四　"感性直观本体论"的价值限度

费尔巴哈将"感性"置于本体论的崇高位置，试图将人学从思想世界拉回到"多灾多难的现实人间"，拯救被实体本体论所深深遮蔽的人，彰显人本主义的价值关怀，但终归未能前行多远而中途折返。

感性直观本体论的出场初衷就是将被遮蔽在理性"密林"中的"人本主义情怀"拯救出来。费氏之所以将人本学称为"新哲学""感性哲学"，意在表明这种人本学已经不是"旧哲学""理性哲学"。旧哲学与新哲学的差别，从价值维度来看，前者是反人本的，后者是人本主义的哲学。从表象来考察，情况确实如费尔巴哈所言。因为，费氏已经认识到，哲学只有从有限的存在者出发，关注"多灾多难的现实人间"，才是时代需要的哲学。否则，如果哲学背离人的现实生活，那么结果就只能是：当我们处在生活中时，我们是处在哲学之外的；而当我们在哲学思想中时，我们是处在生活之外的。[①] 费氏认为，近代以来的理性主义哲学发展到黑格尔那里已经达到了顶峰，黑格尔哲学作为理性形而上学的最高成就，作为"旧哲学"的最后完成形式，作为实体本体论哲学的集大成，已经走向了终结，没有了任何向前发展的可能性。费氏说："斯宾诺莎是近代思辨哲学真正的创始者，谢林是它的复兴者，黑格尔是它的完成者。"[②] 这种思辨哲学奉行实体宰制现实的基本原则，人的本质被"贬低为注释的东西"，人的生活就是遮蔽生活，人的意义就是没有意义，人的价值就是失去

---

① 《费尔巴哈哲学著作选集》上卷，荣震华、李金山等译，商务印书馆，1984，第99页。

② 《费尔巴哈哲学著作选集》上卷，荣震华、李金山等译，商务印书馆，1984，第101页。

价值。所以，在这种"与经验相反对"、与人相对立的哲学中，没有现实的人的存在。伸张人的价值，彰显人的地位，这是费氏人本学及其感性直观本体论所承载的价值论意蕴。

然而，不得不承认的是，感性直观本体论所承载的人本意蕴是有限度的。

尽管感性直观本体论推动了哲学向人的回归，体现了一种强烈的人本关怀。但是，费氏人本学毕竟还是远离社会生活、远离物质性的社会实践的抽象学说，一回到现实生活世界，一落实到具体的人，人本关怀就显得那么的虚弱和贫乏。西方传统人学所遮蔽的人本价值显然无法通过诉诸"感性直观"的方式来解决。正如英国一位学者所说："劳动的中介不可能靠思想来回避，（就如费尔巴哈在诉诸直接的'感官直觉'时所以为的那样），而必须通过现实来起作用。在这一意义上可以说，以异化了的形式存在于资本主义生产关系中的人的劳动乃实现'积极的人道主义'所必不可少的"。① 为了实现"积极的人道主义"的价值目标，必须诉诸人的物质生产实践，诉诸现实的人的感性活动。费尔巴哈恰恰在这个最关键的地方停滞不前，究其原因，费尔巴哈毕竟还只是一位"理论家"和"哲学家"，他发现了人却没有真正认识"人"，具体表现在以下几个方面。其一，费尔巴哈仅仅只是把"感性"理解为"感性的对象"，而不是看作"感性的活动"。费尔巴哈第一次提出了"现实的人"，但这种"现实的人"只是通过"感性直观"所把握到的"非现实的人"，是生物学、生理学意义上的"有血有肉的人"，而不是"在历史中行动的人"，"因而这个人始终是……那种抽象的人"。② 其二，费尔巴哈"没有把感性世界理解为构成这一世界的个人的全部活生生的感性活动"。③ 费尔巴哈不了解社会生活在本质上是实践的，不

---

① 〔英〕凯蒂·索珀：《人道主义与反人道主义》，廖申白、杨清荣译，华夏出版社，1999，第34页。

② 《马克思恩格斯选集》第4卷，人民出版社，1995，第236页。

③ 《马克思恩格斯文集》第1卷，人民出版社，2009，第530页。

了解社会实践活动的重要意义。因此，在"共产主义的唯物主义者"认为必须要超越前人的地方，他却停滞不前甚至大步倒退。其三，费尔巴哈仅仅只是停留在理论的领域内，而没有批判地考察现实的社会关系。费尔巴哈的"社会"概念是依靠感性直观建立起来的，"感性的社会交往"也是通过感性直观把握到的，而至于"社会"和"社会交往"背后所隐藏的生产关系，尚未进入费尔巴哈的视野之中。

第三节　费尔巴哈"未竟"的事业与马克思的使命

费尔巴哈是西方人学史上一个绕不过去的重要人物，费尔巴哈的唯物主义人本学也构成西方人学发展史上一个无法越过的重要阶段。费尔巴哈对宗教神学以及近代理性主义人学展开了有力的批判，也试图开启现代人学存在论发展的崭新路向，但他毕竟还只是一位"理论家"和"哲学家"，[①]他除了留给后人一些有待完工的"半拉子工程"和一些有待他人来收拾残局的"烂尾楼"之外，并没有更多有待开掘的宝藏。

费尔巴哈批判宗教神学本体论，目标直指当时德国封建统治的精神支柱——基督教。费氏以"神的主体是理性"对抗"我是我所是"的神学第一原理，以"人是人的最高本质"终结"神是人的最高本质"的神学本体论原则，明确提出了"推倒神恢复人的最高权威"的崇高使命，极大地动摇了神学本体论的坚硬内核，极大地撼动了"神本位"的最高价值原则，但终归未能前行多远而中途折返。

费尔巴哈批判理性本体论，目标直指当时理性主义哲学的集大成者——黑格尔。费氏揭开了黑格尔理性哲学的神学面纱，以"理性的主体是人"对抗"人的主体是理性"的理性主义原则，极大地

---

① 《马克思恩格斯选集》第4卷，人民出版社，1995，第66页。

动摇了理性本体论的基本建制，但终归未能贯彻到底而半途而废。正如马克思在《德意志意识形态》中所说，费尔巴哈毕竟还只是一位幽居世外桃源、远离现实生活、不食人间烟火的"哲学家"，他仅仅只是停留在理论的领域内，而没有批判地考察现实的社会关系。尽管费尔巴哈也提出了一些颇有见地的观点，比如："人是社会的人"；"人的本质只是包含在团体之中，包含在人与人的统一之中"。①但是，这里所谓的"团体""人与人的统一"仅仅是指人的类关系，特别是两性关系，还远没有上升到"社会关系"这一高度来理解。真实的社会尚未进入费尔巴哈的视野之中。

费尔巴哈开辟了"回归感性"的存在论道路，以"我欲故我在"颠覆"我思故我在"的近代理性主义传统，但终归未能贯彻到底而止步于"感性直观"。费尔巴哈人本学试图将人学从思想世界拉回到"多灾多难的现实人间"，拯救被实体本体论所深深遮蔽的人，但终归未能前行多远。"感性直观本体论"的出场确实提供了发动一场人学革命的可能性，确实带来了人学史上新气象，也确实为西方人学的现代转向拓展出崭新的地平线，但费氏人本学绝不是这场革命的实现，更不是这场革命的完成。

感性本体论昭示了"人的解放"的可能性前景，拯救被实体本体论所深度遮蔽的人本向度，但费氏人本学终归只是理论人学的内部颠覆和造反，感性直观本体论所开启的人本价值终归只是长久压抑之下的低度伸张和本能反抗。费氏人本学毕竟是远离社会生活的抽象学说，一回到现实生活世界，人本关怀就显得那么的虚弱和贫乏。西方传统人学所遮蔽的人本价值显然无法通过诉诸"感性直观"的方式来解决。费尔巴哈终归只是半截子唯物主义，不了解社会生活在本质上是实践的，不了解社会实践的重大意义，不了解问题的关键在于改变世界。因此，在"共产主义的唯物主义者"认为必须要超越前人的地方，费氏却停滞不前甚至大步倒退。

---

① 《费尔巴哈哲学著作选集》上卷，荣震华、李金山等译，商务印书馆，1984，第247、185页。

综上所述，费氏发现了西方传统人学存在的问题，也正确地提出了问题，但未能有效地解决问题。面对理性的狂妄与僭越，以非理性来遮蔽理性是不可取的，以感性来对抗理性才是唯一正道。费尔巴哈高扬"感性"的旗帜，开辟了感性存在论的新路向，这是不可磨灭的伟大贡献。费尔巴哈是近代第一个"从完整的人出发"的哲学家，他使人"处在哲学的中心。这种观点使费尔巴哈成为现时流行的看法的一个先驱"。① "费尔巴哈是近代思想领域内从哲学上获得感性统一性与普遍性，并使之成为人的智慧和理智能力的决定性条件的第一人"。② 可惜，费氏的贡献也仅仅如此，费尔巴哈并没有将"感性"的旗帜插入历史性实践的土壤之中。当然，我们也不能过分苛求前人，"感性直观本体论"对于人学存在论转向的意义至今仍无法否定，"感性直观"至少意味着向"感性活动本身"的靠拢，意味着接近"事物的本来面目"。显然，这是与实体主义情结相对立的，也是与西方传统人学的基本建制相背离的。尽管费尔巴哈未能走出超感性的"思想密林"，开辟一条通达现实的人和人的现实生命的人学存在论道路，但是，费尔巴哈开辟的感性存在论道路，费尔巴哈关于人是有生命的感性存在的思想，对于西方理论人学的终结，对于实体本体论传统的断裂，对于马克思实践人学的出场，对于现代人学存在论道路的开辟绝不是可有可无的，而是至关重要的。费尔巴哈依然是近代哲学谱系中无法绕过的巨大身影！费尔巴哈的感性哲学从哲学层面上确立了"全部人类历史的第一个前提"，③ 为马克思、恩格斯通向唯物史观打开了方便之门。绕过了费尔巴哈，如同绕过了黑格尔一样，就无法理解马克思，就无法理解马克思开辟的人学存在论道路，就无法理解后费尔巴哈时代西方人学的转向及其后来发展。

---

① 〔德〕兰德曼：《哲学人类学》，张乐天译，上海译文出版社，1988，第43页。

② Wolfgang Wahl. *Feuerbach und Nietzsche——Die Rehablitierung der Sinnlichkeit und des Leibes in der deutschenPhilosophie des 19*. Jahrhunderts. Würzburg, 1998, p. 22.

③ 马克思、恩格斯：《费尔巴哈》，人民出版社，1988，第10页。

　　费尔巴哈未走完的这一步，终究是有人来走的；费尔巴哈未竟的事业，终归是有人来完成的。彻底走出超感性的"思想密林"，决定性地摧毁实体本体论的基本建制，拯救被深度遮蔽的现实的人，开辟一条通达人的现实生命的人学存在论道路，这个历史性任务是由马克思完成的。

　　　　　（本章内容原载于《探索》2014 年第 2 期，收入时有修改）

第三章

存在论断裂与马克思的重建

本章内容摘要：

费尔巴哈开辟了"回归感性"的存在论道路，昭示了人学的未来发展方向，为西方人学存在论的现代转向和革命变革拓展出崭新的平台，但费氏人本学绝不是这场革命的实现，更不是这场革命的完成。马克思全面超越了费尔巴哈"我欲故我在"的存在论境界，开辟了"直面生活本身"的人学存在论道路。"人的感性生活"构成了人成为人的最本原的基础、最充足的根据、最后的原因。感性生活本体论的出场是人学史上发生的一场"哥白尼革命"，它标志着实体本体论传统的"断裂"，标志着现代生成本体论路向的开启，标志着"我思故我在"的坚硬内核的瓦解，标志着"实体宰制生活"的基本建制的摧毁，标志着西方传统人学从此走向终结。感性生活本体论直接的是回答了"人是什么"的存在论难题，深层的却是彰显了"如何对待人"（"以人为本"）的价值论意蕴。

费尔巴哈开辟了"回归感性"的人学存在论道路，昭示了人学发展的未来方向，为西方人学存在论的现代转向和革命变革拓展出崭新的平台，但费氏人本学绝不是这场革命的实现，更不是这场革命的完成。费尔巴哈未竟的事业，是由马克思来完成的。

第一节　存在论承诺：马克思人学
不可或缺的意义维度

马克思越出了西方传统人学无法逾越的"存在论陷阱"，终结了实体本体论的强大传统，但绝不意味着人学从此放弃了存在论的意义和承诺。从人学的发生逻辑、建构逻辑、演进逻辑来看，存在论承诺始终是马克思人学不可或缺的意义维度。

一　从人学发生逻辑来看，本体论追求有始无终

"本体论"的追求源自对人类自身生存本性的自觉表达和形上澄明，有起始无终期。人类思维与生俱来的超越本性、穷根究底的探索精神决定了任何拒斥形而上学（本体论）的企图都将是徒劳的。康德曾感叹："曾经有一段时间，形而上学被称为一切科学的女王……现在，时代的流行口吻导致对它表现出一切轻视，这位老妇遭到驱赶和遗弃。"① 不久前，哲学还是万物之王，因为子嗣众多而君临天下，备受追捧；而今却被放逐荒野，孤苦伶仃，一无所有。但是康德又认为，形而上学是人类理性的自然倾向，我们一定要为形而上学恢复昔日的荣光和地位，建立科学的形而上学已是迫不及待。人类对"精神家园"的追求并没有随着实体本体论传统的终结而结束，人类对"自身完美"的期待，对意义世界的向往，对崇高理想的追寻，丝毫不亚于对物质世界的依赖。人类思维的超越本性决定了任何哲学家都无法走出"形而上学的困惑"——一方面，人们怀疑形

---

① 〔德〕康德：《纯粹理性批判》，李秋零译，中国人民大学出版社，2004，第3页。

而上学，要求终结形而上学；另一方面，人的生存本性决定了人又走不出形而上学。施太格缪勒因此说："形而上学的欲望和怀疑的基本态度之间的对立，是今天人们精神生活中的一种巨大的分裂"。①

马克思终结了传统形而上学，但并未终结一切形而上学。马克思完成了对传统人学本体论的颠覆，但并未实现对整个人学本体论的彻底否定；或者说，马克思终结的人学本体论只是一种特定的本体论形态，而不是终结了人学本体论的未来发展。"形而上学的终结"只是意味着一种特定的哲学思维方式和解释原则的终结，而非形而上学本身的终结。② 即使以往的形而上学之路误入歧途，形而上学的问题却依然是有意义的。我们不能以人学史上某种具体形态的"本体论"之误而否定一切"本体论承诺"的意义。对于马克思来说，他的使命不是放弃形而上学，而是通过开辟新的道路拯救形而上学。马克思人学的存在论革命不是为了消灭人学的本体论维度，而是为了开辟本体论发展的崭新道路。马克思既是形而上学（本体论）决定性的"终结者"，又是其伟大的"复兴者"和"拯救者"。

二　从人学演进逻辑来看，拒斥本体论欲行未果

众所周知，反形而上学思潮肇始于近代的经验论者，他们不承认超验世界具有实在性。培根认为，超验的形而上学无助于认识真理，反而堵死了通向真理的道路。霍布斯则将哲学与科学混为一谈，将哲学定义为"关于现象或明显的结果的知识"。③ 康德反对"拒斥"形而上学的做法，他说："人类精神一劳永逸地放弃形而上学研究，这是一种因噎废食的办法"。④

---

① 参见〔德〕施太格缪勒《当代哲学主流》上卷，王炳文等译，商务印书馆，1986，第25页。

② 贺来：《论马克思哲学与形而上学的深层关系》，《哲学研究》2009年第10期。

③ 北京大学哲学系外国哲学史教研室编译《16－18世纪西欧各国哲学》，商务印书馆，1975，第65页。

④ 〔德〕康德：《任何一种能够作为科学出现的未来形而上学导论》，庞景仁译，商务印书馆，1978，第163页。

　　进入现代以来，实证主义举起了拒斥形而上学的大旗，形而上学的遭遇愈加艰难。反形而上学一度成为某些时髦思潮标新立异的共识，甚而通过逻辑分析得出结论：形而上学的全部断言陈述都是无意义的。① 罗蒂明确提出，当代哲学的首要任务便是："摈弃西方特有的那种将万物万事归结为第一原理或在人类活动中寻求一种自然等级秩序的诱惑"。② 以孔德为始祖的实证主义哲学把本体论问题看作既永远无法得到解决又永远无法加以证实的思辨哲学而逐出了自己的视野。实证主义这种断然拒斥和根本否定本体论意义的做法是极端的，它割断了自己与哲学历史和哲学传统的联系，否定了自己的历史基础和理论前提，从而也必然阻碍自身的发展。

　　其实，形而上学作为对"存在"问题的一种"总的看法"，③ 它的消亡与否，并不仅取决于哲学家们的亲近或疏离。也许正是发现了孔德实证主义拒斥本体论、消解形而上学的片面性，对本体论的追求在逻辑实证主义者中又戏剧般地重新崛起，再次展示出本体论问题的永恒魅力。当代最有影响的逻辑实用主义者蒯因提出了自己的"本体论承诺"，蒯因认为，任何理论都存在"存在论的承诺"："一个理论的存在论承诺问题，就是按照那个理论有何物存在的问题。"④ 蒯因把对本体论问题的回答重新看作进一步回答认识论问题的必要前提。他和斯特劳森一起，在分析哲学中"重新恢复作为存在论的形而上学的地位"。⑤ 蒯因在存在论方面所做出的原创性的贡献无论是对于科学哲学的现代转向还是对于本体论的当代复兴都产生了不可低估的影响。

　　马克思是最早发现传统形而上学的症结并对之进行批判的现代

---

① 转引自洪谦主编《逻辑经验主义》，商务印书馆，1989，第 13～14 页。
② 〔美〕理查德·罗蒂：《哲学和自然之镜》，黄宗英译，上海三联书店，1987，第15 页。
③ 〔德〕康德：《任何一种能够作为科学出现的未来形而上学导论》，庞景仁译，商务印书馆，1978，第 168 页。
④ 参见 See W. O. Quine. *The Ways of Paradox and Other Essays*. New York，1979，p. 204。
⑤ 〔美〕M. K. 穆尼茨：《当代分析哲学》，吴牟人等译，复旦大学出版社，1986，第 418 页。

哲学家之一。正如海德格尔所说，马克思完成了对形而上学——柏拉图主义的颠倒，但马克思并没有终结哲学发展的一切可能性，相反，马克思开辟了一条通往未来的哲学之路。在哲学史上，马克思与孔德几乎同时举起了"拒斥形而上学"的旗帜，但是两人在指向性上有着本质的不同，"孔德把'拒斥形而上学'局限于经验、知识以及'可证实'的范围内；马克思提出的是另一条道路，即'拒斥形而上学'之后，哲学应关注'现存世界'、'自己时代的世界'、'人类世界'，'把人们的全部注意力集中到自己身上'。"① 马克思开辟的生活形而上学不是可有可无的，因为人之为人，总要确立生活的意义，开启崇高的境界，表达精神的追求，这就赋予了马克思人学本体论以合法性。"在日趋功利化的'时尚'里，阐明'形而上学'的意义，诉说哲学境界之必要，陈述哲学意义之真实，告诫人文精神之可贵，强调终极关怀之重要，提升人的哲学式的精神品位与道德素养"。② 只有这样，人才能够有所追求，精神有所皈依，对未来有所憧憬。

三　从人学建构逻辑来看，本体论维度欲罢不能

本体论构成哲学的基础和核心，任何真正的哲学是不可能把本体论问题搁置起来的。而人学作为对人的问题的一种哲学思考，其理论形态注定是一种形而上学，注定依赖于本体论的支撑。任何缺乏本体论根基的人学都是漂浮的、无根的。试想，马克思如果不能科学回答"人之为人的存在论根据"这一根本性问题，又如何能够回答清楚诸如"人的自由、人的解放和人的发展"等衍生问题？况且，马克思人学的革命性变革"如果不触及存在论，所解决的只能是枝节性问题，只有存在论的转换，才能导致哲学的根本变革"。③

---

① 肖前等主编《实践唯物主义研究》，中国人民大学出版社，1996，第 59 页。

② 陆杰荣、张伟：《哲学境界：诠释马克思哲学的一个新视角》，《教学与研究》2008 年第 11 期。

③ 杨魁森：《深化生活世界理论研究》，《新华文摘》2007 年第 9 期；原载于《长白学刊》2007 年第 1 期。

马克思人学具有本体论的维度，但是马克思究竟秉持什么样的本体论立场，马克思本人并没有直接言说。马克思只在他的早期著作（《博士论文》和《巴黎手稿》等）中有过"本体论"的提法，在成熟时期的著作中则不再使用这一概念。如果试图在理论上概括马克思的本体论，那么这将会使我们处于一种多少有点矛盾的境地。一方面，马克思没有直接概括自己的存在论主张，另一方面，"任何一个马克思著作的公正读者都必然会觉察到……他的这些论述在最终的意义上都是直接关于存在论的论述，即它们都纯粹是本体论的"。① 接下来，问题的关键就在于我们如何立足于当代，合理地阐释马克思人学的存在论立场；或者说，哪一种阐释既契合当下的时代背景，又贴近马克思的本来意义。

第二节　我生活故我在：马克思开辟的
人学存在论道路

全面克服实体本体论人学所导致的对人的现实生命及其历史发展的抽象化理解，找回被传统人学所遗忘的人，寻求开辟一条通达现实的人和人的现实生活的存在论道路，为"无家可归者安居"，这个任务最终落到了马克思的肩上。马克思全面超越了费尔巴哈的局限性，于"存在论"的根基处发动了一场"哥白尼式的革命"（Copernican Revolution），重建了关注人的生存际遇的现代人学本体论路向，推动人学范式从实体论人学转向了生成论人学。

马克思人学革命是于存在论的根基处发动的。针对西方传统人学热衷于从超感性世界来寻找人之存在的本体论根据这一坚硬传统，马克思一反传统人学的思维定式，以"面向生活"的理论原则瓦解了"我思故我在"的强大传统，开辟了与传统人学完全异质的人学存在论道路。在马克思看来，人生活其中的"感性世界"是唯一真

---

① 〔匈牙利〕卢卡奇：《关于社会存在的本体论》上卷，白锡堃、张西平、李秋零等译，重庆出版社，1993，第637页。

实的意义世界，先于人或外在于人的"自在世界"是存在的，但与人分隔开来的"自在世界"，"只具有应被扬弃的外在性的意义"；① 而至于所谓的"超感性世界"或"本体世界"根本上就是思想虚构出来的假想世界，是一种非现实的、非感性的抽象物。"世界不在'我'之外，'我'也不在世界之外"。人之为人的存在论根据不在超验世界，而在经验世界；不在人之外，而在人的感性生活之中。"人的感性生活"本身构成了人成为人的存在论根据，笔者将其定义为"感性生活本体论"（Perceptual-Life Ontology）。

何谓"感性生活本体论"？是指"人的感性生活"是人之为人的最本原的基础、最充足的根据、最后的原因，尊重人的生命价值也因此上升为最终的意义承诺。感性生活本体论，从其精义来说，正可谓"我生活，故我在"。

"感性生活本体论"的确立，首先表征着马克思与实体本体论原则的决裂。然而，这绝不是宣布一个口号那样简单，而是需要做出富有原则高度的理论界划。马克思在《关于费尔巴哈的提纲》（以下简称《提纲》）和《德意志意识形态》（以下简称《形态》）中对"感性生活"的本体论地位进行了深刻的（可能并非直接的）论述，我就其中的几段话所隐含的本体论意蕴做一论述。

第一段话："从前的一切唯物主义（包括费尔巴哈的唯物主义）的主要缺点是：对对象、现实、感性，只是从客体的或者直观的形式去理解，而不是把它们当作感性的人的活动，当作实践去理解，不是从主体方面去理解。因此，和唯物主义相反，唯心主义却把能动的方面抽象地发展了，当然，唯心主义是不知道现实的、感性的活动本身的。"②

在马克思看来，旧唯物主义（包括费尔巴哈的唯物主义）的缺

① 《马克思恩格斯全集》第 42 卷，人民出版社，1979，第 179 页。
② 《马克思恩格斯文集》第 1 卷，人民出版社，2009，第 499 页。

点在于仅仅停留于对"现实"的感性直观，放弃了对"能动的方面"的认识；相反，唯心主义的缺点在于仅仅发展了"能动的方面"，却放弃了"现实的、感性的活动本身"。马克思认为，对"对象、现实、感性"，都只能从"感性的人的活动"（亦即感性生活）出发来理解，因此，"感性生活"就上升为一切"对象、现实、感性"的存在论基础。"人"是"对象"之一种，"感性生活"因此也必定是人之存在的存在论基础。这是一条崭新的存在论路向，是完全超越实体存在论的现代路向。"感性生活"是在全部实体本体论人学视野之外的，从"感性生活"出发来理解"人"，这就与一切传统人学在始基处划清了界限。"感性生活"是马克思人学存在论革命的关键概念，正是这一生成论性质的概念的出场，人学的历史才摆脱了实体主义情结的纠缠，人学史上才迎来了一次"哥白尼革命"。

第二段话："可以根据意识、宗教或随便别的什么来区别人和动物。一当人开始生产自己的生活资料的时候，这一步是由他们的肉体组织所决定的，人本身就开始把自己和动物区别开来。人们生产自己的生活资料，同时间接地生产着自己的物质生活本身。"①

在这一段话中，马克思将"人与动物"的区别提升到了本体论的高度。实体主义人学认为，人有意识、宗教、理性等，而动物没有，这是实体本体论的基本看法。马克思没有否认这一点，但也没有停留于这一点。马克思承认"可以根据意识、宗教或随便别的什么来区别人和动物"，但如果仅仅认识到这一点，那马克思不过是又一个黑格尔主义者而已了。马克思超越黑格尔的地方在于，他发现"一当人开始生产自己的生活资料，即迈出由他们的肉体组织所决定的这一步的时候，人本身就开始把自己和动物区别开来"② 了。"意

---

① 《马克思恩格斯文集》第1卷，人民出版社，2009，第519页。
② 《马克思恩格斯文集》第1卷，人民出版社，2009，第519页。

识、宗教或随便别的什么"是人区别于动物的独特属性，通过这些属性，可以把人和动物区分开来，但此时的人仍然是一种动物——长得人模人样的特殊动物，而没有成为"人本身"。而只有当"人开始生产自己的生活资料的时候"，"人"才成为人。在这里，"生产物质生活本身"相比较于意识、宗教、理性而言，具有始基性的地位，是人成为人的最后的根据，即存在论根据。

　　第三段话："这些个人把自己和动物区别开来的第一个历史行动不在于他们有思想，而在于他们开始生产自己的生活资料。"①

在这一段话中，马克思将"思想意识"与"生产生活"的地位做了一个本体论的区分。人和动物区别开来的第一个历史行动不在于他们有思想，而在于他们开始生产自己的生活资料，"思想"与"生产"之间孰轻孰重一目了然。人类的"第一个历史活动"究竟是什么，马克思认为，不是实体本体论人学所谓的"思想观念的活动""理性意识的活动""宗教信仰的活动"，而是"生产物质生活本身"。在这里，"生产物质生活本身"相对于意识、宗教、理性而言，具有优先性的地位，是人成为人的"第一位的原因"；而观念的活动、意识的活动、宗教的活动等不过是人的"第二个历史活动"，是人成为人的"第二位的原因"。可见，马克思从根基处超越了西方传统人学的知识论立场。

　　第四段话："一切历史的第一个前提，这个前提是：人们为了能够'创造历史'，必须能够生活。但是为了生活，首先就需要吃喝住穿以及其他一些东西。因此第一个历史活动就是生产满足这些需要的资料，即生产物质生活本身。"②

① 《马克思恩格斯选集》第 1 卷，人民出版社，1995，第 67 页。
② 《马克思恩格斯文集》第 1 卷，人民出版社，2009，第 531 页。

在这一段话中，马克思将"生产"与"生活"的关系做了一个本体论的界定。首先，人类生存的第一个前提不是"生产"，而是"生活"。也就是说，"生产"是手段，"生活"才是目的。"生活"具有更为根本性的地位。其次，结合第二段话"人们生产自己的生活资料，同时间接地生产着自己的物质生活本身"这一论述来看，"生产"与"生活"具有同一性。"生产"的过程同时也即"生活"的过程。最后，从马克思的论述来看，"生活"概念其实可以包容"生产"的内涵，"生产"间接地来看就是"生活"本身的一部分。例如，八小时的工作时间属于生产性生活，八小时之外的闲暇时间属于休闲生活，它们共同构成生活的全部内容。因此，"感性生活本体论"是比"生产本体论"更能恰当地表达马克思存在论立场的一种现代阐释。

总之，感性生活本体论的出场是一次伟大的革命性变革，是人学史上发生的一场"哥白尼革命"（Copernican Revolution），它终结了实体本体论人学的强大传统，瓦解了西方传统人学的基本建制，摧毁了实体主义人学的坚硬内核，宣示了西方传统人学的破产，标志着人学存在论传统的彻底"断裂"。

第三节　感性生活本体论的价值论意蕴

存在论回答"是"的难题，价值论属于"应该"的范畴。它们之间的内在逻辑关联在于：任何"是"的难题都指向"应该"，任何存在论都内含价值论的意蕴，缺乏价值维度的存在论是无效的。存在论的失误必然导致并最终体现为价值生活的偏离。回顾人类社会发展史，价值领域的迷误一直伴随着人类发展进化的历史，然而，其原因归根结底不在价值自身。存在论的失误是价值生活迷失的罪魁祸首。因此，意欲解决精神迷失和价值错位的问题，出路还在于跳出价值论的窠臼，回归存在论的领地来解决价值生活的难题。

马克思开辟的存在论境界说明，"人是什么"的问题固然重要，

"如何对待人"的问题更为重要。感性生活本体论直接的是解决了"人是什么"的存在论难题，深层的是彰显了"如何对待人"的价值论意蕴。马克思对"人是什么"这一存在论难题的回答是：感性生活创造人，人的感性活动是整个现存的感性世界的深刻基础；因而对"如何对待人"这一价值论问题的回答理所当然就是："以人为本"。

马克思开辟的存在论境界说明，"人的社会"并不是人之外的"实体"的杰作，不能把人类历史看作"神律"或"他律"的进程，并不存在超验的"实体"来拟定历史进程这一事实。人类历史就是人自己的作品，是人的感性活动在时间和空间上的展开，是人的意义的生成过程和价值的实现过程。

马克思开辟的存在论境界说明，"社会的人"并不是"上帝"的作品，人成为人的存在论根据就在于"感性生活"本身，不能再从人的存在之外寻找人之为人的根据，人正是在感性生活中生成为现实的人并向着理想的人迈进，也是在感性生活中确立和实现人自身的价值。

马克思开辟的存在论境界说明，"人类解放"绝不是诉诸理性逻辑的自我完善，或者诉诸个体的精神启蒙，或者依靠伦理意义上的个体性世俗化拯救，或者诉诸万能上帝的救赎，或者诉诸杰出个人的良心发现和伟大行动，而必须通过人的感性活动铲除资本主义生产方式乃至整个与之相适应的社会制度；必须通过人的感性活动，在"解释世界"的基础上力求"改造世界"，在"政治解放"的基础上追求"人类解放"，在"反思现实"的基础上力求"超越现实"，才能最终实现人类的自由和解放。

马克思开辟的存在论境界说明，"人的存在"根本不需要人之外的实体来确证，"人的伟大"根本不需要人之外的实体来担保，"人的意义"根本不需要人之外的实体来赋予，人的伟大与崇高只能归功于人自身，这就直截了当地说明人的世界应该"以人为本"，而且只能"以人为本"。

　　马克思开辟的存在论境界说明，"以人为本"是历史发展的最终逻辑。随着社会历史的发展进步，人类终将走向"自由个性"，到那时，践行"以人为本"就不再是一种奴人之术，一种权宜之计，而是不可僭越的"天命"，是不可践踏的法则。

　　马克思开辟的存在论境界说明，"民生幸福"是当代中国的首要价值，社会生活理应"以民生幸福为价值旨归"，[①] 而不是以人之外的物为本，不是以人之上的神为本，也不是以任何别的先验实体为本，所谓"神本""君本""官本""物本""资本"等都不过是一种本末倒置、舍本求末的表现！

　　　（本章内容原载于《探索》2014 年第 4 期，收入
　　时有修改）

---

① 夏建国等：《唯物史观价值旨归的时代意蕴——科学发展观视域中的民生幸福》，《湖湘论坛》2013 年第 3 期。

第四章

马克思开辟的人学新路向

本章内容摘要：

　　自19世纪40年代始，西方人学发生了生活世界转向，几乎所有的现代人学都以关注人的生存作为自己人学的起点、基础和一以贯之的逻辑主线。生活世界转向已经成为一切现代人学的普遍品格和出场策略。马克思既是知识论人学的终结者，也是实践人学的开启者。从知识论路向到实践论路向的变革和跃迁，是人学思想史上具有重大意义的范式革命。这突出地表现在以下方面：从"理性"回到"感性"；从"无我"回归"有我"；从"实存"转向"生存"；从"天国"降到"尘世"。

　　19世纪40年代始，马克思人学和现代西方人学都发生了实践人学的转向，都以关注人的生存为自己人学的起点、基础和一以贯之的逻辑主线。生存论已经成为一切现代人学的普遍品格和出场策略。但是，它们之间依然存在明确的界限。马克思人学开现代西方人学思维方式之先河，与它们既一致，又超越。现代西方人学承袭了马克思人学的存在论范式，他们"都为哲学的生存论转向做出了很大努力。但他们对人的社会存在持否定态度……对人的生存给出更真切的洞悉并突破西方中心达到人类视野的，首先还是马克思"；① 马克思人学开辟了通向活生生的人的现实生命的途径，为解决人学史上的重大课题做出了开拓性贡献。正是在此意义上，我们认为，马克思既是知识论向度的传统人学的终结者和颠覆者，又是生存论向度的现代人学的奠基者和开创者。

从知识论到生存论的跃迁，是人学史上具有重大意义的范式革命。知识论的性质是概念的、逻辑的和反思的，而生存论的原则却要求自身达于使得概念的、逻辑的和反思的世界得以成立的更具本源性的领域，因而其性质是前概念的、前逻辑的和前反思的。② 所谓"知识论"，它要求把超验的、纯粹理性的生活作为人学活动的直接出发点，追求通过抽象的、知性化的概念逻辑推演来揭示人的生存意义。所谓生存论（Existentialism），"它要求把经验的、感性的生活作为哲学活动的直接出发点，要求超越对人生存的流俗性和实存性理解，自觉地把人的生存看成一种既超越于一般存在物，又与周围世界关联着的意义性存在。生存论既强调个体生命存在的意义，同时这种理解本身就内含对人生存的整体性的和历史性的理解"。③

从知识论路向到实践论路向的变革和跃迁，意味着人学在其根本性质上之彻底的"改弦更张"，意味着传统理论人学的终结，意味着"超感性世界"的"腐烂"或"崩塌"。具体来说，这场变革突出地表现在以下几方面。

第一节　从"理性"拉回"感性"

如果说西方理性主义人学传统的奠基人是柏拉图，而黑格尔人学则恰恰是柏拉图主义的完成形式，马克思人学的变革对象便是自柏拉图至黑格尔2000多年的理性主义传统。这一传统的主要问题就

---

① 张曙光：《"生存与发展"问题和生存论哲学》，《哲学研究》2001 年第 12 期。
② 吴晓明：《当代哲学的生存论路向》，《哲学研究》2001 年第 12 期。
③ 邹诗鹏：《人学及其生存论结构》，《社会科学辑刊》2002 年第 2 期。

是：柏拉图将理性与感性分离开来，从而阻断了理性和感性相统一的前苏格拉底时期自然主义人学传统，建立了重视理性而贬抑感性的理性主义人学传统。在这个传统中，理性始终处于主导地位，并作为"基础动力原则"① 在不同阶段的人学中以不同的形式表现出它的核心作用；而感性则始终处于被动从属地位，甚至常常处于被蔑视和被排除的境遇中。到了近代，理性主义人学得到了前所未有的发展，理性的机能不断膨胀，走向了理性的独断；而感性只具有被动的直观的机能。这种被动的感性直观是无法满足理性机能那种面向未来、面向未知的巨大冲动和无限渴望的，所以理性不得不抛弃感性而独行不依，脱离现实的经验世界而在形而上的超验世界中进行无穷的追逐和漫游。

传统人学看似尊重人，实际上是贬低人、排斥人和否定人。传统人学抽象掉人的感性的、经验的等因素而使人成为非人——抽象化的人，即脱离了现实的、活生生的人的思辨理性。所以，马克思人学革命从根本上说就是要求颠倒通行于西方2000多年的理性主义传统，实现"感性的超越"，让感性从理性的束缚和压制下独立出来、解放出来。马克思在《关于费尔巴哈的提纲》中指出：

> 从前的一切唯物主义（包括费尔巴哈的唯物主义）的主要缺点是：对对象、现实、感性，只是从客体的或者直观的形式去理解，而不是把它们当作感性的人的活动，当作实践去理解，不是从主体方面去理解。因此，和唯物主义相反，唯心主义却把能动的方面抽象地发展了，当然，唯心主义是不知道现实的、感性的活动本身的。费尔巴哈想要研究跟思想客体确实不同的感性客体，但是他没有把人的活动本身理解为对象性的活动。因此，他在《基督教的本质》中仅仅把理论的活动看作真正人的活动，而对于实践则只是从它的卑污的犹太人的表现形式去

---

① 王国坛：《感性的超越——马克思哲学变革的基础》，《江苏社会科学》2006年第2期。

理解和确定。因此，他不了解"革命的""实践批判的"活动的意义。①

在这一条中，马克思指出，旧唯物主义的缺点在于"只是"从客体的或者直观的形式来理解现实，放弃了对"能动的方面"的认识；唯心主义虽说发展了"能动的方面"，但执迷于思想的绝对性，把能动性抽象化，能动性脱离了人的现实生活，成为绝对的实体。在这种情形下，马克思强调从"感性的人的活动"出发来理解"对象、现实、感性"，而人本身也是对象、现实、感性之一种，所以对人也必须从"感性的人的活动"出发才能给予正确的理解。而这只有彻底地经过康德、超出黑格尔并且全面避开费尔巴哈的倒退途径才是可能的，进而言之，只有通过超越知识论路向的生存论路向才是可能的。作为"感性活动"或"对象性活动"的实践是在全部旧人学视野之外的，是全部旧人学所不理解的，这种不理解的根本点还在于旧人学整个地沉陷于知识论路向之中。马克思所言之"感性活动""对象性活动"是完全别样性质的，是完全越出了知识论路向的。所以，笔者认为，马克思在这里不仅是说明了"感性的人的活动"的基本原则，更重要的是将这一原则当作马克思新人学观中具有存在论基础的核心原则，从而与一切传统人学在始基处便划清了界限。

"感性活动"是马克思人学的关键概念，"它所开启和揭示的是前概念、前逻辑、前反思的世界，亦即那个使得知识论路向上全部表面的本质性成为可能的本源世界"。② 正是"感性活动"使人学跃出了知识论路向，并因此构成了终结全部形而上学之人学革命的全新地平线。"马克思发现了感性和感性活动的巨大能动作用，从而彻底否定了以往忽视甚至蔑视感性作用而唯独强调理性动力原则的理性主义传统，进而把理论思维置于另一种动力原则——感性动力原

---

① 《马克思恩格斯选集》第 1 卷，人民出版社，1995，第 54 页。

② 吴晓明：《试论马克思哲学的存在论基础》，《学术月刊》2001 年第 9 期。

则的基础之上。这一超越的根本目的在于消除理性主义形而上学的虚假性及其对现实生活世界的统治。"① 所以，"感性的超越"，从根本上说也就是生存论路向的开启。

如果说对"人的感性活动"的把握是生存论路向开启的标志的话，那么马克思在《提纲》第一条的分析，就彻底否定了近代理性主义人学和感性主义人学的非生存论路向。因为感性主义人学没有从人的感性活动的角度来把握人与世界，对"人与世界"只是从直观的形式去理解，而不是把它们当作人的感性活动，当作实践去理解；理性主义人学同样没有真正领悟感性活动本身，感性被淹没于理性之中，人成了"非人"。

在马克思人学看来，现实世界也必须通过"人的感性活动"才能把握。现实的人是生活在现实的世界中的。生存论视野中的人是现实的人，世界是现实的世界；现实的人是感性活动的人，现实的世界就是感性世界。感性世界与人的感性活动是内在关联的。一句话，应该"把感性世界理解为构成这一世界的个人的全部活生生的感性活动"，② 与人分隔开来的抽象世界对人来说也是"无"。

可见，立足于人的感性活动正是马克思人学生存论路向区别于传统人学知识论路向的最鲜明的标志。马克思正是凭借对人的感性活动的领悟，彰显了对人的生存际遇和现实生命的观照，从而开启了一条崭新的人学路向——生存论路向。

第二节　从"无我"回归"有我"

从存在论的角度来审度人的存在，就会发现，西方人学自巴门尼德开始，就呈现一个基本的趋势，就是逐渐从"to be"（存在）走向"not to be"（不存在）。"be"是感性具体的、实实在在的经验

---

① 王国坛：《感性的超越——马克思哲学变革的基础》，《江苏社会科学》2006 年第 2 期。
② 《马克思恩格斯文集》第 1 卷，人民出版社，2009，第 530 页。

存在。具体来说，就是人的感性具体的实实在在的存在（be），逐渐被"悬置"起来，而原先不存在的思想性、观念性的"概念、范畴"反倒成为最高的"真实"的存在（being）。马克思人学则彻底扭转了这一方向，人学的基础从"not to be"回归"to be"，人学的阿基米德点是从虚幻的思想观念拉回到现实的人的感性活动、实践，人重新"出场"，成为感性具体的存在。

传统理论人学"把人视为意识或自我意识、或灵魂、或思维，而又把意识、灵魂、思维视为存在，视为第一性的东西"。可见，人的存在在实体存在论中则被遮蔽或被消解于人之外的本体之中，人以某种不自觉的方式"退场"，剩下只有统率人之存在的本体存在才是真实的、可靠的存在，而经验世界中的人的存在是不真实的存在。所以，我们把人的这种存在状态称为"忘我"的存在或"无我"的存在。而在马克思的实践人学中，人在生存论的观照下以某种自信、自觉的方式重新"出场"，人之为人的存在论基础在于人自身，人的感性生存活动是人之存在的最终依据，人在现实生活中的存在才是真实的存在。因此，我们把人的这种存在状态称为"有我"的存在。

具体来说，在古希腊人学，人要么归于自然实体（水、火、气等），要么归于精神实体（灵魂、理性、理念等），人实质上消解于这些"实体"之中，失去了独立性、自我性，成为"无根的人"。在中世纪宗教人学中，人的独立性彻底丧失，成为上帝的奴仆。在近代理性主义人学中，人被抽象为最高的范畴。笛卡尔的"我思"大大提升人的地位，但这并不是感性经验存在的"我思"。康德的"先验自我"并不在人之内，而是人之外的本体，是一个纯形式的先验观念。这种先验观念主宰人的思想和行为，而经验世界中的人只是"空灵之人""无根之人"，缺乏任何独立性。费希特通过"绝对自我"来推出包括人在内的整个世界，而人只不过是从这一个思想性、观念性的"纯粹意识活动"中推演出来的人，这样的人，无疑是"不食人间烟火"的"空灵之人"。黑格尔的人更是从思想性、观念性的"绝对理念"这一"种子"中"生长"出来的人，人是绝对理念展开过程中的一个"环节"，这样的人，当然也是一个"不食人间烟火"的没有"肉身"的"精灵"。在费尔巴哈的感性主义人学中，费尔巴哈不满意对人的抽象，想要恢复人本身。但费尔巴哈没有注意到，他只是从感性存在去理解人，把人性归结为自然性，最终又把人抽象化，重新站在了用"最高的哲学直观"和理想的"类平等"等外在的东西来规范现实的人这一旧哲学的立足点，不得不再次回到了黑格尔的思辨哲学体系中去了，"人"依旧只是一个徒有"肉身"的"空灵之人"。

可见，整个传统人学"都是以非人的形式去认识人，非现实的形式去表现现实世界"，① 在人之存在的问题上都表现出了强烈的"忘我"性，通过瓦解现实生活世界而走向另外一个世界——本体世界去寻求人的真实存在。经验世界中的"我"则被彻底排除在外，并且把"我"完全依附于纯粹客观性的存在。而人的主观性、历史性等都是与"本体"背道而驰的存在。"人所要做的就是通过审视、修理和磨平自己的'自然之镜'去获得更准确的表象，直到最后人能够返回真理（本体——引者按），一劳永逸的不作任何歪曲的直面真理本身。这样所得到的真理必然是终极的绝对真理，一旦人们达到了对它的把握便再也不能前进一步。"② 因此，传统人学由于无视或忽略人的经验存在而成为"忘我"的人学。

马克思正是在对传统思辨人学的形而上学致思理路的准确把握中，提出了"按照事物的真实面目及其产生情况来理解事物"的哲学出路，③ 主张从现实的、从事实践活动的人出发，立足于"人本身"去理解人，这才是把握人的"真实面目"和"真实存在"的唯一方法。

从马克思下面的这些论述中，我们可以明确地看出"人"已经

---

① 高清海：《哲学思维方式的历史性转变——论马克思哲学革命的实质》，《开放时代》1995 年第 6 期。
② 贺来：《现实生活世界之遗忘——对传统哲学的理论批判》，《求是学刊》1997 年第 5 期。
③ 《马克思恩格斯选集》第 1 卷，人民出版社，1995，第 76 页。

从"忘在"状态豁然"出场":

　　——我们开始要谈的前提不是任意提出的，不是教条，而是一些只有在臆想中才能撇开的现实前提。这是一些现实的个人，是他们的活动和他们的物质生活条件，包括他们已有的和由他们自己的活动创造出来的物质生活条件。因此，这些前提可以用纯粹经验的方法来确认。①

　　——但是，这里所说的个人不是他们自己或别人想象中的那种个人，而是现实中的个人，也就是说，这些个人是从事活动的，进行物质生产的，因而是在一定的物质的、不受他们任意支配的界限、前提和条件下活动着的。②

　　——我们不是从人们所说的、所设想的、所想象的东西出发，也不是从口头说的、思考出来的、设想出来的、想象出来的人出发，去理解有血有肉的人。我们的出发点是从事实际活动的人……它的前提是人，但不是处在某种虚幻的离群索居和固定不变状态中的人，而是处在现实的、可以通过经验观察到的、在一定条件下进行的发展过程中的人。③

　　——各个人的出发点总是他们自己，不过当然是处于既有的历史条件和关系范围之内的自己，而不是玄想家们所理解的'纯粹的'个人。④

　　仔细分析这些文字，我们不难发现，这些集中阐述马克思人学思想的语句往往是由"不是……，而是……"或者"是……，而不是……"这种有破有立的"转折"句式所构成的。这清楚地表明，在马克思的每一个"破"中都蕴含"立"，而每一个"立"中也都

---

① 《马克思恩格斯文集》第1卷，人民出版社，2009，第516~517页。
② 《马克思恩格斯选集》第1卷，人民出版社，1995，第71~72页。
③ 参见《马克思恩格斯选集》第1卷，人民出版社，1995，第73页。
④ 《马克思恩格斯选集》第1卷，人民出版社，1995，第119页。

伴随着"破"。那么"破"的是什么？"立"的又是什么呢？

从上面这段文字可以发现，马克思所"破"的是那些"想象中的""口头说的、思考出来的、设想出来的、想象出来的""虚幻的离群索居和固定不变状态中的""纯粹的"人。这样的人正是理论人学知识论路向中的人：生活于"虚幻的"思想、观念"世界"之中的"不食人间烟火"的"空灵人"。相反，马克思所"立"的是"现实的""从事实际活动的""可以通过经验观察到的""处于既有的历史条件和关系范围之内的"人。这样的人无疑不是生活于"虚幻的"思想、观念世界之中的"不食人间烟火"的"空灵人"；而是生活于感性世界、现实世界之中的"有血有肉"的"现实人"。这样，马克思就把人学的阿基米德点第一次从"天上"拉回到了"人间"，从"虚幻"的思想观念——理论范畴拉回到了"感性具体"、实实在在的"实存"——实践活动。

可见，"生存论的核心是人的在场性"。① 马克思把人从"虚幻""空灵"的"思想人"转换为"有血有肉""实实在在"的"现实人"。"我"直接以感性活动或感性经验的形式独立"出场"，而不需要人之外的超验存在的引领。实践人学中的"我"是有根的，"我"就扎根于自己的现实生活之中，通过自己的感性实践活动而获得其"在场"的根据，同时展示自己丰富的生命本性。

第三节 从"实存"转向"生存"

所谓"实存"，就是实体化的存在。实体本体论人学并没有直面人的生存，而是把生存看成一个被给予的作为对象和客体的范畴，即把生存只是理解为一种既定的实存形式，要么是抽象的精神性客体，要么是可认知的物质性客体，它们都只是看到了人的"名词性"的一面，而忽视了人的"动词性"的一面。传统人学所固有的实体

---

① 邹诗鹏：《论人学的生存论基础》，《江海学刊》1999年第4期。

主义传统难以从活动的意义上去理解存在，当然也就更不可能自觉地从人的意义上去理解生存了，人的生存变成了一种既定的、静态的"存在物"。可见，在实体本体论那里只有"实存"没有"生存"。

因此，要用生存的方式去理解存在进而在人的意义上去理解生存，就必须破除传统人学的实体主义传统。这正是生存论转向的理论旨趣。马克思在《1844年经济学哲学手稿》中指出："人是世间唯一感性的、对象性的存在物，人的存在就在于人的生存与生活，人是感性地和实践性地确证和阐释自身的存在过程，人的生存是人的一切活动的真正基础和前提。所以根本不需要外在于人，但凌驾于人之上的某种抽象实体，来'拟定'人的生存过程。"① 这里表明，马克思在写作《1844年经济学哲学手稿》时就已经对传统人学根深蒂固的知识论的思维方式发生了彻底的反叛，使人学路向发生了根本的变革。作为现代人学的开启者，马克思立足在人的现实生活和实践的基础上，以"生存"的眼光来审视人的"存在"，"存在"不是一种静观的知识性的对象，从来就没有什么现成的、先定的、"凌驾于人之上的某种精神实体"，"存在"总是在人的生存实践活动中才得以生成和揭示。人只能通过感性的和实践性的"生存"来确证和阐释自身，而不能通过人之外的某种精神实体来说明自己。"存在"的意义不在超验的实体之中，而在人的生存实践活动的展开之中。离开人的"生存"来追问人的"存在"，这是一条"歪门邪道"。

所以，具有现代生存向度的本体论，只有回归到"生存"这一现实生活世界的地基上，立足于人的现实生存实践活动来揭示人之存在的存在论基础，才能驱散种种笼罩在"人"头上的神圣实体和虚幻的抽象实体，而不再以超验的终极尺度去外在地审视和裁定人的生存，"拟定"人的生存过程。

马克思以历史辩证法去理解生存，从而把生存看成人追求自身本质的历史性活动，真正赋予了生存以历史性维度。在马克思那里，

① 马克思：《1844年经济学哲学手稿》，人民出版社，1983，第84页。

生存论是一种生成的动态结构，是历史地确定起来的。荷尔德林曾在一首诗中说道："人越是远离家园，流于无家可归之境，才越是深刻地体味到'在家'的感受。"生存论转向就是要求通过对"实存"的解蔽而使人重新回到自身，彰显人的"生存"，从而找回被传统人学所失落的人，为"无家可归者"安居。通过生存论转向，人又回到了自己的"家"，从而"领会了自己本身"。因此，生存论转向不是什么别的"转向"，其实质是在本体论的意义上面向人的生存本身来追寻人之存在的根据。

第四节　从"天国"降到"尘世"

西方传统人学理解人所生活的现实世界的基本模式是：将人所生活的现实世界归结为一个抽象的彼岸世界和本体世界，将人分裂为同属两个世界的存在。而争论的焦点仅在于哪一个世界更真实。这使西方传统人学停留于尘世之外的"天国"，他们习惯于从各种"实体""本体"的虚设出发，在人所生活的现实世界之外设立一个更"真实"、更"本源"的"本体世界"，用它来解释现实世界的各种矛盾。这使西方人学在对"真"的世界的无止境地"还原式"的追究中遗忘了人所生活的现实世界，西方人学也变成了与人所生活的现实世界格格不入的"现实世界之外的遐想"。

在古希腊，哲学对人的现实世界的遗忘就已经发生了。苏格拉底的"神"为柏拉图的"理念世界"做了先导，与"理念世界"相对应的"可见世界"则是虚妄的。亚里士多德"神的世界"、"理念世界"和"逻各斯的世界"构成了一切解释的根据。中世纪承续了柏拉图和亚里士多德的形而上学传统。世界不论其价值形态还是存在形态都是"上帝"的作品。对一个超验的价值本源和一个"至善至福""无所不知""无所不能"的存在本源的信仰超过了一切。人所生活的现实世界由宇宙人生的"最高"主宰——神学本体——来说明。进入近代以来，理性主义人学依旧是停留在思想世界中进行纯概念的演绎。黑格尔关注的是一个由纯粹先验的范畴推演所构成的抽象王国，"人"不过是这个纯逻辑范畴（"绝对精神"）的外化；费尔巴哈要求把自然界和人作为哲学的对象和出发点，但是，费尔巴哈对"这个人生活于其中的世界却根本没有讲到"。① 他最终没有找到一条从他自己所极端憎恶的抽象王国通向活生生的现实世界的道路。总之，传统人学"将人的内容外投到一个思辨实体中去而变为世界和生活的最高本体。现实的人和人的现实世界被抽象掉或被瓦解掉了，世界变成了一种与人的生活世界相隔绝的超验结构。这是现实世界之遗忘的突出表现"。②

可见，传统人学存在共同的理论失误：囿于思想世界中进行纯粹的理性思辨而无法面对现实。"理论的范域被仅仅局限于理性世界，理论本身也被视为纯粹主观领域中的逻辑推理活动。为改变理论的这种玄学性质，使其正视现实，承担起改造世界的职能，必须将理论的范域扩展到现实的感性世界。"③ 传统人学对人的现实生活世界的遗忘，使其一直漂浮于"无根"状态，并形成了抽象化、教条化与僵化的特征。解剖与批判西方传统人学对现实生活世界的遗忘，把人学从这种遗忘中唤醒，这是马克思人学实现生存论转向的重要原因。

马克思在《形态》中指出："对于哲学家们说来，从思想世界降到现实世界是最困难的任务之一。"④ 而马克思恰恰完成了从传统人学所热衷的抽象本体世界转向现实生活世界这一任务。所谓现实世界是指人生活于其中的、与人发生着千丝万缕的联系，对人具有价值和意义的价值世界和意义世界。它既不同于旧唯物主义的"自然世界"，也不同于唯心主义的"精神世界"，当然更不是什么包括

---

① 《马克思恩格斯选集》第 4 卷，人民出版社，1995，第 236 页。
② 田海平：《哲学的起点与终点——论回到现实世界的哲学转向》，《浙江社会科学》2000 年第 5 期。
③ 康渝生、邢有男：《马克思主义哲学的人学致思理路》，《求是学刊》2002 年第 3 期。
④ 《马克思恩格斯全集》第 3 卷，人民出版社，1960，第 525 页。

人的实践和认识活动尚未接触的未知世界在内的无限的"整个世界"，而是以人的实践活动为基础和纽带联结而成的自然、社会和人相统一的"感性世界""现实世界""对象世界"。自然、社会和人是这个世界的三大领域，但它们不是彼此分隔和互相外在的三个世界，而是通过人的实践活动联结而成的一个世界。

"哲学不是世界之外的遐想"。从观念世界回到现实生活世界，把现实生活的内容还给现实生活本身，并在此基础上重建观照人的生存际遇的实践人学，这才是马克思人学存在论革命的理论旨趣。马克思认为传统人学关注的是人之外、之上、之后的天国，人和人的世界都消失了，因此，"应否定现存的哲学并消灭哲学本身"，即终结形而上学，使真正的哲学从"彼岸世界的真理"转向"确立此岸世界的真理"，转向人的现实生活世界，转向对人的现实生活世界的批判改造；因此"人的自我异化的神圣形象被揭穿以后，揭露具有非神圣形象的自我异化，就成了为历史服务的哲学的迫切任务"。① 马克思的生存论人学的内蕴在于，由生存实践活动所组建而成的"现实生活世界"构成了人学最切近的"本体性"世界。可见，马克思彻底颠覆了"实体统一性世界"的统治，使人学彻底回归到了"现实生活世界"的家园。

（本章内容原载于《河南大学学报》2008 年第 4 期，收入时有修改）

---

① 《马克思恩格斯文集》第 1 卷，人民出版社，2009，第 4 页。

第五章

马克思人学存在论革命的
方法论意蕴

本章内容摘要：

  马克思在人学史上彻底颠覆了理论人学，开辟了实践人学的新路向。这场人学革命是从存在论的根基处发动的：从传统人学的实体本体论转向了现代人学的生成本体论。马克思人学的存在论革命离不开方法上的革命，与存在论范式转换相伴而生的是方法论原则的转换：从"既成论"转向"生成论"的思维方法；从"思辨理智"转向"人类理智"的思维方法；从"共时性"转向"历时性"的思维方法；从"单向度"转向"总体性"的思维方法；解构原则与建构原则相互统一的思维方法。方法问题至关重要，方法论革命是马克思人学存在论革命的关键，也是马克思人学的重要意义之所在。

  众所周知，马克思在人学思想史上发动了一场人学革命，实现了人学范式的转换：从理论人学转向了实践人学。马克思人学革命是从存在论①的根基处发动的：从传统人学的实体本体论转向了现代

---

  ① "Ontology"究竟是译为"存在论"还是"本体论"，争议一直未断。（转下页注）

人学的生成本体论。正确的方法是通往真理的桥梁。马克思人学存在论革命离不开方法上的革命，与存在论范式转换相伴而生的是方法论转换。正是因为马克思颠覆了传统人学一以贯之的本体论的、抽象的思维方式，才有可能彻底颠覆思辨人学的实体本体论传统，实现人学史上的一场"哥白尼革命"。

第一节　"现成论"向"生成论"的跃进

前马克思时期，西方传统人学围绕人自身进行过长期不懈的思考。然而遗憾的是，他们要么对人只作纯客体性的抽象直观，将人等同于纯粹的对象物；要么对人只作纯主体性的抽象直观，将人等同于人的思想、意识或理性。所以，尽管他们"留下过难以计数的有关人的自我认识的'自画像'……但那些不断更换的人的'自画像'中没有一张真正像人"。[①]深究其原因，关键在于"现成论"的思维方式。

一　"现成论"："人是什么"——"人是某物"

传统人学关于人之存在的存在论追问的思维方式可以从两个维度来分析：其提问方式是"人是什么"，其回答方式是"人是某物"。这种"追问'是什么'的思维方式就是现成论的思维方式。"[②]

（接上页注①）"本体论"最基本的含义通常被界定为"关于存在的学说""关于存在之为存在的学说"。在这种意义上它同亚里士多德的"第一哲学"（形而上学，Metaphysics）是同义语。可见，"Ontology"译为"本体论"的确容易导致"实体化"的倾向，目前国内大多数学者均倾向于译为"存在论"。本书仍遵循国内的通常习惯，主要是在追寻终极"存在"的意义上，将"本体论"与"存在论"在同一意义上使用，即只是限于用来指称构成任何哲学基础理论的一个分支，即关于"存在"的理论。从人学的范围来说，"存在论"即追寻人之存在之最后根据的学问。

① 林剑：《论马克思实践唯物主义人学理论的深刻革命》，《哲学研究》2006 年第9 期。

② 邹广文、崔唯航：《如何理解马克思的哲学革命》，《天津社会科学》2003 年第1 期。

当然这种思维方式相对于前苏格拉底时期是一大进步。众所周知，古希腊早期的"斯芬克司之谜"开启了人类认识自我的历程，但这时的提问方式是"这是何物"，回答方式是"这物是人"。在这种思维方式中，主词是物，宾词是人，人远没有将自己从外部对象物中分离并升华出来，人只是一种对象性的存在，而不是一种主体性的存在。

自苏格拉底开始，人对自己的认识开始从对象意识转向自我意识阶段。人与物的主宾关系发生了改变：人是主词，物是宾词。它标志着人的主体地位的确认。从这以后，直至马克思实践人学诞生之前，整个西方传统人学基本上都是遵循"人是什么——人是某物"的现成论思维模式来运行的。古希腊柏拉图说："人是长着两条腿的没有羽毛的动物"；亚里士多德则认为："人天生是一种政治动物"①，"人是理性的动物"；等等。这些命题都体现了"人是什么——人是某物"的现成论思维方式的特征。

自笛卡尔开始的近代理性主义人学基本上是对亚里士多德"人是理性的动物"这一命题的阐释，尽管具体的回答是各不相同的，但所遵从的思维方式并无二致。

笛卡尔继承了古希腊人学传统，以理性作为人之为人的存在论基础。如果说，在笛卡尔之前，理性是人区别于动物的一种"特有"的本质属性，那么，"我思故我在"则实现了理性研究的"向内转"。当然，在笛卡尔这里，"我思"之我仍然是一个经验自我，一个不同于"物质实体"的"心灵实体"，"这个实体的全部本质或本性只是思想"。② 从思维范式的视野看，这样的自我同样是一个现成性存在。在笛卡尔之后，"理性走向了超越之路，任何感性经验意义上的因素都被剔除在外，理性成了一个纯而又纯的先验范畴"。③ 康

---

① 〔古希腊〕亚里士多德：《政治学》，中国人民大学出版社，2003，第4页。
② 北京大学哲学系外国哲学史教研室编译《西方哲学原著选读》上册，商务印书馆，1981，第369页。
③ 崔唯航：《马克思哲学革命的存在论阐释》，中国社会科学出版社，2005，第155页。

德把笛卡尔的实体之我提升为主体之我——"先验自我"。但就其根本而言，"主体之我"仍是一种被预先设定、固定不变的现成性存在。"因为主体这一存在论概念所描述的不是'我'之为自身的自身性，而是一种现成的事物的自一性与持存性。从存在论上把'我'规定为主体，这等于说：把我设为现成的事物。"① 这就是说，"在康德那里，无论我怎样在存在论上被规定为主体，总还是一个现成的东西，亦即仍然是某种实体性的东西"②。费希特充分发挥意识的能动性，把康德的"先验自我"发展为"绝对自我"，黑格尔的"绝对理念"则在此基础上更进一步，引入了辩证法，把精神的能动性发挥到了极致，认为"真理就是它自己的完成过程，就是这样一个圆圈，预悬它的终点为目的并以它的终点为起点，而且只当它实现了并达到了它的终点它才是现实的。"③ 这样，"绝对理念"不再作为一种结果而是作为一种过程而存在。但这一过程是被"预先设定"了的，其起点和终点都是固定的"绝对理念"，所以，从根本上看，"绝对理念"同样是一个已经"是其所是"的现成性存在。从思维方式来观之，则依旧是现成论的。

　　可见，德国古典人学仍然是遵循"人是什么"和"人是某物"的现成论思维方式来进行思考的，"人是什么"与"理性的动物"，二者之间构成了一种"问答"关系，即"理性的动物"是对"人是什么"这一问题的回答。然而，这样的回答方式，其缺陷是十分明显的，它们抛开历史的进程，无视人不断生成与超越的本性，局限于直观地把握抽象的、孤立的人的某些特有属性，试图寻找一种有关"人是什么"的肯定性或现成性答案；由于各人的回答不一样，无可避免地陷入了一个新说层出不穷却又被迅速否定与超越的循环

---

①　〔德〕海德格尔：《存在与时间》，陈嘉映、王庆节译，生活·读书·新知三联书店，1999，第364～365页。

②　张汝伦：《自我的困境和时间释义学》，《思考与批判》，上海三联书店，1999，第408页。

③　〔德〕黑格尔：《精神现象学》上卷，贺麟、王玖兴译，商务印书馆，1979，第11页。

怪圈。

反思传统人学的致思方式及其所造成的"循环怪圈"和困境，不难看出，在传统人学中，"人是什么——人是某物"这两端，重要的在于后者即答案，而"遗忘"了对前者即问题本身进行反思。而事实上，在这二者之中，更为重要的不是后者，而是前者。因为是问题决定答案，而非相反。当运用现成论的思维方式追问"人是什么"的时候，人就被"现成化"了，成为一个现成的"什么"。由于在现成论的思维范式这双"看不见的手"的"操纵"下，整个传统人学都行走在"现成论"的道路之上，"无论对人的规定有何不同，都是将他和其他存在者一样视为现成的东西，无论是称他为主体、灵魂、自我，还是别的什么。"① 所以，要走出困境，"首先不在于你把人看成什么，而首先在于你怎样去看人。"② 要真正把握人之所以为人的存在论基础，关键是要改变人自我认识的提问方式和回答方式，即改变思维方式本身。

二 "生成论"："人是什么样"——"人是某种存在"

马克思在《提纲》中揭示了一种新的思维方式——"生成论"的方法。马克思说：从前的一切旧唯物主义的主要缺点是：对对象、现实、感性，只是从客体的或者直观的形式去理解，而不是把它们当作感性的人的活动，当作实践去理解，不是从主体的方面去理解。在这里，他明确提出，对"对象、现实、感性"要从人的实践活动中的维度去理解，人也属于"对象、现实、感性"之一种，所以对人自身也要从实践活动的维度去理解。人所面对的"对象、现实、感性"（当然包括人本身）是在人的实践活动的基础上生成的，故理所当然地应从人的实践活动方面去理解。同样，人作为人的存在，也是自己生命活动的结果，是在自己生命活动的基础上自我塑造、

---

① 张汝伦：《自我的困境和时间释义学》，《思考与批判》，上海三联书店，1999，第 417~418 页。
② 《高清海哲学文存》第 2 卷，吉林人民出版社，1997，第 146 页。

自我生成的、自我超越，所以也只能从人的生存实践活动的维度去理解。这就是一种全新的思维方式——不再追问也不能追问人"是什么"，而只能追问人"如何""怎样"，这种"追问'如何''怎样'的思维方式就是生成论的思维方式"。① 这种生成论思维方式既改变了关于人的提问方式：从"人是什么"转向"人是什么样的"；也改变了关于人的回答方式：从"人是某物"（"存在者"）转向"人是某种'存在'"（存在状态）。

从这种新思维方式来认识"人"，"人"之为人的存在论根据究竟是什么呢？马克思是这样回答的："个人怎样表现自己的生命，他们自己就是怎样。因此，他们是什么样的，这同他们的生产是一致的——既和他们生产什么一致，又和他们怎样生产一致。"② 在这里，马克思的提问方式是"他们是什么样的"；回答方式是"这同他们的生产是一致的"，或者说，"他们怎样生活，他们就是怎样的"。这里所体现出来的是典型的生成论的思维方式。因为表现为"生活""生产"的"'人的存在'决不是摆在那里的'现成存在者'，而是显示为一种'生存'过程，显示为一个不断生成的开放流动过程，显示为一个矛盾的否定性统一体，也就是说，在实践活动中，'人的存在'具有了'辩证'的本性"。③ 可见，马克思这种新思维方式的运用，对人的认识发生了根本性的变化，人之为人的本体论根据不再是某种抽象不变的"实体"，不再是某种一经诞生便固定不变的定在与恒在存在物，人变成了一种不断生成、永在途中的生成物。

通过这种生成论的思维方式来理解"人"时，人之为人的最后原因和最终根据都在于人的实践活动本身，人的实践活动发生什么样的变化，人本身的存在也就发生什么样的变化。人在实践中生成，

① 邹广文、崔唯航：《如何理解马克思的哲学革命》，《天津社会科学》2003 年第 1 期。

② 《马克思恩格斯文集》第 1 卷，人民出版社，2009，第 520 页。

③ 贺来：《辩证法与人的存在——对辩证法理论基础的再思考》，《哲学研究》2002 年第 6 期。

在实践中发展，在实践中蜕变，在实践中升华。一句话，人不再是一个"已完成"意义上的"成品"，一个已经"是其所是"的"现成人"；而成了一个"未完成"意义上的"半成品"，一个尚未"是其所是"的"生成人"。"人是一个没有完成而且不可能完成的东西，他永远向未来敞开着大门，现在没有，将来也永不会有完成的人"。①

综上所述，当马克思从统治西方人学2000多年的现成论思维转向生成论思维时，人之为人的存在论基础也同时由实体本体论转向了生成论性质的现代本体论。

第二节　"思辨理智"向"人类
理智"的回归

从"思辨理智"转向"人类理智"是马克思实现人学存在论革命的重要思维方法。马克思在《神圣家族》中曾经精辟地概括了传统人学的"思辨理智"的思维方法。他说："思辨哲学，特别是黑格尔哲学认为：一切问题，要能够给以回答，就必须把它们从正常的人类理智的形式变为思辨理智的形式，并把现实的问题变为思辨的问题"。② 这里一语道破了思辨人学解决问题的基本方式，即"把现实的问题变为思辨的问题"，并在"思想"中通过"思辨"的方式予以解决。而实践人学的基本方式则恰恰相反，它是"把思辨的问题还原为现实的问题"，并在"实践"中通过"现实"的方式予以解决。③

一　"思辨理智"：把现实的问题蒸馏为思辨的问题

西方传统人学依靠"思辨理智"的方法来追寻人之为人的本体

①　〔德〕雅斯贝尔斯：《新人道主义的条件与可能》，中国科学院哲学研究所西方哲学史组编《存在主义哲学》，商务印书馆，1963，第233页。
②　《马克思恩格斯全集》第2卷，人民出版社，1957，第115页。
③　崔唯航：《马克思哲学革命的存在论阐释》，中国社会科学出版社，2005，第178页。

论根据，尤重理性思辨和逻辑演绎，这样的结果最多只是达到了感性的直观，这就必然导致形而上学的虚假性。理性主义人学将理性概念实体化、终极化为世界的最高存在和最后基础（始基）。在这个奉若神明的第一性的本原概念的统领下，衍生出了不同属类的次级概念，而且这些概念上下左右之间是严格遵循逻辑规则和次序的。从形式上看，它是使用逻辑推理的方法来演绎它的先验范畴体系的，而推理过程所涉及的概念、范畴和规则等原本是对现实生活的抽象结果，或者说是人自己思考现实生活所必须使用的形式化语言。但是，由于理性实体自在自因地存在着，所以一切的概念、范畴和规则，甚至包括推理过程本身已不再具有属人的性质，统统都是理性实体自身具有的性质，[1] 都是"纯粹思辨"的结果。于是，推理的东西、逻辑的东西伴随着理性实体的生长反倒变成一切现实事物存在的理由和根据。

　　比如，康德认为，人之为人的根据在于"先验自我"，先验自我主宰人的思想、行为，"先验自我"如何规定人、如何生成为人，则只有在"思想"中通过"理性思辨"的方法来解答。费希特的"绝对自我"也是人之为人的根据，"绝对自我"如何生成为人，也只有通过思想性、观念性的"纯粹意识活动"这一逻辑范畴运用纯粹思辨的方法来推论，而无法通过现实的方法来解答。黑格尔将人看作"绝对理念"展开过程中的"一个环节"，一种"表现方式"，"人"是由"绝对理念"这一"种子"生长出来的东西，只能在"思想"中、"观念"中通过"思辨理智"的方式来予以说明；而只要一回到现实生活世界中，面对现实的人，"绝对理念""种子"究竟是如何生长出"人"却始终得不到真实的再现，是一个永远也无法通过"现实"的方法来解答的"谜"。

　　西方传统人学本着理论高于实践、思想高于行动的"学理至上"原则去构筑他们的"存在论"，这种"学理至上"的思维原则由来

---

① 　旷三平：《唯物史观前沿问题研究——现代哲学视域下的一种理论探索》，中国社会科学出版社，2004，第4页。

已久、根深蒂固，在哲学家们意识的深处顽强地支撑着自己的哲学体系。这种情形，哈贝马斯视为"强大的理论概念"，阿多诺则喻为"知的意识形态"。在理性主义人学中，理性、逻辑被奉若神明，世间的一切人和事物都要"受抽象的统治"，① 这就形成了理性与现实、概念与对象严重的紧张关系和绝对的分离状态，也加剧了理论与实践、思想与行动之间的两离趋势。

马克思敏锐地洞察出传统知识论人学的症结所在。马克思指出，在黑格尔那里，"对于人的已成为对象而且是异己对象的本质力量的占有，首先不过是那种在意识中、在纯思维中即在抽象中发生的占有，是对这些作为思想和思想运动的对象的占有"。② "因为只有精神才是人的真正的本质，而精神的真正的形式则是能思维的精神，逻辑的、思辨的精神"。③ 黑格尔认为，人对自己的本质力量的占有只能采用一种抽象的方式，即"在意识中、在思维中发生的占有"；换句话说，人的本质不在感性世界之中，而是"在意识中、在思维中"，作为"思想和思想运动的对象"而存在。这里的"思想和思想运动"又不是经验、常识意义上的"思想"，而是纯粹超验意义上的"逻辑的、思辨的精神"。这样，人的现实本质也即人之为人的根据被颠倒为抽象的"意识"、纯思维的"精神"，从而导致了"抽象的意识"与"现实的人"之间关系的颠倒。

马克思进一步分析了黑格尔在《精神现象学》中所犯的同一错误，马克思指出："既然它已经把实物的、感性现实的世界变成'思维的东西'，变成自我意识的纯粹规定性，而且它现在又能够把那变成了以太般的东西的敌人溶解于'纯粹思维的以太'中，所以它就把这个世界征服了……黑格尔把人变成自我意识的人，而不是把自我意识变成人的自我意识，变成现实的人即生活在现实的实物世界并受这一世界制约的人的自我意识。黑格尔把头足倒置起来……全部《现

---

① 《马克思恩格斯全集》第 46 卷，人民出版社，1979，第 111 页。
② 《马克思恩格斯全集》第 42 卷，人民出版社，1979，第 161 页。
③ 《马克思恩格斯全集》第 42 卷，人民出版社，1979，第 162 页。

象学》的目的就是要证明自我意识是唯一的、无所不包的实在"。①

在这里，马克思批评了黑格尔"头足倒置"的思辨方法，批评黑格尔把抛开"物质的、感觉的、实物的""思维的东西"——纯粹理性或自我意识视为是世界万物的"始基"，是"唯一的、无所不包的实在"，人和世界只是它外化的一个环节。这种超感性、超现实、超历史的终极的思维实体便是绝对的存在，它决定人、统治人、支配人从而"吞噬一切"。西方传统人学这种"思辨理智"的思维方式其实是一种从观念和原则出发的哲学方法论。这种方法论包含两方面基本的内容：其一，它把现实生活世界中的问题全部归结为观念和原则问题，把思想同作为思想发源地的实践活动和现实生活世界相分离，从而使观念和原则脱离人们生活世界的限制而获得完全的自足性；其二，它认为存在超时代的具有永恒价值的观念和原则，并把这种原则和观念视为人之为人的本体论根据。可见，黑格尔的根本错误就在于，通过"思辨"的方法来寻找人之存在的本体论根据。

二　"人类理智"：把思辨的问题还原为现实的问题

思辨理智的方法不懂得，"意识一开始就是社会的产物，而且只要人们存在着，它就仍然是这种产物"；② "意识在任何时候都只能是被意识到了的存在，而人们的存在就是他们的现实生活过程"。③西方传统人学从观念和原则出发，宣告了它在现实生活世界的软弱无力。"摧毁"和"解构"是为了"显现"和"重建"，全面清洗西方传统人学的思辨方法，是为了与旧传统决裂，并从一个新的解释原则来重新理解"人"。那么，这种新的解释原则是什么呢？马克思的回答是：它只能是人本源性的生存实践活动的"现实"方法，即"人类理智"的方法。

① 《马克思恩格斯全集》第 2 卷，人民出版社，1957，第 244～245 页。
② 《马克思恩格斯选集》第 1 卷，人民出版社，1995，第 81 页。
③ 《马克思恩格斯全集》第 3 卷，人民出版社，1960，第 29 页。

在《手稿》中，马克思指出了走出"思辨理智"的道路："理论的对立本身的解决，只有通过实践方式，只有借助于人的实践力量，才是可能的。"① 在这里，马克思指出走出传统知识论人学的出路，就是在实践中、在现实生活中而不是仅仅在意识中来解决各种理论困境。这就是"人类理智"的思维方式。它要求把理论问题还原为实践，把抽象思辨的问题还原为人类生活本身，从人类生活本身引申出那些抽象的理论问题，从而予以现实的说明。人是什么，人如何存在等看似纯粹抽象思辨的问题，却只能还原为现实的问题，在人类现实生活中才能予以解答。

在《形态》中，马克思运用人类理智的方法，把人之存在的本体论问题放到了"实践"中通过"现实"的方法给予了科学的解答。他指出："可以根据意识、宗教或随便别的什么来区别人和动物。一当人开始生产自己的生活资料的时候，人本身就开始把自己和动物区别开来"。② 这里明确说明，所谓"意识"、"理性"、"宗教信仰"或"随便别的什么"等都不是人之为人的最终根据；"一当人开始生产自己的生活资料"，即"人的生存实践活动"，这就是人之为人的本体论根据，在"生产"的过程中通过如此"现实"而又一目了然的方法便可以合理地解释人是一个什么样的存在物。马克思进一步说道："个人怎样表现自己的生活，他们自己就是怎样"。③ 这里更加明确说明了，"人是什么样的"，根本不需要在思想中或者观念中通过"思辨"的方式运用"先验自我""绝对自我""绝对理性"等逻辑概念来推演出来，而只需要在"实践"中，通过"现实"的方法便可以找到答案，这就是：人是什么样的，这同他们的生产是一致的，和他们生产什么一致，和他们怎样生产一致。也就是说，人是在感性生存活动中逐渐生成的，人之为人的根据不在于人之外的实体，而就在于人的生命活动本身。

---

① 《马克思恩格斯全集》第42卷，人民出版社，1979，第127页。
② 《马克思恩格斯选集》第1卷，人民出版社，1995，第67页。
③ 《马克思恩格斯选集》第1卷，人民出版社，1995，第67~68页。

由此可见，西方传统人学习惯于"把现实的问题变为观念的问题"，通过"思辨理智"的方法来回答人之为人的本体论根据。而马克思则实现了对这一传统的颠倒，把思辨的问题还原为现实的问题，通过"人类理智"的方法直接从人的感性生存活动中发现人之为人的奥秘。

第三节　"共时性"向"历时性"的转化

人既是共时性的存在物，又是历时性的存在物；既有共时性的特征，又有历时性的特征。与此相对应，对人之为人的存在论追问也有两条相关的路向：或者沿着共时性的方向追求某种"永恒"的本体，或者沿着历时性的方向把握人的全貌。

一　"共时性"：万变中捕捉不变的本体

西方传统人学对人之为人的本体论根据的追寻和把握采取的是共时性的方法。他们脱离人的现实存在和社会历史发展，脱离人的物质生产活动和社会关系，着眼于人同动物之间的区别对人性加以抽象，通过静态的、共时性的比较和归纳，找到了任何时代任何人都具有的诸如理性、自我意识、意志、情欲、利己等共性特征，并把这种抽象的规定绝对化，当成永恒不变的人性，以此作为社会历史的出发点和根本动因来解释社会和人，从不变人性中引申出社会关系及其规律。

西方传统人学热衷于共时性的方法，究其原因，主要是把人当作与其他动物无异的实体，试图从实体的角度给人下定义，找到人的某种单一的本质。但现实的人是完整的、不可分割的人，他不是单质的存在物，而是物质与精神、自然与社会、理性与非理性、思想与行为、当下与未来的统一体。西方传统人学虽然指出了人身上确有的某种属性，可它往往用一种属性去否定另一种属性，或者把一种属性消融于另一种属性之中，譬如理性主义人学走向了理性的独断，非理性消融于理性之中；非理性主义人学又走向了另一个极端，理性消融于非理性之中，最后都陷入了片面性。

事实上，利用共时性的方法来寻求人性的公理，这与现实生活的历时性特征是相背离的。人之存在既有共时性的因素，但主要是由历时性的因素决定的。"人之存在中有先验的（遗传）、经验的和超验的多种因素在起作用，人一方面生活在现实世界，另一方面又向着理想的、可能的世界行进，人是确定性存在和不确定性存在的统一。人的无限的创造性活动过程所具有的超越性使人成为特殊的、高难度的研究对象，因而我们不能靠确定人的天生能力或本能来给人下定义"。① 试图通过某种共时性的方法一劳永逸地解释现实的人，注定是徒劳的。

二　"历时性"：过程中把握人的存在

马克思批判抽象人性论，但并不否定一切对人性一般的理论抽象，不否定人有跨时空的、稳定的普遍特性，即共时性的一面。马克思主张从共时性与历时性两个维度来揭示和展开人性的丰富具体内容。所以他说："首先要研究人的一般本性，然后要研究在每个时代历史地发生了变化的人的本性"。② 把握"人的一般本性"可以通过共时性的方法，而把握"研究在每个时代历史地发生了变化的人的本性"则只能采取历时性的方法。

但是，要追问人之存在的存在论基础则必须抛弃"共时性"的方法，转向"历时性"的方法。正因为如此，马克思说：可以根据意识、宗教来区别人和动物，但只有"人生产自己的生活资料"才是人和动物的根本区别。从此看出，马克思并不否认具有共时态特征的"意识、宗教"也可以用来区别人与动物，但最终的区别是人们的生产实践活动本身，这才是具有存在论根基意义的，属于前概念、前逻辑的"存在"。而这种"存在"或者说"生产实践活动"

---

① 张宏：《人性理论的抽象与具体》，《烟台大学学报》1998 年第 2 期。
② 《马克思恩格斯全集》第 23 卷，人民出版社，1972，第 669 页。

究竟是什么样的，则只能通过历时性的方法才能获得全景式的把握，采用共时性的方法注定是徒劳的。

从根本上说，人是一种实践的存在物。因此，也可以说，人是一种历时性的存在物。人按其本性而言，能够无限扩张到自己所处的世界所能延伸的任何地方。正如鲍勒诺夫所说："人是一种向未来开放的可能性，人永远在发展的过程之中，永远没有定型。人就是生成（werden）。人没有某种他必然承担的限定形式，从每一种已经获得成功的生存形式出发，人要把它发展成一种新的形式。"① 正因为人的历时性存在，决定了对人之存在的存在论追问也必须指向人的历时性生存过程本身。

总之，对人的认识和把握必须从西方传统人学共时态的"定性化"中走出来，还人以"非定性"的真实面貌。科学的方法应该是能够涵盖人类广袤的生存时空，从历史角度，它能阐明人性生成和变化的内在根据，也能反映出不同历史阶段上人性共有的稳定方面；从空间方面，它能归纳不同文化背景下人性的同质方面，同时也能澄清同一时代背景下人性的异质方面。只说明过去，而不适用于现代是非历史的，只反映流变、生成、显现，无视跨时空的普遍特性的存在，也是非科学的。

第四节　"单向度"向"总体性"的提升

人有多种存在的方式，既是自然存在物，又是社会存在物，还是精神存在物；既可以作为类而存在，又可以作为群体而存在，还可以作为个体而存在，这就决定了对人之所以为人的本体论根据的考察既可以采用"单向度"的思维方法，也可以采用"总体性"的思维方法。问题的关键在于哪种方法更加逼近人的本真存在。

①　转引自刘小枫等《东西方文化评论》第3辑，北京大学出版社，1991，第78页。

一　"单向度"：一维中把握单面的人

西方传统人学对人的把握是一种"单向度"的思维方式，人被各种各样的理论所肢解，人之为人的本体论依据无比丰富，但没有一个真正认识了"人"。当我们回顾人类认识自己的漫长历史，对人之存在的本体论回答首先是归于自然实体，人成为自然实体的产物，人之为人的最后之因却在人之外，"水""火""土""气""原子"等都可以成为人的存在论根基，人变成了"单向度"的"自然人"，这就是古希腊早期的自然主义人学；到了中世纪，人类寻根究底的思维特质并没有改变，只不过是转向上帝那儿去寻求人之存在的本体论根据，人成为上帝的作品，变成了"单向度"的"宗教人"，这就是中世纪的宗教人学；到了近代，文艺复兴和启蒙运动重新发现了"人"，人的主体性得到彰显，人也开始从人自身来追寻人之为人的最后根据。这时理性走上了独断之路，理性实体化，实体理性化，人的理性变成了理性的人，理性的"万能"导致其获得了本体论的地位，人变成了"单向度"的"理性人"，这就是近代以来的理性主义人学。

德国古典人学集大成者黑格尔第一个明确提出并系统阐述了"总体"范畴，他针对形而上学把事物抽象化的片面性指出："真理作为具体的东西，仅仅在自身展开自身，联结和聚合为一个统一体，也就是说，是一个总体；只有通过真理的各个不同环节的区分与规定，这些环节的必然性与整体的自由才可能存在"。① 但是，黑格尔把总体看成"绝对精神（上帝）"，这个虚构的"总体"正是人之所以为人的本体论依据，而人只是其展开过程中的一个环节。也就是说，黑格尔对人的存在之基的把握也是"非总体性"的，人归于"绝对精神"，成为这一"种子"生长出来的排斥感性的单向度的"理性人"。

---

① 〔德〕黑格尔：《逻辑学》，人民出版社，2002，第47页。

尽管后来费尔巴哈试图走出理性主义人学的陷阱，抬高感性的地位，将人之为人的本体论根据归于自然感性，人成为纯粹的"自然人""生物人"，但是这仍然是"单向度"的"非总体性"的考察方法，人仍然是"单向度"的人。

二　"总体性"：多维中还原总体的人

马克思思维方式的一个鲜明特色就是"总体性"。马克思的总体性与黑格尔的总体性存在根本不同：在黑格尔那里，总体只是抽象的总体，马克思将黑格尔的抽象总体从天上拉回到现实的人间，改造为具体的总体；黑格尔以他的"绝对理念"构筑了起了最后的奴役人的体系，又以他的体系终结了真理。而马克思则恰恰相反，他对人的总体性把握导致了人的解放，开辟了人学通往真理的道路。他明确指出："我们越往前追溯历史，个人，从而也是进行生产的个人，就越表现为不独立，从属于一个较大的整体。"① 人，生产的主体，也就是社会主体总是"在或广或窄的由各生产部门组成的总体中活动着……生产的总体。"② "具体之所以具体，因为它是许多规定的综合，因而是多样性的统一。"③

尽管马克思在很多地方没有直接使用"总体性"这样的范畴，但"总体性原则确实是从青年马克思到老年马克思之思想发展的一条不变的线索。"④ 卢卡奇等人更是强调总体性原则是马克思主义方法论的核心。用 F. 杰姆逊的话来说，马克思哲学提供了"整体社会的视界"，它与"某个零碎生活的局部原则"（如主体性原则等）根本不同，它"既消化又保留了它们"，因而成为一个"不可超越的意义视界"。⑤

---

① 《马克思恩格斯全集》第 46 卷（上），人民出版社，1979，第 21 页。
② 《马克思恩格斯全集》第 46 卷（上），人民出版社，1979，第 23 页。
③ 《马克思恩格斯全集》第 12 卷，人民出版社，1962，第 751 页。
④ 陈学明、孙云龙：《渴望总体性》，《哲学研究》2005 年第 10 期。
⑤ See F. Jameson, *Marxism andHistoricism. New Literary*, *vol*, *xl*, *no. i*, Autumn 1979, p. 4.

　　马克思的总体性原则尤其体现在他对人之为人的本体论依据的考察中。马克思是从生活世界之中而不是生活世界之外来追问人之存在的存在论基础的。马克思所关注人的生活世界恰恰是一个具有总体性特征的现实世界。"从空间上看，它有一个'现实的个人、他们的生命活动和他们的物质生活条件'组成的三位一体结构，从时间上看，它有一个'既从肯定方面理解又从否定方面理解'的辩证否定结构"。① 我们生活在人的总体世界里，而人的现实生活即实践就是构成人之为人的最终根据。实践是人与自然、人与社会的总体运动过程，是人类创造美好生活家园的总体发展过程。实践的目的是人类与自然的和谐存在，是人的全面发展；实践的性质是人类有意识、有组织的总体活动。

　　马克思的总体性的方法是"再现和把握现实的唯一方法"，② 也是再现和把握人的唯一方法。马克思指出："每一代都立足于前一代所达到的基础上，继续发展前一代的工业和交往"；③ "历史的每一阶段都遇到一定的物质结果，一定的生产力总和，人对自然以及个人之间历史地形成的关系，都遇到前一代传给后一代的大量生产力、资金和环境，尽管一方面这些生产力、资金和环境为新的一代所改变，但另一方面，它们也预先规定新的一代本身的生活条件，使它得到一定的发展和具有特殊的性质"。④ 根据总体性方法，马克思认为，人的一切活动都是在一定的历史中发展的，当下是历史链条中的一环并包含从前所有的经历，人正是在历史的活动中生成发展为人。可见，要真正理解当下的人，只有把其置入历史活动的总体之中。

　　马克思从总体性思维方式出发来认识人，决定了人不是"单向度的"的自然人、理性人、宗教人。马克思强调人是"总体的人"

---

① 马拥军：《从"阶级的真理"到"个人的真理"——兼论马克思主义哲学的时代性》，《东南学术》2004 年第 5 期。
② 〔匈牙利〕卢卡奇：《历史与阶级意识》，商务印书馆，1996，第 58 页。
③ 《马克思恩格斯选集》第 1 卷，人民出版社，1995，第 76 页。
④ 《马克思恩格斯选集》第 1 卷，人民出版社，1995，第 92 页。

"全面的人"。要认识人，"唯一的出路是努力把握自身的总体性"。①例如，马克思在多部著作中反复强调："人首先是自然存在物"；"个体是社会存在物。因此，他的生命表现，即使不采取共同的、同他人一起完成的生命表现这种直接形式，也是社会生活的表现和确证"；②"人的本质不是单个人所固有的抽象物，在其现实性上，它是一切社会关系的总和"；③"人以一种全面的方式，也就是说，作为一个完整的人，占有自己的全面的本质。"④

可见，只有从"实践"这一本体论的根基处来认识人，我们才能全面地把握人的丰富图景，才会走出传统人学"单向度"的误区，我们才会豁然开朗地发现，人的存在是自然存在、社会存在与精神存在的统一；人性是自然属性、社会属性与精神属性的统一；人的本质是类本质、群体本质与个体本质的统一；人的解放是个性解放与人类解放的统一。人不能撇开社会共同体来笼统地谈论个人的自由、发展和解放，因为根本就不存在游离于社会之外的抽象的个人；个人只有置于社会关系之中，置身于实践之中，个人才是真实的。因此，只有把握了人的"总体性"，才算真正把握了人的"现实性"。

第五节　解构原则与建构原则的统一

马克思是在解构传统人学存在论的过程中建构自己新人学的存在论基础的。因此，"先破后立"是马克思人学存在论建构过程中所运用的一个基本方法。所谓"破"，是指对理论人学实体本体论的解构，抛弃理论人学的范式和知识论的致思取向；所谓"立"，是指对实践人学生存论本体论的建构，确立实践人学的理论范式和生存论的致思取向。解构与建构的二分仅是一个逻辑的划分，在马克思的

---

① 卡拉尼：《列斐伏尔与马克思思想》，南斯拉夫《世界社会主义》1982年第32期。
② 《马克思恩格斯全集》第3卷，人民出版社，第2版，第302页。
③ 《马克思恩格斯选集》第1卷，人民出版社，1995，第60页。
④ 《马克思恩格斯全集》第42卷，人民出版社，1979，第123页。

文本中二者往往是交织在一起的。

一 "解构"方法：瓦解理论人学的存在论内核

马克思在建构新人学观的存在论基础时，总是从批判传统人学入手，解构传统人学实体本体论的理论范式和致思取向。马克思在《提纲》第六条指出："费尔巴哈把宗教的本质归结为人的本质。但是，人的本质不是单个人所固有的抽象物。"这句话是"破"，是对以费尔巴哈为代表的旧人学观的"解构"。在这里，马克思揭示了旧人学观的"内核"——"单个人所固有的抽象物"，并予以明确否定："人的本质不是单个人所固有的抽象物"。单个人所固有的抽象物，诸如理性、意识、情感、信仰等都不能成为人之为人的本质所在，也就不能成为人之存在的存在论基础。

在《形态》中，马克思进一步强调指出："可以根据意识、宗教或随便别的什么来区别人和动物。一当人开始生产自己的生活资料的时候，这一步是由他们的肉体组织所决定的，人本身就开始把自己和动物区别开来。人们生产自己的生活资料，同时间接地生产着自己的物质生活本身"。① 这里有人可能会产生误解，似乎理论人学的存在论根据"意识、宗教或随便别的什么"也获得了马克思在存在论意义上的认可，如果是这样，那就会出现矛盾：马克思实践人学的存在论基础究竟是什么。然而事实并非如此。在这里，马克思首先也是先"破"了理论人学的思辨传统，指出根据这些"虚幻"的思想性、观念性的存在——"意识、宗教或随便别的什么"也可以把人与动物区分开来，但此时得到的人还不是"人本身"，而仍然是一种动物，一种特殊动物。众所周知，传统人学无一例外都是将人之为人的存在论基础归结为"我思""先验自我""绝对自我""绝对理性""宗教信仰（上帝）"或者别的什么，马克思在这里明确排除了这些东西作为人之为人的存在论基础的可能性。马克

---

① 《马克思恩格斯选集》第 1 卷，人民出版社，1995，第 67 页。

思在《形态》中的另一句话更加明确地表达了这个意思，马克思指出："这些个人把自己和动物区别开来的第一个历史行动不在于他们有思想，而在于他们开始生产自己的生活资料。"①

那么，人之为人的存在论基础又是什么呢？这就要求马克思在解构的同时必须采取建构的方法。

二　"建构"方法：确立实践人学的存在论范式

解构不是目的，解构是为了建构。马克思在解构传统人学的存在论基础之后，总是鲜明地表达自己新人学观的存在论主张。首先，还是来看马克思在《提纲》第六条中的一句话：人的本质"在其现实性上，它是一切社会关系的总和。"② 在这里，马克思"抛出"了自己的新人学观："在其现实性上，它是一切社会关系的总和。"③ 在此需要特别注意的是"现实性"三字，这一限定绝非可有可无，而是理解马克思人学思想的一把钥匙。由于这一限定如此之重要，所以马克思紧随其后又一次强调指出费尔巴哈"不得不"误入歧途："撇开历史的进程……把人的本质理解为一种内在的、无声的、把许多个人纯粹自然地联系起来的普遍性"，其原因恰恰在于"费尔巴哈没有对这种现实的本质进行批判"，④ 也就是说，费尔巴哈忽视了人的"现实性"。

再来看上文中提到的《形态》中的那句话，马克思在排除抽象实体诸如"意识、宗教或随便别的什么"作为存在论基础的可能性之后，紧接着指出只有"当人开始生产自己的生活资料的时候……人本身就开始把自己和动物区别开来。"需要注意的是，马克思在这句话中特意使用了"人本身"三字，以与前一句话："可以根据意识、宗教或随便别的什么来区别人和动物"⑤ 中的"人"区别开来。

---

① 《马克思恩格斯选集》第1卷，人民出版社，1995，第67页。
② 《马克思恩格斯文集》第1卷，人民出版社，2009，第505页。
③ 《马克思恩格斯文集》第1卷，人民出版社，2009，第505页。
④ 《马克思恩格斯选集》第1卷，人民出版社，1995，第60页。
⑤ 《马克思恩格斯文集》第1卷，人民出版社，2009，第519页。

这一"区别"表明，不是"意识、宗教或随便别的什么"，而是"生产"使人获得了自己的存在论依据，成为"人本身"。也就是说，唯有通过"实践"，人才不再是任何意义上的动物，而成为"人本身"。可见，只有"生产"即"人的生存实践活动"本身才是人之为人的存在论基础。

所以，这段话应该这样理解，尽管可以根据"意识、宗教或随便别的什么"来区别人与动物，但真正具有始基或原初意义的根据不在于"虚幻"的思想性、观念性的"意识、宗教或随便别的什么"，而在于"生产自己的生活资料"，即生存实践活动。可见，这不是本体论意义的表述又是什么呢？

马克思在《形态》中还指出，人类的"第一个历史活动"不是思想观念的活动而是"物质生产活动"，也就是人的存在本身，显然包含深层的本体论意蕴。马克思认为，人要成为人，第一个前提是"生产物质生活本身"。所谓的理性、自我意识等都不能成为人之为人的本体论根据。马克思把实践活动看作"第一个历史活动"，并认为这是"首先应当确立的前提"。而观念的活动、意识的活动、逻辑概念的推演等只能是"第二个历史活动"。这样，马克思便从根基处超越了传统的知识论人学。

综上所述，我们可以发现，马克思是通过"先破后立""解构"原则与"建构"原则相互统一的思维方法，牢固地确立起了自己新人学的存在论基础。

（本章内容原载于《上海行政学院学报》2008 年第 2 期，收入时有较大修改）

第六章

马克思人学存在论革命的
哲学史意义

本章内容摘要：

马克思开辟了回归感性生活的本体论道路，这在哲学史上是一件具有重大意义的历史事件。理解马克思人学存在论变革的伟大意义和历史贡献，第一，我们需要把握它在何种意义上终结了传统人学"实体本体论"的强大传统？第二，我们为什么要在"实践本体论"之外再提出一个"感性生活本体论"的概念，也就是说，"感性生活本体论"与"实践本体论"之间究竟是什么关系？第三，马克思重建了现代人学的存在论传统，那么，它与现代西方人学的"生存论本体论"又有什么区别？"感性生活本体论"是不是"生存论本体论"的另一种说法？第四，如果说马克思人学和现代西方人学走上了同一路向，那么，它们之间的逻辑关系又该如何理解？究竟是马克思人学在逻辑上超越了现当代西方人学，还是相反？第五，关于马克思主义哲学究竟是物质本体论还是实践本体论的争论一直存在，那么"物质"作为人之存在的本体为什么不能成立呢？这些都是必须予以辨析和澄明的问题。

马克思开辟回归感性生活的本体论道路，这在哲学史上是一件具有重大意义的历史事件。理解马克思人学存在论变革的伟大意义和历史贡献，需要澄清马克思在何种意义上终结了实体本体论的强大传统，在何种意义上突破了实践本体论的传统价值，在何种意义上超越了现当代西方生存哲学的本体诉求，在何种意义上开辟了西方人学的现代路向，"物质"作为人之存在的本体何以不能成立。这些都是必须予以辨析和澄明的问题。

第一节　马克思在何种意义上终结了
实体本体论的强大传统

马克思人学存在论革命标志着实体本体论的彻底崩塌，标志着人学本体论的整体断裂与新生，解决了西方传统人学由于本体论问题所引发的一系列困境和悖论。

第一，拯救了实体本体论对人的"存在"的遗忘。实体本体论把人的存在奠基于一个最高的存在者，人的存在由最高的存在者来规定，人的现实生命受某种抽象力量的统治。我们知道，在逻辑与生存、知性与生命、理论与实践、静思与行动的关系中，马克思人学与传统人学的认识是颠倒的。实体本体论人学"把'静思'和'逻各斯'置于优先地位，实质是把'最后'的东西颠倒为'最近最先'的东西，它所悬设的抽象的超感性实体只不过是以'存在者'代替了'存在'，因而是真实的存在之遗忘"；① 而马克思的感性生活本体论则强调：后者具有本源性或本体性的优先地位，前者只有奠基于后者之上，才能获得其根基和合法性，因此要从人之为人的生存活动出发，"把存在从存在者中崭露出来，解说存在本身"，② 去寻求"存在者"之"存在"的本源根据，在人的生存实践

---

① 贺来：《马克思哲学与"存在论"范式的转换》，《中国社会科学》2002年第5期。
② 〔德〕海德格尔：《存在与时间》，陈嘉映、王太庆译，生活·读书·新知三联书店，1987，第34页。

活动中，蕴含"存在之谜"的答案。马克思把"有意识的个人"归结为"现实的个人"，进而又把"现实的个人"归结为"他们的现实生活过程"，从根本上走出了意识的牢笼，说明了人不是"我思"在"密室"中的秘密设定，而是"感性的人的活动"的自我创生、自我筹划。感性生活本体论摆脱了追求终极存在和永恒真理的形而上学阴影，破除了一切抽象力量对人的统治，祛除了抽象观念对现实生活的遮蔽，消解了妨碍人的生命自由的异化力量，否定了种种与人的生存发展相敌对的神圣形象，从而使人从一切受屈辱、被奴役、被遗弃和被蔑视的东西中解放出来，捍卫了人的现实生命具体、生动的本性。因此，可以说，"感性生活本体论"的核心恰恰就是人的在场性，主题就是关注人的生存际遇与现实生命。感性生活本体论彻底放弃了"意识优先性"的立场，通过对"实存"的解蔽而使人重新回到了自身，回到了自己的"原始根据地"，彰显了人的"生存"，从而找回了被理论人学所失落和遗忘的人，为"无家可归者"安居。

　　第二，宣告了实体本体论追逐的"超验世界"的破产。在西方传统人学那里，"实体主义存在论的确建构起了一个知性世界，包括概念化的观念世界，但通过实体主义及其知性思维方式，人们无法阐释人的生存意义以及人的生存与历史的本质关联，不能揭示人的生命的自我否定与自我超越的内在矛盾，不能达到信仰的真际"。[1]在传统的知识论路向中，感性的经验世界同超感性的本体世界是相互分离的，感性生活在本体世界中是遭到排除的，感性的人是没有地位的。正如海德格尔所言："自柏拉图以来，更确切地说，自晚期希腊和基督教对柏拉图哲学的解释以来，这一超感性领域就被当作真实的和真正现实的世界了。与之相区别，感性世界只不过是尘世的、易变的，因而是完全表面的、非现实的世界"。[2]理论人学理解人所生活的现实世界的基本模式是：将人所生活的现实世界归结为

---

① 邹诗鹏：《生存论研究何以可能》，《哲学研究》2006 年第 12 期。
② 〔德〕海德格尔：《海德格尔选集》下卷，孙周兴选编，上海三联书店，1996，第 771 页。

一个抽象的彼岸世界和本体世界，将人分裂为同属两个世界的存在，而争论的焦点仅在于哪一个世界更真实。传统人学理解两个世界的基本信念是："现存的不可能是真实的"，"直接经验的世界——我们发现自己生活于其中的世界——必须被理解、改变甚至颠覆，以便显露出它的实际面目"。① 因为，人生活于其中的现象世界是粗糙的、不真实的、不可信任的，并非"本源"，不过是一个"假象世界"；而与人相分离的超验的本体世界才是唯一真实的、可靠的、可以信赖的"本源世界"。超感性的东西和彼岸世界被当作感性的东西和此岸世界的根据和尺度。所以，理论人学的使命就在于超越此岸的"假象世界"，进入彼岸的"本源世界"，搁置感性经验世界的丰富性，追逐超感性世界的绝对同一性、稳定性，从而获得心灵的慰藉和存在的支撑。西方人学正是在对这种"至真、至善、至美"的世界的无止境地"还原式"的追逐中遗忘了人所生活的现实世界，西方人学也变成了与人所生活的现实世界格格不入的"现实世界之外的遐想"。回顾历史，我们发现，在古希腊时期，人学对现实世界的遗忘就已经发生了。柏拉图的"理念世界"是本源性的，而与之对应的"可见世界"则是虚妄的。亚里士多德"神的世界"、"理念世界"和"逻各斯的世界"构成了一切解释的根据。这种人学，无法避免在推动人的思维前进的过程中对其思维的前提——人所生活的现实世界——的"遗忘"或"瓦解"。中世纪承续了古希腊的形而上学传统。世界不论其价值形态还是存在形态无非都是"上帝"的作品。对一个超验的价值本源和一个"至善至福""无所不知""无所不能"的存在本源的信仰超过了一切。人所生活的现实世界由宇宙人生的"最高"主宰——神学本体——来说明，而统一性归于上帝本身。近代理性主义人学也继承了这种超验传统，专注于虚妄的理性世界。总之，理论人学"将人的内容外投到一个思辨实体中去而变为世界和生活的最高本体。现实的人和人的现实

---

① 〔美〕马尔库塞：《单向度的人》，刘继译，上海译文出版社，2006，第113页。

世界被抽象掉或被瓦解掉了，世界变成了一种与人的生活世界相隔绝的超验结构"。① 在这个超验的"实体统一性世界"中，人的全部生活服从于唯一实体的安排，在马克思看来，这样的世界必然是一个"敌视人"的世界。本体论的初衷是为了表达人超越现实的深邃和觉醒，表达对人的生存命运的终极关怀，在价值上是"为人的"。然而，这种离开人的活动和生活，离开对人的价值和生存命运的深切观照而专注于彼岸世界追求终极本原的做法，却背叛了本体论的初衷，远离了"以人为本"的价值维度。

实体本体论之所不能，正是感性生活本体论之所能。诚如胡塞尔所言，生活世界的问题不解决，"我们迄今所从事的全部哲学研究都是缺少基础的。"② 马克思在《德意志意识形态》中指出："对于哲学家们说来，从思想世界降到现实世界是最困难的任务之一。"③ 而马克思恰恰就完成了从传统人学所热衷的抽象本体世界转向现实生活世界这一任务。马克思认为理论人学关注的是人之上的天国，人和人的世界都消失了，因此，"应否定现存的哲学并消灭哲学本身"，使真正的哲学从"彼岸世界的真理"转向"确立此岸世界的真理"，④ 转向人的现实生活世界，转向对人的现实生活世界的批判改造。马克思的感性生活本体论认为人之为人的本源根据在于生存实践活动，而不在于知性化的逻辑活动之中，由人的感性生存活动所建构的"现实生活世界"是人生活于其中的、与人发生着千丝万缕的联系，对人具有价值和意义的价值世界和意义世界，是以人的实践活动为基础和纽带联结而成的自然、社会和人相统一的"感性世界"，它构成了人学最切近的"本体性"世界。"哲学不是世界之

---

① 田海平：《哲学的起点与终点——论回到现实世界的哲学转向》，《浙江社会科学》2000 年第 5 期。

② 〔德〕胡塞尔：《欧洲科学的危机和超验现象学》，王炳文译，商务印书馆，2001，第 159～160 页。

③ 《马克思恩格斯全集》第 3 卷，人民出版社，1960，第 525 页。

④ 参见《马克思恩格斯选集》第 1 卷，人民出版社，1995，第 3、2 页。

外的遐想。"① 从超念世界回归到现实生活世界，把现实生活的内容还给现实生活本身，并在此基础上重建观照人的生存际遇的实践人学，这是感性生活本体论的理论旨趣。可见，马克思彻底颠覆了"实体统一性世界"的统治，使人学回归到了"现实生活世界"的家园。

第三，结束了实体本体论"人与世界"的分离状态。西方传统人学完全抛开了人，不是从人的视野去看世界，而是把世界视为与人无涉的纯粹彼岸，人与世界是分离的，世界是人之外的"自在世界"，没有把世界最终归结为人，"自然"不是纳入人的活动范围的"现实的自然界""人类学的自然界"，而是与人和人的活动彼此分离和异在的自然。尽管费尔巴哈宣布自然界和人是哲学的唯一的对象。但是，费尔巴哈没有达到把世界最终归结为人的高度；"他总是从主从关系的角度，把人与自然连接在一起，认为人是自然界的产物和它的构成部分，只有自然才是世界的最终归结。"② 人学必须关注人的世界，以前的人学将人与世界分割开来，世界是人之外的抽象世界，导致传统人学对人的现实生活的遗忘。马克思关注的是人类产生后的"自为世界"，这是通过人的实践而形成的"现实的""真正的、人类学的自然界"，或者说"人化的自然界"。③ 外在于人的或脱离人而独立的自然界不过是"非对象性的存在物，是一种非现实的、非感性的、只是思想上的即只是虚构出来的存在物，是抽象的东西"。④ 自为世界即人生活于其中的感性世界，而感性世界就是构成这一世界的个人的全部活生生的感性活动。⑤ 也就是说，自然世界不再是我们生命的外部世界，而是人生命的内在要素。人的感性活动是使"感性世界"成为"感性世界"的"第一位的因"。感性生存活动通过人的生命活动的对象化，使自然界转化为人的"无机身

① 《马克思恩格斯全集》第 1 卷，人民出版社，1956，第 120 页。
② 张奎良：《实践人学：马克思哲学的最终归结》，《哲学研究》2006 年第 5 期。
③ 《马克思恩格斯全集》第 42 卷，人民出版社，1979，第 128 页。
④ 《马克思恩格斯全集》第 42 卷，人民出版社，1979，第 169 页。
⑤ 参见《马克思恩格斯选集》第 1 卷，人民出版社，1995，第 78 页。

体"，是自然关系转化为"属人关系"，使整个世界"灵动"起来而拥有生命的光辉。对于这个"感性世界"，我们必须从主体的方面去理解，必须把它当作人的感性活动来理解；既不能把它归于自在世界，更没有必要去设想一个"本体世界"，将其作为感性世界的终极原因。可见，马克思所讲的"世界"不是人之先、人之外的自在世界，也不是人之上、人之后的本体世界，而是人之中的"感性世界"。人与世界不是"比肩并列"的两个存在，而是同一存在的两个方面。人学意义上的世界不但无法与人分离，而且它本身就是人的生存活动的展示方式。"'世界'不在'我'之外，'我'也不在'世界'之外，'我'与'世界'本为一体"。① "我"与"世界"比肩并列、彼此分立是只有在主客二分的认识论前提的限制下才会产生的虚假问题。

　　第四，颠覆了实体本体论"超历史"的本体论诉求。在以往的人学那里，历史是观念的历史，对人之存在的存在论追问也只不过是站在历史之外的遐想。实体本体论人学并没有直面流动性的现实生活，而是把生存看成一个被给予的作为对象和客体的范畴，即把生存只是理解为一种既定的实存形式，它们都只是看到了人的"名词性"的一面，而忽视了人的"动词性"的一面，人的历史性生存变成了一种既定的、静态的"存在物"。理论人学所固有的实体主义传统难以从生存的意义上去理解存在，当然也就更不可能自觉地从人的历史性生存本身来把握人的存在根基。传统知性化的实体本体论执着于对"超历史"的实体的追求，得出了诸如"先验自我""绝对自我""绝对理念"等一个又一个始终如一的"天外来客"。但是对人之"存在"的存在论追问不能停留于"存在"之外，而必须进入"存在"之中，符合"存在"的本性——历史性特征。人"只有在社会中，人的自然的存在对他说来才是他的人的存在，而自然界对他来说才成为人"。② 马克思建构的感性生活本体论将"历史性"原则从"超历史"的知性实体的统治下解放出来，使"存在"

---

① 张志伟：《西方哲学问题研究》，中国人民大学出版社，1999，第49页。
② Karl Marx, *Pariser Manuskripte*, Dietz Verlag, 1985, p. 85.

的意义与人的生存活动的"历史性"有机地统一起来，把生存看成人追求自身本质的历史性活动，真正赋予了生存以历史性维度。正是这种处于无限变动状态之中的"感性生存活动"创造了丰富多彩的人、丰富多彩的世界和丰富多彩的历史。可见，感性生活本体论本身就是一个生成的动态结构，是历史地确立起来的。

第五，克服了实体本体论对"理性万能"的迷恋。重视理性贬抑感性是理论人学的一个主流倾向，理性始终处于主导地位，并作为"基础动力原则"在不同阶段的人学中以不同的形式表现出它的核心作用；而感性则始终处于被动从属地位，甚至常常处于被蔑视和被排除的境遇中。他们不知道，"理性唯有通过生存才赋予内容"。① 古希腊时期，对理性的迷恋就已经发生了。中世纪，对理性的崇拜通过宗教异化的形式表现出来。到了近代，理性主义人学得到了前所未有的发展，理性的机能不断膨胀，走向了理性的独断；而感性只具有被动的直观的机能。这种被动的感性直观是无法满足理性机能那种面向未来、面向未知的巨大冲动和无限渴望的，所以理性不得不抛弃感性而独行不依，脱离现实的经验世界而在形而上的超验世界中进行无穷的追逐和漫游。人在理性中寻求人的安身立命之本，也就是把超感性的理性概念化、逻辑化、绝对化为人之为人的本源性基础。到了德国古典人学，"理性在本体论上的万能性依然是哲学问题的核心"，它的"存在论"实质上是"理性存在论"；在这里，对自然、社会和人的存在和生成来说，"理性是最高的原则"。② 恩格斯曾经说道：近代理性主义的学者们"不承认任何外界的权威，不管这种权威是什么样的。宗教、自然观、社会、国家制度，一切都受到了最无情的批判；一切都必须在理性的法庭面前为自己的存在作辩护或者放弃存在的权利。思维着的知性成了衡量一

---

① Karl Jaspers, *Reason and Existenz*, ed. by William Earle, New York: Noonday press, 1955, p. 67.

② 参见〔匈牙利〕卢卡奇《关于社会存在的本体论》上卷，重庆出版社，1993，第531、535页。

切的唯一尺度"。① 在这里，"理性的法庭"的说法非常形象地道出了"理性"所具有的至高的裁判地位，"理性"作为"最高实体"是绝对真理的化身，具有宰制一切的权力。而对"最高实体"的认识和把握，不过是理性自己认识自己、自己把握自己的过程。然而，远离生存，理性只能是抽象的实体，无人身的理性，而非人的理性。传统人学抽象掉人的感性的、经验的因素而使人成为非人——抽象化的人，即脱离了现实的、活生生的人的思辨理性。可见，传统人学看似抬举人、尊重人，表面上把人看得很高；实际上是贬低人、排斥人、否定人，是人的贬值和人的价值的颠覆。

马克思建构的感性生活本体论从根本上颠覆了通行于西方2000多年的理性主义传统，实现"感性的超越"，让感性从理性的束缚和压制下独立出来、解放出来。马克思诉诸感性是为了追求个性自由，由此才强调"每个人的自由发展是一切人的自由发展的条件"。如果说，在理性主义那里，感性与理性是分裂和对立的话；那么，在马克思看来，感性中蕴含理性，理性是感官的机能，根本不存在抽象的无人身的理性。"马克思发现了感性和感性活动的巨大能动作用，从而彻底否定了以往忽视甚至蔑视感性作用而唯独强调理性动力原则的理性主义传统，进而把理论思维置于另一种动力原则——感性动力原则的基础之上。这一超越的根本目的在于消除理性主义形而上学的虚假性及其对现实生活世界的统治。"② 马克思对传统人学推崇理性、蔑视生活的唯理主义传统做了一个彻底的翻转与颠覆，确立起了感性生活的根本性的、奠基性的地位，从而使理性从属于感性生活，立足于感性生活，根植于感性生活。在感性生活本体论的境遇中，不是生存服从于理性原则，而是理性原则服从于生存。理性不是作为实体的理性而存在，而是作为人的理性而存在。可见，"理性"彻底卸下了神秘的"外衣"，回归了人的"肉身"。

① 《马克思恩格斯选集》第3卷，人民出版社，1995，第355页。
② 王国坛：《感性的超越——马克思哲学变革的基础》，《江苏社会科学》2006年第2期。

　　第六，终结了实体本体论沉湎于"解释世界"的情结。实体本体论人学的主旨在于描述和解释世界，热衷于以不同的方式解释人，致力于探寻某种能够对世界和人本身做出统一解释和终极说明的原则，迷恋于追求客观的、普适的真理，缺乏为人的诗意生存和未来发展提供启蒙和引导的价值功能。马克思坚定地拒斥了这样一种人学传统，他说：以往的"哲学家们只是用不同的方式解释世界，而问题在于改变世界"。[①]在马克思那里，哲学的意义不仅仅是"追问""解释"，更重要的是"生活""实践"。马克思从纯粹的哲学言说中走出来，走进现实的"感性生活"，通过现实的路径开创了一个属于自己时代的生活世界。马克思建构的感性生活本体论的宗旨和使命就在于通过人的感性活动变革世界，改造人本身，将人的世界和人的关系还给人自己，实现人的诗意的栖居。在马克思那里，感性生活不是某种单纯服从现存秩序、为现存世界辩护的消极生活，而是一种干预现实、改造现实的积极生活，就其本性来说，它是"革命的""实践批判的"。[②]感性生活本体论"从人出发，关心人和人类的生存状况和命运，关心个人的幸福和社会的正义，追求对于现存世界的否定、超越，消除人的物化、异化；特别是通过对现实世界的反思、批判、解构、治疗，创造性地建设一个'人为的'和'为人的'新价值世界，一个更加美好、合乎人性和人的目的、促进人与社会自由而全面发展的理想世界"。[③]可见，感性生活本体论内蕴深刻的人本内核，"突出了人的主体地位，把人的生存意义和价值追求作为政策目标来实现，充分体现了马克思哲学'改变世界'的功能和使命"。[④]马克思的本体论已经不再是"解释世界"的本体论，而是"改造世界"的本体论；不再是遗忘现实的人的抽象本体论，而是关注人的生存、价值、命运的"意义本体论"。

---

① 《马克思恩格斯选集》第1卷，人民出版社，1995，第61页。
② 参见《马克思恩格斯选集》第1卷，人民出版社，1995，第58页。
③ 孙伟平：《作为价值哲学的马克思哲学》，《学术研究》2007年第1期。
④ 张奎良：《马克思本体论思想的人学意义与实践根基》，载赵剑英、俞吾金主编《马克思的本体论思想》，社会科学文献出版社，2006，第105页。

第二节　马克思在何种意义上突破了
实践本体论的传统价值

众所周知，"实践本体论"在学术界已获得相当一部分学者的认可。我们提出"感性生活本体论"并不是要用后者来取代前者，更不是要用后者来否定前者。正如贺来教授所言，使用"实践"甚至是"实践本体论"这样的字眼，并不意味着就理解了马克思实践概念的真实意义和价值。"实践"和其他任何重要概念一样，并非现成摆在那里的、其义自明的概念，而是一个在后人那里不断得到阐释和理解的概念。既然是阐释和理解，那么就不可避免地存在不同的理解框架和解释模式，马克思的实践概念也因此呈现完全不同的内涵。因此，问题不在于字眼是旧的还是新的，而在于选择何种解释框架能够真实地把握马克思的思想。我们认为，"感性生活本体论"是一种更能准确阐释马克思存在论思想的解释框架。

第一，相对于"实践"实体化的解释倾向而言，"感性生活本体论"可以摆脱实体主义的解释框架。

实践观点的实体化倾向也就是对"实践"的绝对化理解。"实践"似乎拥有无条件的合法权，或者拥有自我阐释其合法性的"理论力量"。正如有的学者所说："实践规定一切，什么规定实践。"[①]人类走出了"上帝万能""理性万能"，却又坠入了"实践万能"的深渊。对实践不做任何价值判断的绝对化倾向是当今世界饱尝人类自身实践之害的重要原因。现在，学术界有很多人提出"实践本体论"。但是，它虽然使"实践"上升为本体，却并未真正超越传统体系，并没有真正把握马克思实践观的实质。[②] 实践本体论并未完全回到马克思，原因在于实践本体论不同程度地将"实践"绝对化了，

---

① 徐长福：《世纪之交若干哲学问题的逻辑清理》，《天津社会科学》1999 年第 1 期。
② 参见李文阁《回归现实生活世界——现代哲学的基本趋向》，《教学与研究》2000年第 1 期。

成为一种"实体"。由于"实践本体论"是从"实体"意义上理解实践范畴，因而合乎逻辑地认为，马克思的人学变革"首先在于把实践引进了本体论，把实践提升到世界本原的行列中去"。这种解释表明，"实践本体论"作为一种解释原则，尚未跳出传统人学寻求实体本原的形而上学窠臼，只不过是把"精神"实体替换为"实践"而已。① "在马克思看来，只有首先把实践理解为生存论本体论意义上的活动，才能超出旧唯物主义的眼界，把握实践概念的真谛。"② 对马克思而言，生活世界是丰富多彩的，生活样式是多种多样的，实践只是其中的一种基础性的生活样式，它无法包容也不能取代其他生活样式。而实践本体论虽然不再把实践看作工具、手段，而是视为人的存在方式或生活，但或者把其他生活形式归于实践，或者认为其他生活形式是非现实的或虚幻的。如此理解的生活世界便被单一化、片面化，因而也抽象化了，实践论思维方式由此堕入本体论思维方式。而"感性生活本体论"不是一个静态的概念，而是一个动态的生成性概念，甚至可以说，它是将前概念、前逻辑的生存实践活动本身视为本体，因而可以避免实体化的倾向，重蹈"实体本体论"的覆辙。

第二，相对于"实践"经验化的解释倾向而言，"感性生活本体论"可以摆脱经验主义的解释框架。

当前对马克思实践概念的阐发存在几种经验常识性的理解框架：一是对实践观点的形式化理解。从不对实践概念进行具体规定，仿佛它是无所不包、没有条件限制的"全能"概念，由此造成的结果便是"实践"成为一个形式主义的抽象概念："它是为一切时代、一切民族、一切情况而设计出来的；正因为如此，它在任何时候和任何地方都是不适用的"。③ 二是对实践观点的庸俗化理解。浅薄地

① 孙正聿：《怎样理解马克思的哲学革命》，《吉林大学社会科学学报》2005 年第 3 期。
② 俞吾金：《对马克思实践观的当代反思——从抽象认识论到生存论本体论》，《哲学动态》2003 年第 6 期。
③ 《马克思恩格斯选集》第 4 卷，人民出版社，1995，第 240 页。

把"实践"理解为单纯的物质功利性活动，理解为马克思当年批判过的费尔巴哈所说的"卑污的犹太人的活动"，或者理解为伽达默尔和哈贝马斯等现代哲学家所批判过的工具性、策略性活动，完全忽略了实践观点与人的现实生命之间深层的意义关联。其实，人自从离开了动物界，形成了自我意识，就越来越以寻求生活的意义为旨归。三是对实践观点的外在性理解。把实践归于生产，对于实践的外在性的过分强调遮蔽了实践的丰富内涵。"人的实践活动本来是历史的文化的活动，但由于我们要突出实践的物质力量及其变革作用，往往自觉或不自觉地把实践从其历史文化传统中'剥离'出来，结果实践成了一个单纯的物性力量的施展。"① 这种强调物性无视人性的理解仅仅停留于外在的、物化的层面，忽视了内在的、非对象化的层面，造成了对实践活动的非精神性理解，以及对实践活动的非理性的、反主体性的、反人类性的层面缺乏识别，在一定程度上导致了对实践的无批判的盲从，从而导致实践活动的失控，危及人类自身的生存根基。结果，物化的短期性行为，与同样物化的短浅意识相互印证、相互支持，使社会越来越呈现为物欲横流的局面。四是对实践观点的技术化理解。或者把"实践"视为价值无涉的中立性概念，对其进行完全客观主义的技术性分解，以一种完全"科学"的方式对实践的"类型"、"结构"和"功能"进行描述和分类，实践观点绝不是对于任何具体实践形式的简单认同，这恰恰抹杀了实践概念最重要的理论意义;② 或者对"实践"进行抽象化解读，追求无条件的普遍性和一般性，忽略"实践"的个别性、个体性、差异性，追求的是一些貌似正确、普遍适用，实则可有可无、远离生活现实的理论原则，提供的是一些空泛的、大而化之、漂浮的知识。例如，人们虽然反复强调感性的实践，但是，其研究往往与实践的

① 张曙光：《马克思主义哲学研究应有的现实性与超越性》，《中国社会科学》2006年第4期。
② 贺来：《实践与人的现实生命——对"生存论本体论"的一点辩护》，《学术研究》2004年第11期。

历史内涵、现实内涵和文化内涵相去甚远，往往热衷于争论：实践的本质规定性是主观的，是客观的，还是主客观的统一？实践的功能是什么？实践的要素和形式包含哪些？中外实践范畴在历史上经历了哪些变化？① 这些研究尽管有其价值和意义，但如果仅仅停留在这个层面，这种缺乏"生活"支撑的马克思主义就只能是书斋之中的独白，世界之外的遐想，必然失去生存的土壤，成为人民大众的"玄学"，而沦为"时代的弃儿"。

可见，在上述这些解释框架中，实践概念与人的现实生命之间的内在关联却被遗忘了，实践概念在理解人的现实生命及其历史发展方面所独具的思想内涵和理论意义被遮蔽了，一句话，实践概念的精髓和灵魂失落了。因此，只有寻求一种与马克思的实践概念的理论本性相适应的解释框架，才能纠正人们的误解，拯救"实践"概念的真实意义，凸显其在当代理论和现实语境中所具有的价值。"感性生活本体论"正是在此背景下并适应这一要求应运而生的。"感性生活本体论"已完全不是价值无涉的中立性概念，而是包容了深刻的价值论意蕴，体现了实践与人的现实生命之间深层的意义关联。也就是说，"感性生活本体论"所理解的"感性生存活动"是真正属于人并且使人成为人的生命活动。

第三，相对于"实践"单一化的解释倾向而言，"感性生活本体论"可以开辟更为广阔的视野。

众所周知，在《关于费尔巴哈的提纲》中，马克思是将"实践"和"感性活动"在同一意义上使用的；在《德意志意识形态》中，马克思所讲的"感性活动"其实就是指"物质生产活动""生产自己的生活资料""生产实践"。可见，在马克思那里，"感性活动"就是"实践"，"实践"主要就是指"物质生产活动"，"物质生产"构成了马克思实践观的硬核。正因为有了马克思的文本作为依据，将"实践"解读为"物质生产"的单一化倾向得到了合法性的

---

① 参见衣俊卿《关于人学研究内在局限性的反思》，《江海学刊》2005 年第 5 期。

支撑。其实，马克思所说的"物质生产活动"是人的感性生活本身，但不是感性生活的全部。

在不同的历史阶段，人类所关注的"感性生活"的角度是不同的。马克思为什么那么关注"物质生产"呢？原因很简单。马克思不能离开他所生活的时代来进行任何理论上的言说。马克思对"实践"或"感性活动"的这种理解固然十分根本而正确，但也明显地带有马克思生活的那个时代的痕迹。当人类还处在工业社会的初期，为温饱而挣扎还是人类的主要目标，生存和衣食住行还是人们主要关切的问题，占据了人生的大部分时间和精力，实践自然就主要限于生产活动领域，物质生产之外的政治、精神、文化的生产和活动则被置于次要地位。这就不难理解为什么马克思一方面强调"感性活动"，另一方面又着重讲"物质生产活动"了。然而，正如麦克莱伦所说："恩格斯关于'实践'到底包含些什么内容的思想有时却显得很贫乏，例如他曾把它概括为'实验和工业'。"① 到了毛泽东那个时代就不同了，尽管生存和衣食住行的问题依然没有得到解决，但更根本的问题——民族生死存亡的问题摆在了突出的位置，在这种条件下，毛泽东把实践界定为阶级斗争、生产斗争、科学实验三大革命运动就不失为一种洞见，这三个方面依然是人的感性生活本身，只是关注"感性生活"的角度与马克思有了不同，"阶级斗争"已经上升到了首要的地位。现在已经进入了工业文明和后工业文明的时代，革命与阶级斗争已经或正在淡化，物质匮乏问题、基本生存问题已经解决或不难解决，在人们面前展开的是一个远比物质生产更宽泛的广阔领域。如果说毛泽东曾把实践界定为阶级斗争、生产斗争、科学实验三大运动不失为一种洞见的话，那么，在社会进步和文明发展得更深刻的背景下，我们不能再仅仅从"物质生产"这一个角度来理解人的"感性生活"，而应该去发掘"感性生活"更为丰富的内涵，比如消费生活、休闲生活、文化生活、政

① 〔英〕麦克莱伦：《马克思以后的马克思主义》，李智译，中国人民大学出版社，2004，第 12 页。

治生活、虚拟生活（信息网络条件下所构建的虚拟社会中的生活）等。显然，不管是在发达的现代社会还是在完全的后现代社会中，消费社会、休闲社会、虚拟社会中的感性活动都是重要的方面或趋势，如果马克思的"感性活动"概念依然还停留在"物质生产"这一个方面是不够的，狭隘的"实践"概念也是无法涵盖"感性活动"的丰富内涵的，"感性生活"概念才可以开辟更为广阔的视野。

可见，如果仅仅将"实践"理解为"物质生产"这一狭隘视域的话（主要是由于传统教科书的解读模式所导致），那么"实践本体论"就是"感性生活本体论"在特定时期的一种表现形式，其实质乃"感性生活本体论"。

第四，相对于"实践"被束于认识论领域的解释倾向而言，"感性生活本体论"优先开启的是存在论的视域。

当前，有部分学者把"实践"概念束缚于认识论的解释框架之内，把"实践"理解为一个单纯的认识论概念。其实，"实践"首先不是认识论范畴，有人类社会就有实践，有实践才有认识。这种将"实践"概念认识论化的解释框架既受到苏联模式和传统教科书体系的影响，也受到近代以来西方认识论哲学的影响，把哲学理解为认识论，进而把马克思哲学理解为认识论。于是，只看到了"实践"的认识论维度，而忽视了其首要的维度应该是本体论的维度。只承认"实践"是认识论的首要的、基本的观点，而否定"实践"是整个马克思主义哲学首要的、基本的观点。实践的地位仅仅体现在它对于认识和意识的基础地位，实践的功能仅仅表现为联结思维与存在、主观与客观的桥梁和中介，实践的作用仅仅在于提供认识的感性材料来源，充当认识的真理性标准。正是对马克思"实践"概念这一片面性的解释倾向，埋下了哲学远离生活的种子。

其实，马克思的"实践"概念不仅仅是一个认识论的概念。我们来分析一下马克思在《关于费尔巴哈的提纲》和《德意志意识形态》中的两段经典名言。先来看《关于费尔巴哈的提纲》中的这段话："人的思维是否具有客观的［gegenständliche］真理性，这不是一个理论的问题，而是一个实践的问题。人应该在实践中证明自己思维的真理性，即自己思维的现实性和力量，自己思维的此岸性。关于思维——离开实践的思维——的现实性或非现实性的争论，是一个纯粹经院哲学的问题"。① 这段话说明，"思维的此岸性"不在"思维"，而在"实践"；只有在实践中才能寻找到"理性""意识"等理论活动的深刻根基。再来看《德意志意识形态》中的这段话："意识在任何时候都只能是被意识到了的存在，而人们的存在就是他们的现实生活过程。"② 这里，前半句是对传统理性本体论的否定，"意识"之为"意识"的根据不在于人之外的"物质"或某种超验的精神实体，而在于"被意识到了的存在"。"存在"是什么呢？后半句说明，"存在"不是"存在者"，而是"存在"本身，即"他们的现实生活过程"。思想世界中的东西最终都要归结到现实生活世界，只有在人的现实生活中才能得到本真的解释。可见，这两段话，尽管蕴含一个认识论的维度，但其基础性的、根本性的维度则是本体论维度。过去我们比较重视其认识论意义，而忽视其本体论意义，这是片面的。我们必须清醒地意识到，在马克思看来，实践概念的认识论维度是根植于本体论维度之上的，离开本体论的认识论是非法的。这是因为，感性生存实践活动是人类面临的前提性问题，感性生存实践活动绝不是一种静观式的认识论态度，而是一种实践态度。正是在这个意义上，我们说，本体论维度是马克思实践观的首要维度。

可见，只要我们忠于马克思的著作，不难发现，我们从马克思哲学中首先感受到的不是一种认识或思维方法，而是足以震撼每个人的心灵的那种自主自由的生命精神、观照现实变革现实的实践态度以及追求自由解放的超越维度。"感性生活"概念跃出了认识论的边界，还给其"实践"的首要意义——本体论意蕴。"感性生存活

① 《马克思恩格斯选集》第 1 卷，人民出版社，1995，第 55 页。
② 《马克思恩格斯全集》第 3 卷，人民出版社，1960，第 29 页。

动"的性质是属于前逻辑的、前概念的、前反思的，是现实的人的生活本身，是生活中的一切产物（现实世界）和结果（思想、观念、意识）的最具本源性的基础——存在论基础。

第五，相对于"实践"被囿于宏大领域而言，"感性生活本体论"有利于实现微观叙事与宏大叙事的融通。

过去，人们谈论"实践"往往只局限于生产的发展和社会的变革这类宏大的整体性问题，只关注"建设四个现代化""推翻旧世界，建设新世界"等宏大领域，似乎关涉每个人现实生活的微观世界根本就不值得享受崇高"实践"的"临幸"，或者它干脆就不配"实践"这一伟大的概念。然而，马克思的"实践观"最关注的就是现实生活，我国马克思主义哲学界也一直在强调回归现实生活世界，观照现实的人。但实际上，人们似乎习惯了那种宏大化、抽象化的研究范式，热衷于逻辑推演和范畴演绎，热衷于构建理论体系。在这种研究范式的强力引领之下，"回归生活世界"恰恰与人的现实生活无关，变成一种纯粹的理论标签和空洞的理论口号。其实，这种宏大化的解读倾向不仅是对马克思实践观点的误解，也把本为一体的现实生活世界给切割成两半了。我认为，正是由于对马克思"实践"概念这种"宏大化"的解释倾向，最终导致了发端于生活、扎根于生活的马克思主义哲学在今天却已经逐渐地远离了人们的日常生活世界，缺乏干预现实生活的力量而陷入了前所未有的"贫困"之中。这不是马克思主义哲学被生活、被大众所"边缘化"，而是马克思主义哲学的"自我放逐"。

现在，转换马克思主义哲学研究范式已经成为学术界的共识。传统的研究范式只关注宏大领域，采取宏大叙事的话语方式，忽视日常生活，从而弱化了马克思主义哲学本来具有的干预现实的能力。究其原因，并不在于我们没有认识到马克思哲学的本真精神——实践精神，而在于我们一贯以来对马克思哲学概念——"实践"的误读，"实践"长期被偏执的囿于宏观领域，其实这种"实践"离日常生活较远，最切近的"实践"首先存在于微观领域，首先来源于日常生活世界。马克思主义哲学不仅要观照宏大领域的重大问题，与此同时，与上层建筑相对应的市民社会的问题，与大众生活密切相关的日常生活世界的问题，也要纳入马克思主义实践观的视野，做出充分的理论回答。马克思主义哲学要善于捕捉宏大的问题，也要善于捕捉中观和微观的问题。不能将市民社会和日常生活世界的问题斥为"生活的碎片"而随意地舍弃，这是生活提出的问题，是更普遍更常见的问题，是寻常百姓最为关切的问题。

总之，传统的研究范式已经穷途末路，重建研究范式已是迫在眉睫。我认为，重建研究范式的关键在于抓住"感性生活"概念，走出"实践"概念宏大化的误区。在我看来，"感性生活本体论"的确立对于推进马克思主义哲学研究从宏大领域转向微观领域，对于改变马克思主义哲学长期以来占统治地位的"元叙事"的话语方式，对于推进马克思主义哲学研究的范式转换具有"先锋"和"钥匙"的意义。当前，人们越来越追求感官的享受，生活的"感性"化正在得到淋漓尽致的展示，我们就不能只是在"改变外部世界"的宏大向度上来理解"实践"了，开发人的潜能、发展人的天性、和谐人际关系乃至人与自然的关系，以及关注人的生存际遇、建构诗意的生活，应当进入我们对"实践"的理解之中。当然，强调微观领域的实践并不意味着排斥或忽视宏观领域的实践，宏观领域的实践依然是人类的感性实践，两者本是统一的，统一于人类社会的发展进程之中。因此，在一定意义上可以说，"感性生活本体论"是对"实践"观点内在精髓的正确揭示，这理应成为哲学界对当前状况的一种学术自觉。

第三节　马克思在何种意义上超越了现代生存哲学的本体诉求

马克思人学与现代西方生存哲学都以关注人的生存作为自己人学的起点、基础和一以贯之的逻辑主线。但是，它们之间依然存在明确的界限。现代西方生存哲学通过对超验的、实体性的抽象本体论的解构，重构观照人类生存境遇的现代本体论——生存本体论。相对于现代西方生存哲学而言，马克思的感性生活本体论在时间上具有先在性，而在逻辑上又具有超越性。这种超越性表现在以下几个方面。

其一，在对"人"的认识上，现代西方生存哲学更关注感性个体，仅仅呈现为感性个体生存论。与传统人学遗忘人的"存在"不同，马克思人学和现代西方人学都关注人的"生存"，但是它们对人的"生存"的理解是完全不同的。针对传统人学无视个体的感性存在，现代西方生存哲学所关注的根本问题仅仅是感性个体的生存论，强调感性个体的生存体验，但这种体验并不关涉个体世俗的社会活动，相反，它只是对于单纯个体存在的张扬。这种感性个体并不是从事感性生存活动的社会存在物，而只是与超验性相关联的、与人的社会性生存样态故意对立起来的非理性的孤独个体。它们强调主体的个体存在，仅仅把个体的生存看成"真实的存在"，用"我"的存在排斥作为社会的人的本质性存在以及自然的对象性存在，把他者共在以及境遇存在看成"非真实的存在"或"无意义的存在"。可见，现代西方生存哲学仅仅强调感性个体的异常生存状态显然是片面的。立足于人的存在而展开的马克思人学，与现代西方生存哲学不同的是，没有把人的生存归结为个人的生存感受，也不是仅仅停留于唤醒人们的个体生命体验。马克思的生存论强调的是人的生存的社会性，作为人的最基本生存方式的感性活动是个体生存和整个社会关系和社会组织形成的深刻原因，把人的生存与周围世界内在关联起来。现代西方生存哲学不理解人生存的实践本性与社会历史规定性，更不理解理性作为人生存的内在规定性其依据就在于人生存的实践本性和社会历史规定性。"人的个体性生存同时就是社会性的和历史性的生存，而且人作为社会性的和历史性的生存具体阐释着人的个体性生存，为人的个体性生存提供必要的整体性依据——理性不过就是这种整体性的具体表现形式。"① 强调人生存的社会性和历史性并不是取消人作为个体生存的意义，恰恰相反，是为更好地体现个体生存的意义。

其二，在对待理性与非理性的关系上，现代西方生存哲学贬抑理性推崇非理性。现代西方生存哲学从近代哲学对人类理性力量鲸吞宇宙的憧憬变成了对理性力量深感忧郁的怀疑，他们觉察到了思辨理性的软弱，在他们看来，万能的理性、乐观的理性并没有让人摆脱芦苇般的脆弱，反而凸显了心灵深处的焦虑和不安。"思辨理性的自负往往蜕变为冷酷无情的夸张，工具理性的扩张常常把个体变成了可以拆卸和操控的机器乃至机器上的部件，价值理性的律令倒使个人的生命无力负载如此沉重的崇高。"② 有鉴于此，他们痛恨一切蔑视个人、扩张理性、驯服肉体的思想体系。但是，他们并没有停留在单纯本能的发泄之上，而是开创了以"本能冲动造反逻各斯"的现代非理性主义人学传统，认为必须诉诸非理性以清除理性主义传统，推崇人的情感意志、本能冲动和内心体验，贬低人的理性逻辑思维能力，以非理性遮蔽理性，走向了非理性主义。它对于感性个体的强调是通过反叛传统理性乃至拒绝任何一种理性方法所达到的，这就使其哲学意旨带有明显的非理性乃至反理性的外观。但是，仅仅通过排斥理性、高扬非理性所支撑起来的感性个体并不是一个真实的个体。马克思强调人不仅只是一个情感存在物，还是一个理性存在物，传统理性确实存在无视和压制人的情欲的一面，但理性本身无论如何还是作为生存的内在规定性而存在的，人生存总是感性与理性的某种平衡，而且总体上说来理性还起着规范和自律作用，它引导着人生存的方向，人们通过它能够维系起一种健康如常的生存状态。因此，理性有对人的生存起规范作用的积极一面，无视这一点而贬抑理性甚至完全否定理性其实是对人类文明进步的蔑视。事实上，过分张扬感性个体的非理性的一面，总是在感性与超验之间思考感性个体的生存问题并把非理性的生存与人的整体性生存对

---

① 邹诗鹏：《实践—生存论》，广西人民出版社，2002，第 45 页。
② 张志伟：《西方哲学史》，中国人民大学出版社，2002，第 697 页。

立起来的做法，本身就是没有彻底跳出超验性传统与实体性思维方式的表现。

其三，在重建本体论的视角上，现代西方生存哲学主张从非理性主义出发来重建本体论。现代西方生存哲学发现人的非理性因素（生命意志、本能冲动、情感意志、潜意识），甚至非正常的情感状态（如悲观、虚无、抑郁、焦虑、痛苦、恐惧、畏怖、颓废、死亡等），才是人的真实生存状态因而也是本源性的生存活动，具有不可遏止的力量。仿佛只有个体异常的情感状态的宣泄，暴露非正常的情感状态，尤其是情感的阴暗面，才显示出人的真实性。它们认定，某种在人们看来属于异常的个体体验状态，恰恰是被传统理性，同时也是被世俗社会所压抑的真实的个体生存体验状态。显然，现代西方生存哲学仅仅强调感性个体的异常生存状态是片面的，过分局限于这种体验状态，势必会直接影响人自身正常的生存状态。马克思则认为人的感性实践生存活动才是人的本源性活动，作为人的最基本生存方式的生存实践是个体生存和整个社会关系及社会组织形成的深刻原因，仅仅通过非理性所支撑起来的感性个体显然是一个不健全的个体生存。如果说，在现代西方非理性主义人学那里，"非理性"的因素，诸如权力意志、情感、虚无等，是始源性的生存的话；那么马克思则认为，"人的感性活动""实践"才是始源性的生存。马克思人学对存在的理解着眼于人的社会存在、历史存在、实践存在，既反对把存在理解为抽象的自然存在，也反对把存在理解为抽象的精神存在，因为这两种存在都是脱离现实的人的。

其四，在对"生活世界"的理解上，现代西方生存哲学发现的只是单向度的精神生活世界。回归生活世界、关注当下的人是马克思人学和现代西方生存哲学的共同旨趣，从这种意义上来说它们行走在同一路向上。① 但马克思与现代西方的生存哲学家们对"现实

---

① 衣俊卿将那种追求普遍性知识的、思辨的哲学（人学）都称为理论哲学（人学）或意识哲学（人学）范式；将致力于回归生活世界、关注生命价值与意义的哲学（人学）都称为实践哲学（人学）或文化哲学范式。例如，柏格森等（转下页注）

生活世界"的理解又是根本不同的。现代西方生存哲学派系庞杂，各派理论各不相同，但大都以不同方式、在不同程度上把现实生活当作其理论的出发点或归宿，都要求摆脱以往人学的抽象性和思辨性、使人学实现了向生活世界的集体回归。回归生活世界的根本，就是从现实生活出发进行思考。现代西方人本主义哲学大都拒斥传统形而上学，主张回归生活世界，反对在生活世界之上再抽象地设定一个外在于人的本体世界，然后再从这一本体世界来考察人及生活。换言之，现代形而上学试图描绘的是人的现实生存状况和人对生活的现实感受，转向人的内心，凸显心灵的现实。然而，它们的生活世界主要是指自在的、自发的、私人化的活动领域，而自觉的、自为的物质生产和社会活动基本上未进入它们的视野。现代西方生存哲学在拒斥近代抽象主义的同时，却堕入另外一种抽象主义：尽管它们回归的生活世界也是人的"生活世界"，也是一个现实的世界，但只是人的一种生活、一个世界，即日常生活、意识生活或语言生活的世界。生活世界不同程度地被意识化、语言化或日常化了，而意识、语言、日常生活之外的生活和世界要么被悬搁起来，要么只作为人生成、创造的条件。其实，意识世界、语言世界都是人的精神世界，而精神世界的内容源于非精神世界，因为"意识在任何时候都只能是被意识到了的存在"。[1]现代西方生存哲学之所以把生活世界精神化，很重要的原因在于它们看到了近现代社会劳动的异化性质，并由此认定劳动只是外在于人的，不属于生活世界的内容，所以，它们才退回人的内心，寻找人的自由和创造。而马克思认为，物质生活、对象化活动之于生活世界具有基础性地位，作为生活世

（接上页注①）人代表的生命哲学、叔本华和尼采的唯意志论哲学、胡塞尔的现象学、舍勒的哲学人类学转向、弗洛伊德的精神分析学、海德格尔和萨特的存在主义、卢卡奇等人的西方马克思主义。参见衣俊卿《马克思主义哲学演化的内在机制研究》，《哲学研究》2005年第8期。王南湜也持相似的观点。他将追求回归现实生活，视人类生活实践为理论的最终基础的现代哲学家都归结为与马克思同类的"实践哲学家"。参见王南湜、谢永康《走向实践哲学之路——王南湜教授访谈》，《学术月刊》2006年第5期。

① 《马克思恩格斯全集》第3卷，人民出版社，1960，第29页。

界基础的劳动并非外在于人的东西，而是"本性"上属于人的、创造性的过程——不仅创造对象而且创造自我的过程，是人的生成的过程。可见，马克思所理解的生活世界与现代西方生存哲学所理解的生活世界是根本不同的：这是一个以实践为基础的物质生活与精神生活、日常生活与非日常生活相统一的现实生活世界，是一个指向人的全面性或"全面的人"的无限过程。这才是马克思人学所理解的真正现实的生活世界。

因此，在一定的意义上可以说，现代西方非理性主义人学特别是存在主义推进了生存论转向，但也恰恰是它们尤其是存在主义对非理性的甚至是病态的感性个体的过分张扬、对脱离"感性活动"的精神生活世界的过分偏爱中止了生存论路向。可见，把生存论仅仅理解为非理性主义人学意义上的生存论，这是一个极大的误解，感性个体生存论至多只是现代西方生存哲学意义上的生存论，与马克思人学的感性生活本体论是有天壤之别的。

第四节　马克思在何种意义上开辟了
西方人学的现代路向

马克思人学终结了传统人学，这是毋庸置疑的。但是马克思人学与现代西方人学之间在逻辑上是什么关系？这是必须澄明的。

一方面，按人学的本性来说，马克思人学属于现代人学之一种。自19世纪40年代始，西方人学发生了实践人学或生存论人学的转向，几乎所有的现代人学都以关注人的生存作为自己人学的逻辑起点，生存论已经成为一切现代人学的普遍品格和出场策略。

我们知道，传统人学发展到黑格尔那里，已经达到了顶峰，同时也严重冒犯了人的"存在"，人在历史之外，在他所存在的生活世界之外。所以，近代人学向现代人学的转向，其最终目的就是将"遗忘的人"重新拉回到人间，拉回人的现实生活世界。克服传统人学对人的现实生命及其历史发展的抽象化理解，寻求开辟通向具体的、活生生的人的现实生命的途径，于是便成为人学史给后人留下的重大理论课题。凡是围绕这一理论课题进行深入思考和探索的人学，都实现了某种生存论的转向，都属于"生存论性质的现代人学"。尽管这种人学存在多种表现形式，或者说有多种"路数"。但从根本上说，不管是哪种表现形式、哪种路数，都回归到了日常生活世界，都关注现实的人。因此，"马克思与其他现代哲学家应该划归于同一个思维范式，这种思维范式的特征……就是在批判并走出了近代的主体性哲学之后，回归生活实践，视人类生活本身为对我们的思维或理性而言的最终基础"，① "马克思主义哲学与现代西方哲学，在创立人类学思维方式、实现哲学变革、超越以往旧哲学方面，具有同步、同质、同构性"。②

　　另一方面，在人类文明的意义上，马克思是现代西方人学生存论路向的开辟者。生存论转向和生存论人学，在较为专业性的领域内，常常被看成始于克尔凯郭尔并在海德格尔的基础存在论中得到强烈响应的哲学转向。这样，生存论转向有意无意地被看成了生存主义哲学的"内部事务"。确实，如果将生存论转向限定在当代西方哲学特有的非理性论域内，这是没有什么问题的。但是，人并非只是"非理性"的生存，"人的感性实践活动"是人类更具有始源性的生存。作为存在论之历史性转换的生存论转向被牵扯进一种时尚性的哲学思潮之中，这是生存论转向在当代哲学中的宿命，也是特别值得"同情"的遭遇。如果超越现代西方的生存主义哲学，那么生存论转向将可能拓展更为丰富、多样和健全的历史方向。

　　因此，在更大的人类文明及其历史合理性上，生存论路向显然不能局限于非理性主义人学论域之内，而应扩展至包括马克思人学在内的整个现代西方人学。在此范围内而言，生存论转向的起

---

① 王南湜、谢永康：《走向实践哲学之路——王南湜教授访谈》，《学术月刊》2006年第5期。

② 赵天成：《论黑格尔和费尔巴哈对现代人类学思维方式创生提供的逻辑支撑》，载衣俊卿主编《哲学之路》第1辑，黑龙江人民出版社，2003，第206页。

点毫无疑问是马克思。正如张奎良所说，"马克思的本体论思想开现代西方哲学思维方式之先河，与当代西方哲学（人学）既一致，又超越，成为当代哲学的一大热点"。① 现代西方的生存哲学都承袭了马克思人学的存在论模式：破除了思辨形而上学所追求的终极和绝对，从人的现实生活和实践的不同侧面来破解人之为人的"存在之谜"。

现代西方人学开启的实际上只是感性个体的生存，而且这一感性个体是与生存的整体性处于尖锐对立的非理性的、散漫的个体。但是马克思认为，生存主体并不只是感性的个体，而是通过人的社会化活动体现出来的感性个体与人类主体的统一体。马克思人学的生存论转向内蕴深切的人文关怀和对人类命运的倾心呵护，使人从抽象走向了具体，从分裂走向了完整，从虚幻走向了现实。回归感性世界，关注人的现实生活，这是整个现代人学的基本精神，而马克思以人的感性活动为基点的实践人学正是这种精神的首创。可见，尽管"克尔凯郭尔、海德格尔都为哲学的生存论转向做出了很大努力。但他们对人的社会存在持否定态度……对人的生存给出更真切的洞悉并突破西方中心达到人类视野的，首先还是马克思"；② 马克思人学的"实践"概念开辟了通向具体的、活生生的人的现实生命的途径，为解决人学史上留下的重大理论课题做出了开拓性的贡献。正是在此意义上，我们认为马克思人学属于生存论性质的人学，并且是这种形态的人学的重要奠基者和开创者。

马克思之后的叔本华和尼采的唯意志论哲学、弗洛伊德的精神分析哲学、柏格森的生命哲学、胡塞尔的现象学、海德格尔和萨特的存在主义等都是行走在观照人的日常生活世界和生存境域的生存论路向上。他们所实现的生存观变革，"其实都应该看成马克思实践生存观变革的延伸，也只有通过马克思实践生存观的历史性的变革，

---

① 张奎良：《马克思的本体论思想及其当代意义》，载衣俊卿主编《哲学之路》第 1 辑，黑龙江人民出版社，2003，第 15 页。

② 张曙光：《"生存与发展"问题和生存论哲学》，《哲学研究》2001 年第 12 期。

当代人学的生存观变革才能得到深入理解"。① 人本主义思潮的主题之一就是凸显生存的属人性与主体性，当海德格尔强调应当通过"此在"去揭示"在"，实际上就是要通过人的活生生的生存去彰显人存在的丰富性内涵。"在者"对"在"的遮蔽，意味着物化的对象或实体化的观念世界对人的生存世界的遮蔽，人并不是作为一个概念，而是作为活生生的生命状态，是人的自我实现。胡塞尔的生活世界概念一旦与具体的时代状况相关联，其生存论背景就立即凸显。在现象学运动中，生活世界概念与马克思的实践概念有着无法割弃的关系，所谓生活世界转向，本身就是实践观转向，而构成这种关系的基础，正是马克思的实践生存论思想。可见，生存论的起点不是马克思又是谁呢？

马克思人学存在论革命的当代价值不仅表现在理论上，也体现在实践中。首先，马克思人学存在论革命催生了真正能介入生活、指导实践的科学人学。马克思致力于实现真正的完整的人、致力于实现人的解放这一主题，彻底颠覆了近代人学的发展理路，指出不能在思辨中而只能在现实中实际地解决人的问题。马克思在人学存在论根基处发动的革命，实现了人学思想史上的一次伟大的革命性变革，使人学获得了科学的形态，催生了真正能介入生活、指导实践的科学人学。其次，马克思人学的生存论转向提供了克服当代人类生存困境的信念支撑。前马克思时期的人学都是独立于世界之外、历史之外对人的观照，人在历史之外，在他所生活的日常世界之外。这就导致了人学也在历史之外，缺乏为历史之中的人提供生存观照的现实力量。马克思人学的独特意义在于从生存论的进路，使人学走进历史、走进存在本身，透过现实生活的门径，与我们的时代生活发生着紧密的意义关联。再次，马克思人学的生存论转向昭示了现代工业文明的命运和出路。现代工业文明的巨大物质成就奠基于近代以来迅速发展繁荣的科学技术，奠基于近代以来主体性的确立

---

① 邹诗鹏：《当代哲学的生存论转向与马克思哲学的当代性》，《学习与探索》2003年第2期。

和理性的弘扬。但是，现代工业文明也带来巨大的负面影响和"全球性的问题"，造成人与物的分裂。而马克思人学的生存论转向则实现了向生活世界的回归，关注当下的人的生存际遇。正是在这个意义上，马克思人学的生存论转向昭示了现代工业文明的命运和出路。中华人民共和国成立以来，经过数十年的建设和发展，已经超越了传统的农业文明发展模式，走上了现代工业文明发展道路。面对现代化的巨大负面效应，我国不能也不应该重复西方的老路走上现代化。因而，立足于马克思开启的生存论路向，结合本国国情，建构现代文明的新样式，是我国的现实选择和迫切要求。

第五节 "物质"何以不能构成人之存在的本体论基础

众所周知，教科书体系所持的"物质本体论"立场受到了来自西方马克思主义者、西方"马克思学"学者、前苏东国家以及国内马克思主义哲学界很多人的诟病，其合法性与合理性都受到质疑；取而代之的"实践本体论"作为学术界的主流话语已经获得越来越多的学人认可。此外，关于马克思哲学本体论的各种新的言说也逐渐登上舞台，展示自身的合法性与合理性，这些新的本体论主张有"物质—实践二元本体论""实践生成本体论""社会生产关系本体论""生存论本体论""社会存在本体论""实践—社会生产关系本体论"等。鉴于篇幅及论题本身的原因，笔者在此对上述话题不予置评。因为就"物质本体论"与"实践本体论"之争来看（教科书是在"世界观"部分涉及"本体论"问题），它们所要回答的主要是世界的本原问题，当然其中必然内含人的本原问题。而本书所要探讨的不是世界的本原问题，而只是人之为人的根据问题——人学本体论（存在论）问题。

根据我的解读，马克思是将"人的感性生存活动""感性生活"确立为人之存在的存在论根据，马克思人学的存在论基础就是"感性生活本体论"。那么，接下来就面临一个不能回避也回避不了的重大问题：物质本体论在马克思人学中的地位问题，或者说，马克思人学是否为物质本体论留下了地盘的问题。显然，我认为，马克思人学本体论不能归结为物质本体论。那么，"物质"作为人之存在的"本体"何以不能成立呢？"物质"为什么就不能成为人之为人的存在论根据呢？

一　从前提上说，"直接的自然界"不等于"现实的自然界"

正确理解自然界是正确理解人的前提。人与世界不是"比肩并列"的两个"存在"，而是同一"存在"的两个方面，或者说人与世界的关系本是统一的，[①]"'世界'不在'我'之外，'我'也不在'世界'之外，'我'与'世界'本为一体"。[②] 正因为人与世界不可二分的关系，所以对人的本体论追问不可能离开世界而进行。马克思认为，人生活于现实的自然界中，而现实的自然界不是先在的、直接的自然界，离开现实的感性世界去寻找某种物质作为人之存在的本体，这是没有意义的。

我们知道，费尔巴哈之所以将感性直观的物质作为人之存在的本体，这与他对自然界的直观是一致的。费尔巴哈所理解的自然界就是具有直接性的自然界，即通过感性直观所把握到自然界，"自然"不是纳入人的活动范围的"现实的自然界""人类学的自然界"，而是与人和人的活动彼此分离和异在的自然。而人只不过是自然界的一部分，人与自然界的统一又归结为直观的统一，这就决定了费尔巴哈对人的把握也必然通过感性直观来实现，对人之存在的本体论追问也必然回到那条他习以为常的老路——"感性直观"上去。这就是费尔巴哈的物质本体论（感性直观本体论实质上就是物

---

① 参见陈曙光《人与世界：从"原初分离"到"原初统一"——马克思在人学"基本问题"上的革命》，《湖湘论坛》2007 年第 4 期。

② 张志伟：《西方哲学问题研究》，中国人民大学出版社，1999，第 49 页。

质本体论①）成立的大前提。

而马克思对"自然界"的理解则与费尔巴哈完全不一样。如果说在费尔巴哈那里，自然界仅仅是以它的直接性作为自身的肯定存在和确证存在的话，那么马克思则认为现实的自然界是与人的"活动"相联系的。马克思在《1844年经济学哲学手稿》（以下简称《手稿》）中就提出了"感性世界"理论，马克思所讲的"感性世界"并不是外在于人的存在并外在于人的活动的"自在世界"，而是人的现实生活世界，外在于人的或脱离人而独立的自然界不过是"非对象性的存在物，是一种非现实性的、非感性的、只是思想上的即只是虚构出来的存在物，是抽象的东西"。② 在马克思看来，作为人的存在对象的自然界，作为人表现自己生命对象的自然界，作为人的生活要素和生活基础的自然界，它不是从来就有的，而是人实践改造的结果，是人在活动中形成的。《手稿》中这样讲道："自然界，无论是客观的还是主观的，都不是直接同人的存在物相适合地存在着。"③ 马克思在这句话中还特别地把"人的"两个字加了着重号。显然，马克思意在强调，作为现实的自然界，是人化的自然界，它是由人的活动形成的。如果说自然界有"历史"，那么也是因为这种自然界不断地向着人生成和形成，因而它"是人的真正的自然史"。《手稿》中又说："在人类历史中即在人类社会的形成过程中生成的自然界，是人的现实的自然界；因此，通过工业——尽管以异化的形式——形成的自然界，是真正的、人本学的自然界"。④ 由于费尔巴哈仅仅把自然界理解为先在性、直观性的存在物，在费尔巴哈那里，自然界实际上是与人的生活相分离的，是一个抽象的存在物。

---

① 费尔巴哈的物质本体论不同于古希腊早期的物质本体论主张。古希腊早期的物质本体论是将人之外的某种自然物质（鱼、水、火、土、气、肉体原子等）理解为不变的实体，并进而上升为万物的本原和人之存在的本体。而费尔巴哈的物质本体论认为，通过对人自身的感性直观所把握的肉体凡胎就是人本身，就是人之为人的根据，感性直观的人就是真正的、现实的人。

② 《马克思恩格斯全集》第42卷，人民出版社，1979，第169页。

③ 《马克思恩格斯文集》第1卷，人民出版社，2009，第211页。

④ 《马克思恩格斯文集》第1卷，人民出版社，2009，第193页。

马克思不无批判地指出："被抽象地理解的，自为的，被确定为与人分隔开来的自然界，对人来说也是无"；或者说，"是无意义的，或者只具有应被扬弃的外在性的意义"。① 在《德意志意识形态》中，马克思进一步明确指出：这样的自然界，"先于人类历史而存在的那个自然界，不是费尔巴哈生活其中的自然界……因而对于费尔巴哈来说也是不存在的自然界"。② 马克思甚至认为，感性世界就是感性存在着的人，"直接的感性自然界，对人说来直接地就是人的感性（这是同一个说法），直接地就是另一个对他说来感性地存在着的人"。③ 马克思在《德意志意识形态》中发挥了这一思想，他说，我们生活于其中的感性世界绝不是某种开天辟地以来就直接存在的、始终如一的东西，而是工业和社会状况的产物，是历史的产物，是世世代代活动的结果；真正具有现实性的感性世界只能被理解为构成这一世界的个人的全部活生生的感性活动。④ 可见，在马克思看来，粗暴地撇开感性活动而纯粹地依靠感性直观所把握到的自然界只是"非现实性的自然界"，是"思想的虚构物"，而不是"现实的、人本学的自然界"，不是现实的感性世界。马克思所关注的只是"现实的自然界"和"现实的人"及其它们的生成根据问题，至于传统人学所热衷于追问的本体论问题——"谁生出了第一个人和整个自然界这一问题"，这是一个完全抽象的问题。马克思反对传统人学脱离现实来追寻本体的提问方式，"既然你提出自然界和人的创造问题，你也就把人和自然界抽象掉了"；所以，我们"不要那样想，也不要那样向我提问，因为一旦你那样想，那样提问，你把自然界的和人的存在抽象掉，这就没有任何意义了"。⑤

依据马克思的上述思想，我们不难推断，既然对感性世界的把握都不能离开人的感性活动，那么，对感性的人本身的把握更是如

---

① 《马克思恩格斯文集》第 1 卷，人民出版社，2009，第 222 页。
② 《马克思恩格斯选集》第 1 卷，人民出版社，1995，第 77 页。
③ 《马克思恩格斯全集》第 42 卷，人民出版社，1979，第 128～129 页。
④ 参见《马克思恩格斯选集》第 1 卷，人民出版社，1995，第 76～78 页。
⑤ 《马克思恩格斯文集》第 3 卷，人民出版社，2002，第 310 页。

此，我们不能撇开人的感性活动而通过人之外的某种物质实体或对人的感性直观来理解人。否则，如果我们粗暴地撇开感性活动而纯粹地依靠人之外的某种物质实体或感性直观的肉体本身来追问人之存在的存在论据，那么，恐怕并不能真正找到人之为人的根本原因，这样所理解的"人"恐怕也只是"非现实性的人"，是思想虚构的"怪物"。这就是物质本体论不能成立的重要前提。

二　从理论上说，人的"感性对象"不等于人的"感性活动"

众所周知，旧唯物主义眼睛里只有"物质"，旧唯物主义所持的本体论立场就是物质本体论，而物质本体论是建立在抽象的物质观的基础之上的。物质是什么？恩格斯说，物质本身不过是"纯粹的思想创造物和纯粹的抽象……物质本身和各种特定的、实存的物质不同，它不是感性地存在着的东西"。① 可见，恩格斯将抽象的"物质"与具体的"物"区分开来了。如果将具体的"物"作为本体，这种本体论尽管具有强烈的现实性，但是就与古希腊自然主义人学的"四根说"以及中国古代的"五行说"没有什么实质的区别了，显然，在人类文明高度发达的今天，人们对于本体论的认识高度早已不是当初的水平；如果将抽象的"物质"作为本体，这种物质观又带有明显的抽象性和思辨性，就其思考世界的方式来说，它和近代理性主义人学将理性、灵魂、自我意识作为本体并没有实质性的区别，近代理性主义人学也不过是把"精神的东西"加以绝对化了而已。旧唯物主义的集大成者费尔巴哈从抽象的"物质"出发来考察人类社会，从感性的直观出发来考察"人本身"，他将人与世界的统一归结为直观的统一，将人归结为自然即物质世界的一部分，归结为感性的直观。所以，旧唯物主义人学观认为，"物质"既是世界的本体，也是人之为人的本体。如果将物质本体论归结为马克思人

---

① 〔德〕恩格斯：《自然辩证法》，人民出版社，1971，第233页。

学的本体论基础，那么，马克思就还只是一位旧唯物主义的哲学家，马克思人学的实质与意义就完全被掩蔽起来了。显然，马克思的人学观虽然系于唯物主义，但不是一般的唯物主义，更不是旧唯物主义，而是"新唯物主义""实践的唯物主义"。那么，这种新唯物主义人学观是如何来考察人类社会和"人本身"的呢？

马克思认为，从现实生活出发来考察人类社会和人本身"是唯一科学的方法"。旧唯物主义人学观脱离感性的人和感性的活动来理解世界和人本身，把"世界"看成与人无涉的纯自在的物质实体，把"人"看成感性的直观形式。马克思批判了旧唯物主义这种从抽象物质的角度而不是从人的活动的角度来考察世界和人的做法。在《1844年经济学哲学手稿》中，马克思告诉我们，如果撇开人的活动，尤其是工业的发展来孤立地考察自然界，就会陷入"抽象物质的或者不如说是唯心主义的方向"；正因为如此，马克思强调，"在人类历史中即在人类社会的产生过程中形成的自然界是人的现实的自然界；因此，通过工业……形成的自然界，是真正的、人类学的自然界"。① 一旦撇开人的活动和工业的发展来孤立地考察自然界，就会陷入抽象主义的泥潭而与现实的自然界擦肩而过。在《资本论》中，马克思指出，从现实生活出发来研究宗教、人类社会"是唯一的唯物主义的方法，因而也是唯一科学的方法"。"那种排除历史过程的、抽象的自然科学的唯物主义的缺点，每当它的代表越出自己的专业范围时，就在他们的抽象的和唯心主义的观念中立刻显露出来。"② 这句话说明，抽象的唯物主义一旦越出自然科学的边界来考察人类社会和人本身，就与抽象的唯心主义没有任何差异了。以上表明，马克思始终是抽象的唯物主义及其物质本体论的批判者，从来就反对撇开社会历史条件而空泛地谈论"物质"、"自然"、"世界"、"人类社会"以及"人本身"。在马克思看来，"人们的感性活动……这种活动、这种连续不断的感性劳动和创造、这种生产，正

① 《马克思恩格斯全集》第42卷，人民出版社，1979，第128页。
② 马克思：《资本论》第1卷，人民出版社，1975，第410页。

是整个现存的感性世界的基础"，① 毫无疑问，也是整个现存的感性世界中的"人"的基础。

"人"既是"感性对象"，更是"感性活动"。从"感性对象"到"感性活动"，这是哲学史上迈出的一大步，这也构成了旧唯物主义与新唯物主义的分界线。将"人"理解为"感性对象"，这是旧唯物主义的做法。"感性对象"是什么呢？"感性对象"就是感性直观，即"人"的直观形式——物质或肉体。马克思批判了旧唯物主义将"人"仅仅理解为"感性对象"。马克思说："从前的一切唯物主义（包括费尔巴哈的唯物主义）的主要缺点是：对对象、现实、感性，只是从**客体**的**或者直观**的形式去理解，而不是把它们当作**感性的人的活动**，当作**实践**去理解，不是从主体方面去理解。"② 从马克思的这段话，我们不难推断："人"本身就是一种"对象、现实、感性"，所以，对"人"也只能从"实践"的方面去理解，只能看作"感性的人的活动"的产物和结果，只能"从主体的方面"去理解，而不能像旧唯物主义那样"只是从客体的或者直观的形式"去理解。也就是说，人之所以为人的根据只能是人的"感性活动本身"，而不是作为"客体的或者直观的形式"的（人的）肉体；换句话说，马克思人学的存在论基础就只能是"感性生活本体论"，而不是一般的"感性本体论"。费尔巴哈的旧唯物主义尽管承认人也是"感性对象"，但是他把"人"仅仅理解为一种"客体"，一种"感性的直观"，人只是"感性的存在"，而不是"感性的活动"。费尔巴哈谈及的人是"人自身"，"他把人只看做是'感性对象'，而不是'感性活动'，因为他在这里也仍然停留在理论领域，没有从人们现有的社会联系，从那些使人们成为现在这种样子的周围生活条件来观察人们——这一点且不说，他还从来没有看到现实存在着的、活动的人，而是停留于抽象的'人'，并且仅仅限于在感情范围内承

---

① 《马克思恩格斯选集》第 1 卷，人民出版社，1995，第 77 页。
② 《马克思恩格斯选集》第 1 卷，人民出版社，1995，第 54 页。

认'现实的、单个的、肉体的人'"。① 可见，费尔巴哈的人学本体论还停留在感性直观本体论的层次上，或者说还停留在一切旧唯物主义都已经达到的物质本体论的水平上，远没有进入感性生活本体论的层次和境界。而与旧唯物主义人学观特别是费尔巴哈的人学观不同，马克思开辟了唯物主义人学观的新视野，揭示了整个现存感性世界和"现实的人"的深刻根基不在于物质而在于感性活动，解开了困扰人们已久的"世界之谜"和"人之谜"。

三　从现实来看，人的"直观形式"不等于"人本身"

在现实生活中，并非具有了人的"直观形式"即"人形"的躯体之后，"人"就理所当然成为"人本身"即"真正的人"。印度"狼孩"事例就充分证实了这一点。1920年9月19日，在印度加尔各答西面约1000千米的丛林中，当地人发现狼群中有两个怪物尾随在三只狼后面。人们打死了狼，发现原来是两个女童，大的七八岁，小的不到两岁。这两个女孩大概都是在出生后半年被狼叼走的。"狼孩"回到人类世界后，放在孤儿院里由辛格牧师夫妇养育，分别取名为卡玛拉与阿玛拉。据记载，"狼孩"刚被发现时，几乎没有人的行为和习惯，具有不完全的狼的习性：四肢行走，不会站立；喜欢单独活动，白天躲藏，夜间潜行；再热也不淌汗，而是像狗一样张大嘴巴喘气；惧怕人，对于狗、猫似乎特别有亲近感；怕火、光和水，不让人替她们洗澡；不穿衣服，衣服上身即被撕成碎片；嗅觉灵敏，用鼻子四处嗅闻寻找食物；进食生肉，不吃素食；发音特别，像狼一样引颈长嚎；没有感情，饥则觅食，饱则休息，对他人没有兴趣。这两个狼孩回到人类社会以后，辛格牧师夫妇为使两个狼孩能转变为人，适应和学会人类的基本生活方式，做了各种各样的尝试。遗憾的是，阿玛拉在回到人间的第11个月就死去了。稍大的卡玛拉活到了17岁，中间虽经过9年人类文明的教导，但仍旧无法完全改变其生活习性。

---

① 《马克思恩格斯选集》第1卷，人民出版社，2012，第157页。

像印度"狼孩"这类事例绝不止一件。1875 年时，著名的瑞典生物学家林耐所著的生物分类著作中，就记载了关于野兽抚育孩子的事例：如 1344 年在德国黑森发现的被狼哺育长大的小孩；1661 年在立陶宛发现的与熊一起长大的小孩；1672 年在伊朗发现的为绵羊所哺育的小孩。据传中国古籍中也记载过有关"狼孩"的事例。据不完全统计，至 20 世纪 50 年代末，已知有 30 个小孩是在野地里长大的，其中 20 个为猛兽所抚育：5 个是熊、1 个是豹、14 个是狼哺育的。这些小孩被发现后重返人间的路都走得异常艰难。

"狼孩"的事例证明：人并非生而为人，人成为人是人类社会实践的产物。人不是孤立的，而是高度社会化了的人，脱离了人类的社会环境，脱离了人类的感性生活，就形成不了人所固有的特点。狼孩在远离人类的动物世界中生活，除了保留了动物性的机能之外，并没有保留任何属于人的机能。印度"狼孩"显然具有人的"直观形式"即"人形"的肉体，大脑结构也和同龄人没多大差别，脑细胞间的神经纤维发育也接近完成。也就是说，作为人的物质，"她"应有尽有，但由于作为人的生活，"她"一片空白，"她"的一切活动都属于动物的活动，与人类社会是隔绝的，所以，"她"只不过是"人形"的动物而已。费尔巴哈早就说过，"直接从自然界产生的人，只是纯粹自然的本质，而不是人"；"如果你从人身上除去他赖以成为人的东西，那你就可以毫无困难地向我证明他不是人"。① 遗憾的是，费尔巴哈的这些思想闪光并未贯彻到底。② 如果说一个

---

① 《费尔巴哈哲学著作选集》上卷，荣震华、李金山等译，商务印书馆，1984，第 247、62 页。

② 费尔巴哈虽然也强调了人的社会性，然而，他的"社会"概念却是依靠感性直观建立起来的，即通过"你"和"我"的彼此直观、"男人"对"女人"的彼此直观而产生的"社会"概念。在费尔巴哈那里，"感性的社会交往"也是通过感性直观把握到的，至于"社会交往"的历史性内涵与时代性特征，"社会交往"背后所隐藏的生产关系，都在费尔巴哈的视野之外。可见，费尔巴哈把人看成一种感性的生物学和生理学的实体，完全从人的生物学和生理学的本能来论证人的社会存在以及人与人的社会关系，这就决定了他在存在论上面的思想闪光只不过是一朵不结果实的"花"而已。

"人"（比如"狼孩"）从来没有从事过任何属于人的感性活动，那我们当然可以说"他（她）"不是人。马克思也曾深刻地指出，"吃、喝、性行为等等，固然也是真正的人的机能。但是，如果使这些机能脱离了人的其他活动，并使它们成为最后的和唯一的终极目的，那么，在这种抽象中，它们就是动物的机能。"① 饮食男女虽为人之自然需要，但如果"脱离人的其他活动"，就退化为动物性的机能，人也同时退化为"动物"。可见，印度"狼孩"与其说是"人"，不如说只是"人形"的动物而已。当然，这里也应当指出，"狼孩"本身毕竟是人类千世万代遗传下来的后辈，因此当"狼孩"回到了人类社会中，在辛格夫妇"强制性"的教育之下，她们逐渐过上了属于人的感性生活，也逐渐恢复了部分人类特有的习性，慢慢地成长为"人"——尽管依然是不太健全的人。这也更进一步证明，决定印度"狼孩"从野兽般的生物"重返"人类世界的，不是什么"物质"，不是什么"人形"的躯体，而恰恰是属人的"感性生存活动"本身。

其实，马克思早在《关于费尔巴哈的提纲》中就指出："人的本质不是单个人所固有的抽象物，在其现实性上，它是一切社会关系的总和";② 而"人的直观形式"即"肉体"这一"物质"恰恰就是"单个人所固有的抽象物"之一，这是不能成为本体的。马克思在这里所说的"社会关系"是否与"物质"有关系呢？马克思是这样回答的："一切关系都是由社会决定的，不是由自然决定的"。③ 也就是说，"一切社会关系的总和"是由社会生活决定的，不是由某种抽象的自然物质决定的。马克思在《资本论》中还说过，黑人成为奴隶不在于皮肤的颜色，"一个黑人就是一个黑人。只有在一定的关系中，他才成为奴隶"。④ 黑奴的黑色肉体之躯并不是奴隶存在的

① 《马克思恩格斯全集》第 42 卷，人民出版社，1979，第 94 页。
② 《马克思恩格斯选集》第 1 卷，人民出版社，1995，第 60 页。
③ K. Marx, *Grundrisse*, *Dietz Verlag 1974*, p. 187.
④ Marx & Engels, *Ausgewaehlte Werke* (Band 1), p. 574.

最终原因和最后根据（存在论根据），甚至也不是最初原因。在马克思看来，人一旦脱离了"一定的关系"，脱离自己的社会生活，这样的"人"就只能是抽象的。

总之，人学本体论追问的是人之为人的最终根据、最后根据，显然，"物质"即"人的直观形式"甚或大脑都不是使人成为人的最终根据、最后根据，"物质"作为人之为人的本体是不能成立的。

四　从本质上说，人的"存在"不等于"物质"

在传统教科书体系中，"物质"为什么可以作为世界的本体呢？因为世界是物质的，世界的统一性在于它的物质性。这是教科书中"物质本体论"的论证逻辑。但"人"就不同了，从表面上看，人是"物质"，但认识仅仅停留在这一层面是远远不够的。人不是简单的"物质"，如果将人也归结为"物质"，表面上贯彻了彻底的唯物论，实际上恰是马克思所反对的，把人简单地归结为"物质"就落入了马克思在《1844年经济学哲学手稿》中所批判过的"动物性的人"。马克思强调，人是"自然存在物"和"社会存在物"的统一，在自然属性、精神属性与社会属性之间，后者是更本质的。在《巴黎手稿》中，马克思指出："人不仅是自然存在物，而且是人的自然存在物，也就是说是为自身而存在着的存在物，因而是类存在物"；① 在《〈政治经济学批判〉序言》中，马克思还说："人们的社会存在决定人们的意识"。② 在《1857—1858年经济学手稿》中，马克思指出，在商品经济的前提下，"个人只是作为交换价值的生产者才获得存在，而这已经包含对个人的自然存在的完全否定，因而个人完全是由社会规定的"。③ 在这里，马克思实际上凸显了人的存在主要是一种社会历史性的存在，而非自然物质性的存在。可见，在人的问题上，费尔巴哈主要把人理解为自然存在物，黑格尔则主要

---

① K. Marx, *Pariser Manuskripte*, Dietz Verlag, 1985, p. 125.
② 《马克思恩格斯选集》第2卷，人民出版社，1995，第32页。
③ K. Marx, *Grundrisse*, Dietz Verlag, 1974, p. 159.

把人理解为精神存在物，"正是马克思结束了以往'人＝肉体＋精神＝有思想的动物'这种简单的两分法归结方式，而是发现并揭示了人所特有的深层本质——人的社会存在本质，即人的特有本质并不在于人的自然生物性质（自然存在），也不在于人的主观精神特征（精神存在），而在于它们之间的那种既是人的自然存在的飞跃和质变，又是人的精神存在的前提、基础和根源的'人的社会存在'"①。发现"人们的社会存在"是马克思的一个重大贡献，它事实上奠定了马克思主义人学的本体论基础。从这一基础出发，当我们去考察人的变幻莫测的精神世界时，去考察人自身的生成和发展时，就会自觉地用"人们自己的社会存在"去解释，而不是用完全来自人以外的其他"客观存在"去解释，或者用头脑中纯粹的"自我发生"来解释，也不会用人自身的"直观形式"去解释。

　　"人的社会存在"又是什么呢？马克思说，"人们的存在就是他们的现实生活过程"；②"人的生产方式"是"这些个人的一定的活动方式，是他们表现自己生命的一定方式、他们的一定的生活方式"。③可见，在马克思那里，"人的社会存在"其实就是指"人的现实生活"，就是"人的现实生活过程"。可是，当前很少有人将"人的社会存在"直接理解为"人的现实生活"；相反，对"人的社会存在"概念的解读存在两种误读倾向。

　　第一种倾向是将"人的社会存在"单一地理解为"社会关系"或"生产关系"。当前，学术界有人提出"社会生产关系本体论"这一概念，认为"马克思的社会存在本体论，就其实质而言，是社会生产关系本体论"。④其实，这就是将"人的社会存在"概念误读为"社会关系"或"生产关系"的典型表现。马克思在《德意志意

---

① 参见李德顺《探索马克思主义哲学新形态——关于"新中国哲学五十年"的一点思考》，《教学与研究》1999 年第 10 期。

② 《马克思恩格斯选集》第 1 卷，人民出版社，1995，第 72 页。

③ 《马克思恩格斯选集》第 1 卷，人民出版社，2012，第 147 页。

④ 俞吾金：《存在、自然存在和社会存在——海德格尔、卢卡奇和马克思本体论思想的比较研究》，《中国社会科学》2001 年第 2 期。

识形态》中指出，"物质生活条件"包括四个因素，即"物质生活资料的生产""新需要的产生""人的生产，即繁殖""生产出物质联系，即社会关系"，① 这四个因素构成一个不可分割的统一整体，规定着人们的社会存在。尽管四因素在逻辑上存在先后顺序，但在现实生活中都是同时出现的。"人的社会存在""人的现实生活"是一个总体性概念，从其中抽出"社会关系或生产关系"都是对这一总体性概念的割裂，因此"社会生产关系本体论"是不能成立的。而至于最近这位学者又提出了"实践——社会生产关系本体论"② 这一新概念，也存在同样的问题。

第二种倾向是将"人的社会存在"简单地理解为"社会物质"或"物质生产"。这一误读是如何导致的呢？首先是将马克思所强调的"人们的社会存在"这一概念中"人们的"三个字轻轻地抹去，简称为"社会存在"，"社会存在"变成了一个常常被误认为是在人之外、独立于人的"社会存在"（实际是仅指人们公共的、共同的社会存在形式）。这样，经过进一步发挥后，"社会存在"就被解释为社会生活的物质方面，于是"人的社会存在"概念就等同于"物质"概念了。比如，哲学的基本问题是"思维和存在的关系问题"，③ 但在某些教科书里，硬是活生生地简化为"精神与物质的关系问题"，扬言"物质决定意识，意识是物质的产物"。这一推理逻辑直接影响到人们对"社会存在决定社会意识"这一命题的理解，以为是在人之外、独立于人的"社会存在"决定社会意识。"人的社会存在"这样一个最有力的概念，就变成了一个可以与人无关，或者只是外在地决定着人的一个机械的概念。这样的结果是，人之为人的存在论基础却可以归结为与人无关的外部自然物质或精神实体，或者归结为人的"直观形式"即肉体本身。"社会存在决定社

---

① 参见《马克思恩格斯选集》第 1 卷，人民出版社，1995，第 78~81 页。
② 参见俞吾金《马克思对物质本体论的扬弃》，《哲学研究》2008 年第 3 期。
③ 《马克思恩格斯选集》第 4 卷，人民出版社，1995，第 223 页。

会意识是存在决定意识命题的真实内容，二者本是同一的"。① 离开人的活动来理解"存在"和"社会存在"概念都是错误的。

我认为，不管是"存在"，还是"社会存在"都不能简单地等同于"物质"，"物质"可以作为"意识（社会意识）"产生的前提而存在，而绝不能上升为"意识（社会意识）"的根据即本体。其实，"存在"包含"物质"，但不能归结为"物质"，"存在"是一个总体性的概念。费尔巴哈之所以仍然停留于旧唯物主义的层次上，原因就在于他对"存在"概念的片面理解。他正确地破除了黑格尔关于"思维就是存在"② 的片面性，但他又走向了另一个极端："存在就是物质"，"存在"与"物质"是同一的。在"存在与思维的关系问题"上，费尔巴哈说："存在是主体，思维是宾词"；③ 简单地说，就是"存在决定思维"，表面上看，与马克思的说法是完全一致的，但实质上是有巨大差异的。差异主要表现在对"存在"概念的理解上，在费尔巴哈那里，"存在并不是一种可以与事物分离开来的普遍概念，存在与存在的事物是一回事……存在是实体的肯定……鱼在水中存在，但是你不能将鱼的实体与它的这种存在分离开来"。④ 也就是说，"存在"等于"物质"，"存在决定思维"等同于并且可以替换为"物质决定意识"。而马克思理解的"存在"概念是完全异质的，马克思强调的是，"不是意识决定生活，而是生活决定意识"。⑤ 这里的"生活"当然只能是"人的现实生活"，而根据前面的论述，"人的现实生活"也就是"人的社会存在"；可见，"存在"与"生活"是相等同的概念，而"存在"与"物质"则区别甚大；所以，马克思的上述命题可以替换为"不是意识决定存在，

① 《高清海哲学文存》第 1 卷，吉林人民出版社，1997，第 285 页。
② 《费尔巴哈哲学著作选集》上卷，荣震华、李金山等译，商务印书馆，1984，第 114 页。
③ 《费尔巴哈哲学著作选集》上卷，荣震华、李金山等译，商务印书馆，1984，第 115 页。
④ 《费尔巴哈哲学著作选集》上卷，荣震华、李金山等译，商务印书馆，1984，第 157 页。
⑤ 《马克思恩格斯选集》第 1 卷，人民出版社，1995，第 73 页。

而是存在决定意识"。更进一步分析,这里的"意识"也只能是"社会意识",因为"意识一开始就是社会的产物",① 我们不能设想不是社会意识的意识;所以马克思的上述命题也可以衍生出"人的社会存在决定人的社会意识"这一命题。可见,马克思在这里既不是说"物质决定意识",尽管意识的形成离不开作为前提条件的物质;也不仅是说"物质生产决定意识",尽管"物质生产"是一种"社会存在",是一种"现实生活",但只是"人的现实生活""人的社会存在"所包含的四因素(即"物质生活资料的生产""新需要的产生""人的生产,即繁殖""社会关系的生产")之一,从中抽出"物质生产"也是对"生活""社会存在"这一总体性概念的割裂。

我们还可以进一步分析,当马克思说"意识一开始就是社会的产物"时,马克思在这里已经否定了"意识一开始就是物质的产物"这一命题(旧唯物主义恰恰就是这一观点),因为"社会"与"物质"之间的差异恐怕想敷衍都难。可见,简单地说"物质决定意识"是不符合马克思原意的。而"意识"又是什么呢?马克思明确指出:"意识在任何时候都只能是被意识到了的存在"。② 马克思在这里也已经否定了"意识在任何时候都只能是被意识到了的物质"这一命题。而"存在"是什么呢?"存在"绝不是"物质",在这里,"存在"就是指"人们的社会存在","而人们的存在就是他们的现实生活过程"。③ 可见,简单地说"意识是物质的产物"也是不符合马克思原意的。马克思又说:"不是从观念出发来解释实践,而是从物质实践出发来解释观念的形成"。④ 这里也说明,只能"从物质实践出发来解释观念(意识)",而不是"从物质出发来解释观念(意识)",将"物质实践"(其实就是"社会存在")简化为"物质"是不符合马克思思想的。马克思还说过,"人创造环境,同样,

① 《马克思恩格斯选集》第 1 卷,人民出版社,1995,第 81 页。
② 《马克思恩格斯全集》第 3 卷,人民出版社,1960,第 29 页。
③ 《马克思恩格斯选集》第 1 卷,人民出版社,1995,第 72 页。
④ 《马克思恩格斯选集》第 1 卷,人民出版社,1995,第 92 页。

环境也创造人"。① 这里说明，人之所以成为人离不开环境，但是这种"环境"不是指先在于人或外在于人的自然环境，而是"人创造的环境"，是"人化"的环境，这种环境本身就是人的感性活动的产物。总之，根据对马克思上述思想的分析，我们不难发现，"物质"作为人的观念、意识的存在论根据是不成立的。

综上所述，马克思人学本体论显然不能归结为物质本体论，"物质"作为人之为人的存在论基础是不能成立的。

（本章内容原为笔者专著《直面生活本身：马克思人学存在论革命研究》一书第七章，北京师范大学出版社，2012。该文第五节原载于《湖湘论坛》2009 年第 4 期。收入时有修改。）

---

① 《马克思恩格斯选集》第 1 卷，人民出版社，1995，第 92 页。

第七章

人的本质：马克思的五个
命题与方法论革命

本章内容摘要：

"人是什么"的问题，即人的本质问题，是人学史上弥久而时新的"斯芬克司之谜"。马克思在破解这一千古之谜时先后提出了五个不同的命题："理性、自我意识是人的本质"；"人是人的最高本质"；"人的类特性是自由自觉的活动"；"人的本质是一切社会关系的总和"；"人的需要即人的本质"。这五个命题中，第一个是黑格尔主义的命题，第二个是费尔巴哈主义的命题，这两个命题既道出了部分真理，也带有明显的局限性。后面三个命题是科学的命题，三者的区别大致可以这样理解——它们分别从类、社会和个体的视角揭示了人的本质，破解了人学史上弥久而时新的"斯芬克司之谜"。方法决定看法。马克思为何能破译这一千古之谜，关键在于实现了一场方法论革命：从唯心史观为基础的方法转变到历史唯物主义方法，具体体现在以下几个方面——从感性存在转变到感性活动；从既定本质上升到生成本质；从单一本质过渡到多重本质；从纯粹理想回归到现实生活；从自我确证跨越到对象互释。

　　"人是什么"的问题，即人的本质问题，是人学的"核心问题"，但数千年以来，哲学家们从历史唯心主义的立场和方法出发一直未能给予科学的回答，真正成了哲学家们一直在追问而未解的"斯芬克司之谜"。马克思从历史唯物主义的立场和方法出发才破译了这一千古之谜，达到了对人的本质的科学认识。

第一节　"人是什么"：弥久而时新的 "斯芬克司之谜"

　　"人是什么"的问题似乎是一个"自明性"的问题。然而，这个"不证自明"的问题在人学思想史上却造成了极大的混乱，以至于到马克思之前，没有哪一位思想家真正科学地回答了"人究竟是什么"这一人所熟知的问题。正如著名哲学家黑格尔所言，"人们经常挂在嘴边的名词，往往是我们最无知的东西"。人学思想史恰恰证明了"人"即这样一个东西，"熟知"却并非"真知"。

　　简单地回顾一下人类认识自己的思想逻辑便可发现，"人是什么"的问题是一个相当久远的问题。古希腊的先哲们早已开始了对人自身的思索与追寻，古希腊人通过一则神话朴素地开启了对"人是何物"的追问。传说人面狮身的怪兽斯芬克司蹲在忒拜城附近的山崖上，向每一个过路行人提出同一个谜语："什么东西早晨四条腿走路，中午两条腿走路，傍晚三条腿走路？"这个谜语给很多过路行人带来了灾难，因为猜不中谜语的人都要被斯芬克司吃掉或杀掉。后来，一个叫俄狄浦斯的人猜中了这个谜语。他回答说，谜底就是"人"。斯芬克司听后，跳崖而死，而俄狄浦斯因此被人民推举为国王。"斯芬克司之谜"的意义在于，他借助神话的形式表达了人类最初对自己生命历程的天真朴素的追问，从此人类文明开启了"认识你自己"这个具有最高价值的课题。

　　纵观西方人学思想史，对人的本质的规定无外乎以下四条不同的路径。

第一，自然本质主义。这条路径把人的本质归结为人的自然属性，从自然属性的层面探究人与动物之间质的区别。古希腊德谟克利特、依壁鸠鲁认为人的本质是在肉体原子和灵魂原子的结合中产生的。到了中世纪，人文主义者认为饮食男女、趋利避害、追求幸福等是人的天然属性。进入近代，欧洲感性主义人学以人的感性欲望、自然生理要求等自然属性来说明人的本质。费尔巴哈集自然本质主义人性论之大成，他认为人产生于自然界，是自然界的一部分，人的感性欲望、赖以生存的物质条件等都是人的本质。

第二，精神本质主义。这条路径把人的本质归结为人的精神属性，从精神属性的层面探究人与动物之间质的区别。古希腊毕达哥拉斯、苏格拉底、柏拉图都把人的灵魂、理性抬高到人的本质的地位。这些观点到亚里士多德总其成，提出"人是理性的动物"，[①] "求知是所有人的本性"。[②] 近代的理性主义人学的基本特征就是尊重理性。笛卡尔认为理性是人的本质；康德也认为自由理性是人的本质，同时把人的理性本质推到登峰造极的地步。黑格尔同意自由理性是人的本质，但他不同意康德把人的本质的实现推到可望而不可即的彼岸世界。费尔巴哈是感性人学的集大成者，他同时也认为："理性、爱和意志力是完善的品质，是最高的能力，是人之为人的绝对本质。"[③]

第三，社会本质主义。这条路径把人的本质归结为人的社会属性，从社会属性的层面探究人与动物之间质的区别。古希腊德谟克利特认为人是可以受教育的，人的本性是可以通过教育和训练而改变的。后来亚里士多德明确提出"人天生是一种政治动物"，[④] 素朴地猜测到了人的社会属性。欧洲近代哲学大都涉及了人的本质的社会性。如培根认为人的本性有自然本性和社会本性之分，社会本性

① 转引自〔德〕加达默尔《哲学解释学》，夏镇平、宋建平，上海译文出版社，1985，第 59 页。
② 《亚里士多德全集》第 7 卷，苗力田译，中国人民大学出版社，1997，第 27 页。
③ 《费尔巴哈哲学著作选集》上卷，荣震华、李金山译，商务印书馆，1984，第 28 页。
④ 〔古希腊〕亚里士多德：《政治学》，中国人民大学出版社，2003，第 4 页。

是人的本质。洛克认为人是有理智和语言的过社会生活的动物。费尔巴哈认为只有社会的人才是人，人是文化、历史的产物。

第四，非理性本质主义。非理性主义人学发现传统理性主义人学过度高扬人的理性的地位，用人的理性本质遮蔽了人的非理性本质。非理性主义人学认为人的本质不是理性，人不是理性的动物，在本质上，人是非理性的存在。要把握人的存在，主要不能依靠理性，而要依靠非理性的直觉和主观心理体验。他们高扬人的非理性的地位，从人的非理性的生命、本能冲动、情感意志、潜意识等来理解人，说明人的本质，认为人的非理性存在状态，甚至完全消极的心理体验，如恐惧、焦虑、死亡等，才是人的更本真的存在。如意志哲学家叔本华、尼采认为意志是人的本质，意志驱使主宰着理性，他们把情感意志绝对化、神秘化，企图从人的心灵深处独辟蹊径来把握人的本真存在；柏格森的生命哲学则把人的本质归结为隐藏在深层意识之中的连续不断、生生不息的生命意识之流；弗洛伊德也把人的本质归结为无意识深处的以性欲为核心的原始本能和冲动，他把人的一切行为的根源还原于潜意识，从人的潜意识出发来理解人本身；存在主义更是把人看作非理性的存在，孤独的个人通过非理性的情绪体验才能获得存的概念。

应当说，西方传统人学对人的本质的探索是有意义的。人的某些属性，诸如理性、意志、爱等都是人所特有的，确实可以把人与动物区别开来。但是这些属性都是抽象的"人自身"的一些特征，都是抛开了历史的进程，孤立地观察人类个体所得出的结论。也有些思想家看到了人的社会性，这是可贵的。

但是西方传统人学对人的本质的回答之所以是错误的，其病根都在于从抽象的"人自身"出发，将孤立地观察人类个体所得出的人与动物之间外在表象的区别归结为人的本质，而没有进一步追问造成这种区别的现实根据。尽管有些思想家看到了人的社会关系，但是这种"关系"是非常狭隘和肤浅的，都脱离了人的生产劳动，离开了生产劳动中所形成的经济关系，而往往是从政治关系、自然关系、情感关系、道德关系等来理解人的社会性。这种理解既不能说明人的社会性为何产生，也不能说明人的社会性如何发展，更不能说明人的社会性在人的存在和发展中的巨大作用。这种社会性不是在人的实践活动中所产生的社会性，而是成为人的一种先天的、永恒不变的属性。理性本质主义往往从根本上忽略了人本身仍然是一个非理性的存在物，甚至于走上了理性的独断，人的理性变成了理性的人，非理性消解于理性之中，否认非理性因素在人的生存发展中的作用。非理性本质主义不知道人不单是非理性的存在物，更重要的是人是一种理性存在物，任何完整的人都必然是理性和非理性的浑然统一。无论是理性主义人学用理性去消解非理性，还是非理性主义人学用非理性去遮蔽理性，其结果必然是完整的人变成支离破碎的人。

总之，他们不知道，抽象的"人"是不存在的，人总是现实的人，只有从现实的人的对象性活动及其产物，即社会实践和社会关系出发去认识人，才可能对人的本质做出科学的界定。

第二节　马克思界定人的本质的五个命题

马克思在走出西方传统人学误区的过程中发现"要真正认识人的本质必须改变思考的出发点，即不是从抽象的'人自身'，而是从现实的人的对象性活动及其产物，即从社会实践和社会关系出发"。[1] 正是因为这一路径转变，马克思才超越了一切传统人学，第一次对人的本质做出了科学的界定，形成了关于人的本质的科学理论。但是，长期以来，我国学术界对这些思想的挖掘是非常不够的，比较重视马克思在《关于费尔巴哈的提纲》中对人的本质的界定，对《1844 年经济学哲学手稿》中的界定则有些偏见，尤其是忽视了马克思在《德意志意识形态》中提出的"人的需要即人的本质"的思想。要从哲学史的角度全面了解马克思对人的本质的认识历程，

---

[1]　陈志尚、王善超等：《人学原理》，北京出版社，2005，第 98～99 页。

有必要从《博士论文》开始说起。

一　《博士论文》及《莱茵报》时期，马克思深受青年黑格尔派的影响，企图用个别自我意识来改造黑格尔"绝对精神"的唯心主义体系，认同"理性、自我意识是人的本质"

在 1841 年以前，马克思对人性的理解还处于幼发时期的抽象人性阶段，既深受黑格尔主义的影响，又企图改造黑格尔哲学的终极体系。这时，马克思把人性主要理解为理性和自我意识。

黑格尔认为"人的本质就是精神"；[①] 人是"自在自为的精神"，[②] 是一种意识到自己存在的自我意识。因此，"就人作为精神来说，他不是一个自然存在。人能超出他的自然存在，即由于作为一个有自我意识的存在，区别于外部的自然界"，而"这种人与自然分离的观点"，是"属于精神概念本身的一个必然环节"。[③] 总之，人作为有自我意识的存在，只不过是精神概念自我运动、自我发展的一个环节，即自觉自为地存在的精神。历史只不过是"想象的主体的想象的活动"，而不是追求着自己目的的现实的人的活动。在黑格尔看来，人的本质、人，是和自我意识等同的。由此可见，黑格尔所说的人实质上是"抽象的人"，这种人统一于并服从于"绝对精神"。这种观点使黑格尔极度忽视人（自我意识）在历史中的作用和使命，也没有给个人的独立性和自由留下充分的余地。

作为青年黑格尔派的一员，马克思对黑格尔贬低"自我意识"（人）的做法极为不满，企图用个别自我意识的原则来改造黑格尔的绝对唯心主义体系。马克思认为，为了把哲学变成反对专制制度和争取自由解放的武器，为了打倒神对人的奴役，就必须提高自我意

① 〔德〕黑格尔：《历史哲学》，王蓝时译，生活·读书·新知三联书店，1956，第373页。
② 〔德〕黑格尔：《法哲学原理》，范杨、张企泰译，商务印书馆，1961，第45页。
③ 〔德〕黑格尔：《小逻辑》，贺麟译，商务印书馆，1980，第92页。

识在整个体系中的地位。马克思引用普罗米修斯的话说："我痛恨所
有的神灵"。"这些神不承认人的自我意识具有最高的神性。不应该
有任何神同人的自我意识相并列。"① 他从这个观点出发批判了宗
教，得出了无神论的结论。他认为，宗教是不合人性的，对上帝存
在的任何证明都"不外是对人的本质的自我意识存在的证明，对自
我意识存在的逻辑说明……当我们思索'存在'的时候，什么存在
是直接的呢？自我意识"。② 可见，马克思把自我意识看成人的本
质，借助于人的自我意识来反对神。显然，这时的马克思还没有跳
出唯心主义的圈子，他反对神灵并不是站在唯物主义的立场上，而
是站在崇拜人的理性和自我意识的立场上。所以，对人的本质就更
不可能从实践性活动、从社会关系中去理解。

可见，这个命题完全是唯心主义的，世界观转变后的马克思完
全抛弃了这个思想，甚至不再使用类似的知性概念范畴。

二 《德法年鉴》时期，马克思从批判宗教开始创建自己的人学理论，同黑格尔划清了界限，用人本学的方法和费尔巴哈式的语言提出了"人是人的最高本质"的命题

正当马克思为物质利益问题所困惑并在世界观方面发生危机时，
费尔巴哈哲学宛如一盏明灯，成为马克思继续前进的支点和中介。

马克思高度评价了费尔巴哈对宗教的批判，尽管这种批判是不彻
底的。马克思在《〈黑格尔法哲学批判〉导言》中指出："反宗教的批
判的根据是：人创造了宗教，而不是宗教创造人。就是说，宗教是还
没有获得自身或已经再度丧失自身的人的自我意识和自我感觉。但是，
人不是抽象的蛰居于世界之外的存在物。人就是人的世界，就是国家，
社会。"③ 马克思认为，宗教里的苦难既是现实的苦难的表现，又是对
这种现实的苦难的抗议。废除作为人民幻想的幸福的宗教，也就是要

---

① 《马克思恩格斯全集》第 40 卷，人民出版社，1982，第 190 页。
② 《马克思恩格斯全集》第 40 卷，人民出版社，1982，第 285 页。
③ 《马克思恩格斯选集》第 1 卷，人民出版社，1995，第 1 页。

求实现人民的现实的幸福。要抛弃关于自己处境的幻想，也就是要求抛弃那需要幻想的处境。只有人类解放，才能真正把人的被异化了的世界和关系还给人类自己，使人成长为真正的人。马克思还提出人类解放的实质在于废除私有制，从而得出了历史唯物主义的一条重要原理："批判的武器当然不能代替武器的批判，物质力量只能用物质力量来摧毁；但是理论一经掌握群众，也会变成物质力量。理论只要说服人〔ad hominem〕，就能掌握群众；而理论只要彻底，就能说服人〔ad hominem〕。所谓彻底，就是抓住事物的根本。而人的根本就是人本身。德国理论的彻底性的明证，亦即它的实践能力的明证，就在于德国理论是从坚决积极废除宗教出发的。对宗教的批判最后归结为人是人的最高本质这样一个学说，从而也归结为这样的绝对命令：必须推翻使人成为被侮辱、被奴役、被遗弃和被蔑视的东西的一切关系。"①

马克思从宗教的角度来考察，是为了把"人"从神的统治和奴役下拯救出来，在价值上将神的维度还原为人的维度。"人是人的最高本质"这一命题是人从神学统治中解放出来的重要体现，是人的本质的深度复归。这一时期，马克思尽管已经超出了费尔巴哈把人的本质归结为某种自然本质的狭隘层面。但是，马克思对黑格尔"绝对精神"即宗教的批判仍然是费尔巴哈式的方式，对人的本质的表述仍然是费尔巴哈式的语言，仍然停留在抽象理性的层面。

可见，这个命题是人本主义的，但在当时具有重大的意义；它是对宗教神学"神是人的最高本质"这一观点的反动，在价值上将人从神的维度还原为人的维度。

三 在《1844年经济学哲学手稿》中，马克思扬弃了黑格尔"抽象的精神的劳动"和费尔巴哈抽象的"类"意识，科学地提出了人的类本质是"自由的自觉的活动"

黑格尔曾经看到了"劳动"，他把劳动看成人的本质和人自我创

---

① 《马克思恩格斯选集》第1卷，人民出版社，2012，第9~10页。

造的手段，把现实的人理解为他自己的劳动的结果。但他的错误在于：黑格尔"把劳动看作人的本质，看作人的自我确证的本质；他只看到劳动的积极的方面，而没有看到它的消极的方面。劳动是人在外化范围内或者作为外化的人的自为的生成。黑格尔唯一知道并承认的劳动是抽象的精神的劳动"。① 黑格尔把劳动看作人的本质是对的，但仅限于精神劳动，只是在抽象的范围内把劳动看作自我创造的活动，看不到劳动对人、对社会、对精神领域的否定意义。

马克思在《1844 年经济学哲学手稿》（以下简称《手稿》）中指出："人的类特性恰恰就是自由的有意识的活动"。② 这一思想明确提出人的生命活动具有特有的方式，即实践或劳动。"实践活动是人和动物的最后的本质的区别，也是产生和决定人的其他所有特性（作者注：如理性、意志、爱）的根据"。在马克思看来，作为人的生命活动的这种物质生产，和作为动物的生命活动的生产之间有着本质的区别。"动物只是按照它所属的那个种的尺度和需要来建造，而人懂得按照任何一个种的尺度来进行生产，并且懂得处处都把内在的尺度运用于对象；因此，人也按照美的规律来构造。"③ 动物的生产是本能的、盲目的和被动的，因而也是片面的和简单重复的，它本身只是自然界的必然之网的一部分。而人则不同，人可以将自然界和自身当作认识和改造的对象，能够利用自己的智慧创造工具，既改造自然界，也改造自身。人的生命活动是有意识的、有目的的和能动的，因而也是全面的、不断超越的、创造性的，是自由自觉的。

马克思在《手稿》中认为，在私有制条件下，劳动结果和劳动本身被异化了，人的类本质也被异化了，劳动对于劳动者来说仅仅成为维持其肉体存在的手段，人不可能真正占有人的本质；马克思

---

① 《马克思恩格斯全集》第 42 卷，人民出版社，1979，第 163 页。
② 《马克思恩格斯选集》第 1 卷，人民出版社，1995，第 46 页。
③ 《马克思恩格斯选集》第 1 卷，人民出版社，1995，第 47 页。

把人的本质假定为在未来共产主义社会才能实现、才能占有的东西，只有到了共产主义社会，扬弃了异化劳动，消除了人的自我异化状态，人才能变为"真正的人"。马克思说："共产主义是私有财产即人的自我异化的积极的扬弃，因而是通过人并且为了人而对人的本质的真正占有；因此，它是人向自身、向社会的（即人的）人的复归。"① 根据马克思的异化理论，作为人的本质的"劳动"是理想的而非现实的劳动，人类进入私有制社会以后没有占有过自己的本质，这样人的本质就变成了一种纯粹理想化的东西。应该说，这是马克思在《手稿》中的思想，并没有突破人本主义的框框。马克思在后来写作的《德意志意识形态》（以下简称《形态》）中则超越了这种认识，最终冲破了人本主义的桎梏，明确提出了实践性是人与动物区别开来的本质特性。譬如他说："可以根据意识、宗教或随便别的什么来区别人和动物。一当人开始生产自己的生活资料，即迈出由他们的肉体组织所决定的这一步的时候，人本身就开始把自己和动物区别开来。"② "个人怎样表现自己的生活，他们自己就是怎样。因此，他们是什么样的，这同他们的生产是一致的——既和他们生产什么一致，又和他们怎样生产一致。"③ 更为主要的是，人能够"通过实践创造对象世界，即改造无机界，证明了人是有意识的类存在物……正是在改造对象世界中，人才真正地证明自己是类存在物"。④ 由此可见，把"实践"看作人的本质，完全是马克思的成熟观点。

可见，这个命题带有一定的理想色彩，思想成熟后的马克思不再使用"自由自觉的活动"的概念，而是直接使用"劳动"或"实践"概念。但这个命题本身揭示的"实践是人的本质"则是完全正确的，并在其后来的著作中得到了更深刻的阐释。

---

① 《马克思恩格斯全集》第 42 卷，人民出版社，1979，第 120 页。
② 《马克思恩格斯文集》第 1 卷，人民出版社，2009，第 519 页。
③ 《马克思恩格斯选集》第 1 卷，人民出版社，1995，第 68 页。
④ 《马克思恩格斯全集》第 42 卷，人民出版社，1979，第 96~97 页。

四　在《关于费尔巴哈的提纲》中，马克思全面超越一切旧唯物主义对人的抽象解释，科学概括了人的社会本质"在其现实性上，是一切社会关系的总和"

根据人的类本质，只能说明人和动物的区别，无法揭示现实社会中群体、个体之间的差异。这一概括没有考察到一定的社会形态、社会结构对人的影响，没有看到不同历史时期的经济关系、政治关系和思想关系对人的不同作用。所以，仅仅了解人的实践本质是不够的。

马克思以前的哲学家都没有从人在实践中所形成的社会关系的角度来认识人。黑格尔认为，"人，仅仅表现为自我意识"，"主体也始终是意识或自我意识"。①费尔巴哈抛弃了"自我意识"的人，企图从活生生的人出发，但是他把人的本质归结为"单个人所固有的抽象物"，即理性、意志和爱，而且是普遍的脱离具体历史环境的抽象的理性、意志和爱。他离开人所占有的经济关系、政治关系、家庭关系等一切社会关系，来谈恢复人的最高权威，显然是抽象的、空洞的。

在《关于费尔巴哈的提纲》中，马克思批判了包括费尔巴哈在内的一切旧唯物主义对事物、现实、感性，只是从客体的或者直观的形式去理解，而不是把它们当作人的感性活动，当作实践去理解，不是从主观方面去理解。他批评费尔巴哈把人看成"单个人所固有的抽象物"，而"人的本质不是单个人所固有的抽象物，在其现实性上，它是一切社会关系的总和"。②马克思还说："人的本质是人的真正的社会联系"。③马克思突破传统的限制，从社会关系中考察人的本质，实现了对人的认识的革命性变革。人的本质与社会关系紧密相连，那么动物之间关系呢？马克思认为"凡是有某种关系存在的地方，这种关系都是为我而存在的；动物不对什么东西发生'关系'，而且

① 《马克思恩格斯全集》第 42 卷，人民出版社，1979，第 162～165 页。
② 《马克思恩格斯选集》第 1 卷，人民出版社，1995，第 56 页。
③ 《马克思恩格斯全集》第 42 卷，人民出版社，1979，第 24 页。

根本没有'关系'；对于动物来说，它对他物的关系不是作为关系存在的"。① 马克思指出人类社会存在自然关系和社会关系。人的本质不是自然关系而是现实的诸社会关系的产物。人的本质离不开同自然的关系，但更重要的是由人的社会环境、社会关系决定的，一切现实的人都是"一切社会关系的总和"。在一切社会关系中，生产关系是主要的社会关系，是"决定其余一切关系的基本的原始的关系"，② 在生产关系的基础上，人们进一步形成了政治的、法律的、道德的、宗教的以及行业间的等复杂的社会交往，它们从不同的侧面、层次映现着人的社会本质。

具体说，人的社会本质应当包括以下内容：第一，人的群体本质的核心是它的社会性。人是社会关系的承担者，不同时代、不同社会的人的社会关系是不同的，因而他们的社会地位也就不同，人类社会是个关系网络系统，各种社会关系规定了个人的社会位置，决定其不同的生产方式、生活方式、价值倾向和思想观点等，人的社会本质正是在这种区别中表现出来的。第二，规定人的社会本质的社会关系不是单一的，而是一切社会关系的总和。每个人都置身于一定的社会关系中，而社会关系又是复杂多样的，所以，必须用系统论的方法，从总体上把握、从多层次的角度上分析和考察，才能全面地把握人的本质。第三，社会关系是不断变化发展的，因此，人的社会本质不是一成不变的，而是具体的、历史的，抽象不变的本质是不存在的。

可见，这个命题是马克思世界观转变完成后的完全科学的命题。

五　在《德意志意识形态》中，马克思通过批判费尔巴哈、鲍威尔和施蒂纳在人的问题上的错误思想，进一步提出了"人的需要即人的本质"

马克思以前的哲学家都没有发现人的实践活动背后的真正动因

---

① 《马克思恩格斯选集》第1卷，人民出版社，1995，第81页。
② 《列宁选集》第1卷，人民出版社，1995，第6页。

是人的需要。人作为个体存在物，人的需要是人的自身的规定，个人之间的需要千差万别，他们必然具有把不同个人相互区别开来的内在的特殊的规定性，"每个人的需要不同，他们的理想、目的和任务也就不同，从而他们得以进行的物质生产活动的方式一般来说也可能不同，因此也就可能成为不同样式的人"。① 马克思说："在现实世界中，个人有许多需要。正因为如此，他们已经有了某种职责和某种任务，他们才可能成为不同的'我'"。② 这样，个人独特的需要便是人的个体本质。马克思明确指出："他们的需要即他们的本质"。③ "我的劳动满足了人的需要，从而物化了人的本质，又创造了与另一个人的本质的需要相符合的物品"。④ 在这里，马克思是直接把人的需要与人的本质作为同一的概念来使用的。马克思还指出，一切历史的第一个前提是：人们为了生活首先需要衣、食、住以及其他东西，因而必须投身于生产；第二个事实是：得到满足的需要及其满足方式又引起新的需要……这里，马克思不仅赋予需要以前提性，而且赋予它以普遍性、永恒性和能动性。这就指明了，人的需要是人的内在的、本质的规定性，是人的全部生命活动的最终动力和内在根据。人的需要的内容和满足方式在不同历史阶段有不同的表现方式，"我们的需要和享受是由社会产生的，因此，我们对需要和享受是以社会的尺度……去衡量的"。⑤ 人的一切需要都是由特定的历史发展阶段决定的，我们既可以从不同的生产方式中认识不同时代的人的需要的内容和满足方式，又可以从人的不同的需要内容和满足方式中区分不同时代的人的本性。需要的发展是"人的本质力量的新的证明和人的本质的新的充实"，⑥ 整个人类发展史也就

---

① 孙鼎国主编《世界人学史》第 4 卷，河北人民出版社，2003，第 299 页。

② 《马克思恩格斯全集》第 3 卷，人民出版社，1960，第 326 页。

③ 《马克思恩格斯全集》第 3 卷，人民出版社，1960，第 514 页。

④ 《马克思恩格斯全集》第 42 卷，人民出版社，1979，第 37 页。

⑤ 《马克思恩格斯全集》第 6 卷，人民出版社，1961，第 492 页。

⑥ 《马克思恩格斯全集》第 42 卷，人民出版社，1979，第 132 页。

是一部人的需要即人的本性的不断改变和发展的历史。①

人的需要，内容是客观的，形式是主观的。人的需要产生于主体自身的结构、规定性和主体同周围世界的不可分割的联系。需要是人的生命存在、发展和延续的直接反映，是人体包括人脑机能的客观要求。因此，它本质上是自然物质长期进化的产物。人的需要又是历史地形成的，被社会物质生活条件决定着。从主体同周围世界的联系看，需要总是指向外部环境的某个对象，并通过对象性的活动取得或创造能使自己的需要得到满足的对象。人们在生产体系中所处的不同的地位、交换方式、生活方式，决定着每个人会有不同的需要。人的需要有着不依赖于人的主观意志的客观性和必然性。但是，由于人每时每刻都把自身作为意识的对象，因而他的需要总是被意识到的需要，必然反映为他的意志，以欲望、目的、动机等意识形式而存在。这种情况就使得人们往往"习惯于以他们的思维而不是以他们的需要来解释他们的行为"，② 把需要看作人的意识或意志的产物，看作人们先天固有的、主观的心理感受。可是，"需要本身和需要在头脑中的反映是不同的"。③ "他们不知道，表现在人的愿望、目的、动机、意志等意识形式中的人的需要，不是人头脑中主观自生的；他们也不知道，人的需要无论是生理的还是心理的、自然的还是社会的，都是客观现实存在的主客体及其相互关系在头脑中的能动的反映，都可以找到它的客观根据"。④

人的需要是人的活动的内在根据，人的一切活动无非是要使自己的需要得到满足，"任何人如果不同时为了自己的某种需要和为了这种需要的器官而做事，他就什么也不能做"。⑤ 需要的满足通过人的实践活动来实现，通过人自己有意识的活动生产和创造出人生存

---

① 《马克思恩格斯全集》第4卷，人民出版社，1958，第174页。
② 《马克思恩格斯全集》第20卷，人民出版社，1971，第516页。
③ 赵家祥：《马克思关于人的本质的三个界定》，《思想理论教育导刊》2005年第7期。
④ 陈志尚、王善超等：《人学原理》，北京出版社，2005，第195页。
⑤ 《马克思恩格斯全集》第3卷，人民出版社，1960，第286页。

和发展所需要的生活资料。在满足需要的过程中，人也创造属人的社会关系，需要的满足过程也就是人的本质的实现过程。满足人的需要的活动，是人之为人的原因和根本，是人自身生存和发展的条件。动植物尽管也有需要，但是这种需要完全是一种生物的本能，不可能随着社会的发展而发展，也不可能成为社会发展的内在动力。而人的需要作为一种内在的必然性，全面规定着人的活动，是人类活动的基本动力，是社会发展的内在动因。

可见，这个命题是一个很深刻也很科学的命题，也完全是历史唯物主义的命题。北京大学赵家祥教授甚至认为这一命题"不仅涵盖了前两个界定的内容，而且揭示了前两个界定的原因，在不少方面超越了前两个界定的范围。从这个意义上甚至可以说，人的需要即人的本质这一界定，是对前两个界定的综合"。[1]

那么，马克思后三个命题又是什么关系呢？我认为它们是相互统一的有机整体，把握人的本质应当贯彻三者统一的原则。首先，一定的社会关系是实践的产物，是人的活动的具体的历史形式，它的性质和变化都是由实践活动的性质和水平决定的；离开实践活动，就不可能产生人的社会关系，也不可能满足人的需要，人就失去了人之为人的具体本质，剩下的只是空洞的"类"的抽象。其次，社会关系作为人们活动的组织方式，又是人得以存在和人的活动得以进行的必要条件；离开一定的社会关系，人和人类活动都是不存在的。最后，人的实践和人的社会关系得以产生和发展的背后的物质动因是人的需要；离开了人的需要，人的实践和社会关系也是不存在的。在现实的人身上，实践活动是内容，社会关系是形式，人的需要是动力。只有正确地理解三者之间的内在联系，从三者相统一的基础上考察人的本质，才能全面深刻地把握人的本质的丰富内涵，才能从中揭示人之所以为人的特殊本质和内在根据。

---

① 赵家祥：《马克思关于人的本质的三个界定》，《思想理论教育导刊》2005 年第 7 期。

第三节 马克思破译人学"斯芬克司之谜"的方法论

从前面五个命题可以看出，马克思并非一开始就是用历史唯物主义的方法来认识人的本质的。马克思最初是青年黑格尔派的代表，同样用历史唯心主义的方法来规定人的本质，提出理性、自我意识是人的本质；后又转向费尔巴哈派，用人本主义的方法来规定人的本质，提出"人是人的最高本质"的命题；马克思在从唯心史观通向唯物史观的过程中，提出"人的类特性是自由的自觉的活动"；最后马克思才在科学的意义上用历史唯物主义的方法来规定人的本质，提出了"人的本质是一切社会关系的总和"，"人的需要即人的本质"等命题，达到了对人学"斯芬克司之谜"的科学回答。所以完全可以说，马克思科学解答人学"核心问题"的关键在于实现了一场方法论革命，即从唯心史观为基础的方法转变到历史唯物主义方法。这场方法论革命主要体现在以下五个方面。

第一，从感性存在转变到感性活动。马克思在研究人的本质的时候，并非一开始就是从现实的人出发，而是停留于抽象的人。在《博士论文》中，马克思认为人是自我意识的人。在《莱茵报》时期，马克思对人的理解和认识也还处于幼发时期的抽象人性阶段。在《神圣家族》中，马克思虽然提出了"现实的人"的概念，但还只是达到了对人的感性直观。马克思在《关于费尔巴哈的提纲》中，才第一次对费尔巴哈视野中的"人"展开了批判，明确指出费尔巴哈所分析的"人"是"抽象的人"。在《德意志意识形态》中，马克思批判费尔巴哈"把人只看作是'感性对象'，而不是'感性活动'"。而"现实中的个人，是从事活动的，进行物质生产的，因而是在一定的物质的、不受他们的任意支配的界限、前提和条件下活动着的"。可见，正是因为研究对象从抽象的人转变到了现实的人，马克思才有可能破译"人是什么"这一千古之谜。

第二，从既定本质上升到生成本质。当马克思把理性、自我意识看成人的本质时或者说"人是人的最高本质"时，马克思并没有从人的实践性活动、从社会关系中去理解，也就是说，没有从生成性的视野、共时态的角度、历史性的角度、"动词性"的眼光去审视人的存在本质，而是从现成性的视野、共时态的角度、"名词性"的眼光去审视人的存在状态，把人看成既成的存在物，人的本质只是一种既定本质。后来，马克思转变了审视人的角度，把"实践"、"社会关系"和"需要"界定为人的本质。而"实践"、"社会关系"和"需要"，都是不断变化发展的，不是某种既成的存在物，而是永在途中，是具体的、历史的生成物。可见，马克思探索人的本质的过程充分体现了从既定本质上升到生成本质的方法。

第三，从单一本质过渡到多重本质。传统西方人学对人的本质的回答大致有四条路径，即自然本质主义、精神本质主义、社会本质主义和非理性本质主义。他们都遵循单一的思维方式，试图从实体的角度给人下定义，找到人的某种单一的本质。但现实的人是完整的不可分割的人，它不是单质的存在物，而是物质与精神、自然与社会、理性与非理性、思想与行为、现实与理想的统一体。马克思认为人的本质是多元的，从人作为类存在物的角度揭示了人的类本质；从人作为社会存在物的角度揭示了人的社会本质；从人作为个体存在物的角度揭示了人的个体本质。可见，马克思科学破译人学"斯芬克司之谜"的过程体现了从单一本质过渡到多重本质的方法。

第四，从纯粹理想回归到现实生活。1845 年以前，马克思分析、思考、解决问题的思维方式和理论基础，"主要是以理想人性为出发点和立足点的人本主义哲学，其理论前提主要是理想的人"。马克思发现，在资本主义私有制条件下，劳动结果和劳动本身被异化了，劳动仅仅成为维持其肉体存在的手段，人不可能真正占有人的本质；只有到了共产主义社会，扬弃了异化劳动，消除了人的自我异化状态，人才能变为"真正的人"。根据马克思的异化理论，作为人的本质的"劳动"变成了一种纯粹理想化的东西。1845 年以后，马克思显然回归了生活世界。马克思在《关于费尔巴哈的提纲》中指出应该从社会关系的角度来理解人的本质。这些社会关系不是抽象的、只属于特定社会形态的社会关系，而是现实生活中形成的、任何社会形态里的人都占有的普遍的社会关系，正是这些"社会关系的总和"决定了人的本质。同样，"需要"也是现实生活中的需要，是自然物质长期进化的产物，是历史地形成的，是被社会物质生活条件决定着的。综上所述，马克思探索人的本质的过程充分体现了从纯粹理想回归到现实生活的认识方法。

第五，从自我确证跨越到对象互释。当马克思把理性和自我意识理解为人的本质时，只局限于从人自身寻找人的本质，只限于从纯粹主体出发来确证主体自身的本质，把人的本质规定为人的一种属性。在"人是人的最高本质"这个命题中，还是依靠主体来确证自我的本质，而不是对象性的规定或关系规定。马克思在实现世界观转变的历程中，逐渐地抛弃了自我确证的方法，而转向了对象互释的辩证方法，即把主体与客体放在相互作用的辩证关系中，借助于客体对主体加以规定，从中揭示人的本质。马克思把"劳动""社会关系""需要"作为人的本质的规定，使主体纳入了主客体的对象性关系中，根据感性——对象性的原则，通过对象来对人加以规定，在关系中、在客体中把握人的本质。所以，马克思在研究人的本质的过程中体现了从主体自我确证人的本质到主客体互释中规定人的本质的方法论转向。

总之，正确的方法是通往真理的桥梁，马克思正是由于实现了方法论的革命性变革，才科学地破译了人学史上无数哲学家们一直追问而未解的"斯芬克司之谜"。

（本章原载于《中南大学学报》2008 年第 2 期，收入时有修改。）

第八章

人何以为本：价值论缘起，
存在论解决

本章内容摘要：

  存在论回答"是"的问题，价值论属于"应该"的范畴。任何"是"的问题都内蕴着"应该"的维度，任何存在论都包含价值论的意蕴，缺乏价值维度的存在论是无效的。马克思人学首要探讨的是"人是什么"的问题，这是本体论的问题；"以人为本"回答的是"如何对待人"的问题，这是价值论的问题。"人是什么"与"如何对待人"之间的关联在于：对前者的回答直接决定了后者的答案。"人何以为本"，价值论上缘起，存在论上解决。在前马克思时代，西方传统人学总是热衷于为可变的人生找寻不变的"实体"，试图通过不变的"实体"来筹划可变的人生。追寻"实体"的初衷是为人确立"安身立命之本"，结局却使人遁入"无家可归之境"。因此，在前马克思时代，"以人为本"仍然是一个被深度遮蔽的意义领域。马克思终结了实体本体论的强大传统，开辟了"直面生活本身"的人学存在论道路。马克思开辟的这一存在论境界直接的是回答了"人是什么"的存在论难题，深层的却是彰显了"以人为本"的价值论意蕴。

如何对待人是马克思主义的核心问题。近年来，学术界围绕"以人为本"的诸多问题展开了深入研究，涌现出了大量的精品力作。但也还有几个元哲学层面的问题有待回答，比如"人究竟何以为本"的问题。本文尝试从存在论（也即"本体论"）的视角对"人何以为本"这一问题给出"元哲学"层面的回答，以就教于方家。

第一节　缺乏价值论意蕴的 存在论是无效的

存在论，意即本体论，是关于存在之为存在的学问，它所追问的是万事万物之所以存在的终极原因、终极解释。价值论，是关于价值关系的学说，它所回答的是好与赖、利与害的问题，价值为人而存在！

存在论回答"是"的问题，价值论属于"应该"的范畴。任何"是"的问题都内蕴着"应该"的维度，都包含价值论的意蕴，缺乏价值维度的存在论是无效的。从这个意义上来说，存在论的失误其后果必然是严重的，它可能导致价值的偏离、标准的缺失、选择的无序以及意义的失落。回顾人类社会的发展史，价值的迷失、道德的失范、意义的旁落一直挥之不去。然而，其原因究竟在哪呢？我以为，价值迷失的深层根源不能忽略本体论的维度。因此，意欲解决价值论的问题，恐怕首先还得跳出价值论的窠臼，回归存在论的领地来筹划。

纵观人学发展史，从表层来看，任何存在论无非是为了寻根究底、探本溯源，但穿透表层，我们不难发现，"寻找意义、确立价值坐标"才是其终极的追求。自古希腊以来，思想家们就开启了追寻万事万物之"根"和"底"的漫漫征程。人学本体论所追寻的"根"和"底"不管是来自超验世界还是经验世界，不管是来自世俗世界还是神秘世界，也不管这个"根"和"底"究竟是理性实体、感性实体抑或神性实体，从价值追求来说都是指向了人类自身，意在为漂泊的心灵营建精神之乡，确立安身立命之本。不同的本体论提供的是不同的价值判断标准。"本体论追求"本身是属人的，人之外的任何事物不会提出本体论的问题，不会发问"我"来自何方、"情"归何处的问题。这就是本体论问题的价值论意蕴。

马克思主义人学首要探讨的是"人是什么"的问题，这是本体论的问题；"以人为本"探讨的是"如何对待人"的问题，这是价值论的问题。"人是什么"与"如何对待人"之间的关联在于：对前者的回答直接决定了后者的答案；或者说，要正确地回答后者，首先必须正确地回答前者。因为对前者的回答不同，后者的答案也会不同，甚至彼此对立。比方说，在中世纪宗教人学那里，神学本体论认为，"人是什么"的答案在于上帝，人之所以为人的根据在于上帝，上帝是人的最高本质（本体）；那么，与之相适应，神学本体论所揭示的价值论意蕴就是：人应该服从上帝，做上帝忠诚的奴仆，而不是相反。再比方说，黑格尔的理性本体论认为，"绝对理性"是绝对的存在者，一切存在（思想的和实在的）都根源于"绝对理性"，都是从"绝对理性"这一"种子"中"生长"出来的。人则是"绝对理性"发展过程中的一个环节、一种表现方式。这就意味着，人是"绝对理性"的外化，是人得以安居的"精神之乡"和"立命之所"，而人不过是绝对理性得以实现自身的"工具"。因此，黑格尔哲学中没有为"以人为本"留下地盘和空间。可见，对"人是什么"这一问题的回答直接决定了对"应该如何对待人"这一问题的回答。依此来看，"如何成为人"的本体论问题与"如何对待人"的价值论问题不是两个互不相关的问题，而是具有高度相关性的两个问题。如果试图开启"以人为本"的价值维度，却又秉持着上帝创造一切的神学本体论立场，或者秉持"绝对理性"宰制一切的理性本体论立场，这是不可能如愿以偿的。

正是在这个意义上，我们认为，"人何以为本，价值论上缘起，存在论上解答"。

第二节 从存在论嬗变看人本价值的变迁

"人究竟何以为人"，人之为人的"根"究竟在哪？这是贯穿整个人学发展史的共同主题。然而，对这一问题的回答，西方传统人学与马克思人学行走在完全不同的存在论道路上，因而其承载的价值立场也是完全不同的。

从古代到近代直至现当代，人学本体论形态的嬗变大致经历了两个阶段：第一个阶段是现成本体论阶段，第二个阶段是生成本体论阶段，相应的西方人学形成了两种理论形态：理论人学和实践人学。

"现成本体论"具体地表现为"实体本体论"（Substantive Ontology）。所谓"实体本体论"，是指"我们感官观察的现象并非存在本身，隐藏在它后面作为其基础的那个超感性'实体'，才是真正的'存在'，构成了'存在者'之所以'存在'的最终根据"。[①] 一言以蔽之，实体本体论是将现实的人回溯到和还原为一个原始的"始基"和"实体"，在人的生存之外寻求人之为人的终极根据。

前马克思时期，整个西方传统人学都沉浸在"实体万能化"的成就感之中。自巴门尼德开始，一直到黑格尔，变化的是"实体"的名称，不变的是"实体"的本质。从米利都学派的"自然实体"，到柏拉图、亚里士多德的"理性实体"，再到奥古斯丁的"上帝实体"，以及近代以来笛卡尔的"我思"、康德的"先验自我"、费希特的"绝对自我"、黑格尔的"绝对理念"，它们都有着异曲同工之妙。具体来说，不管这些"实体"如何改头换面、乔装打扮，它们的出场路径惊人的相似：顺序颠倒，头足倒置，用头立地，将最后的东西凌驾于最先的东西之上，将人之外的东西置于人之上；它们

---

① 贺来：《马克思哲学与"存在论"范式的转换》，《中国社会科学》2002年第5期。

的基本属性惊人的相似：都不属于经验的对象，而是超验的产物；它们的本质特征惊人的相似：实体自本自因、自根自据，无所需求、自由何在；它们的核心功能惊人的相似：超感性实体统治感性领域，超验实体主宰经验世界，不变的"存在者"凌驾于流动的"存在"之上；它们的致思逻辑惊人的相似：总是迷信"实体"无所不能，而置现实的人的能动性于不顾，置世俗生活的权威于不顾；它们的思维方式惊人的相似：总是热衷于还原论思维，将一切丰富性化约为简约性来处理，在从"多"到"一"的还原中粗暴践踏了现实生活世界的多样性、差异性、完整性、历史性以及面向未来的无限可能性；最后，它们的最终结局也惊人的相似：在追求"同一性"的过程中形成了一个最齐整、最晦暗的概念王国，在这里没有为现实的人留下地盘，没有为人的自由发展留下空间，严重地冒犯了"现实的人"。

实体本体论的僭越与人本价值的遮蔽总是如影随形。在前马克思时代，西方传统人学总是热衷于为可变的人生找寻不变的"实体"，试图通过不变的"实体"来筹划可变的人生，这是实体本体论人学根深蒂固的致思理路和一以贯之的行动策略。实体本体论人学对"实体"的迷恋，也许其出发点和初衷是好的，是为了营建"精神之乡"，确立"安身立命之本"，让漂泊的心灵得以安居。然而，其结局却与初衷南辕北辙。这就是："在追寻实体的途中却迷失了'自己'，在找寻'意义'的途中却失去了'意义'，在营建'精神之乡'的过程中却遁入了'无家可归'的境地，在确立人的生命意义之根基的同时却使人的生命意义在根基处失落"。① 一句话，实体存在论人学的初衷是为了寻找"安身立命之本"，结局却使人陷入了"无家可归"之境，追寻"实体"的道路是一条"通向人的奴役之路"。总之，只要是超验的实体依然占据崇高的位置，主宰流动的世界和现实的人，"人"就必然处于从属地位，"以人为本"就仍然

---

① 陈曙光：《以人为本"元"论》，博士学位论文，武汉大学，2010，第65页。

是一个被遮蔽的意义领域。

实体本体论传统的终结与生成本体论道路的开辟，这是与马克思的名字联系在一起的。实体本体论哲学发展到黑格尔那里走向了极端，因此也走向了终结。但是，这种本体论的终结并不意味着本体论历史的终止，而只是意味着本体论的转向，即现代生成本体论的滥觞。生成本体论肇始于19世纪中叶，马克思是这一存在论道路的决定性开辟者，此后的哲学家们大都行走在这一哲学道路上。

针对"实体宰制生活"的坚硬内核和实体本体论僭越的强大传统，马克思反其道而行之，将"人的感性生活"提升到了本体论的崇高位置，确立为人之为人的存在论根据，即"感性生活本体论"（Perceptual-Life Ontology）。那么，究竟什么是"感性生活本体论"？是指"人的感性生活"是人之为人的最本原的基础、最充足的根据，尊重人的生命价值也因此上升为最终的意义承诺。马克思在《德意志意识形态》中深入地阐发了这一存在论立场，本书第三章专门论述了这个问题，在此不再赘述。

人学本体论向"生活世界"的回归，人本价值从空想到科学的跃迁，是同时发生的重大历史事件，这两个历史事件都与马克思的名字联系在一起。马克思人学开辟的感性生活本体论道路既回答了"人是什么"的本体论问题，也回答了"如何对待人"的价值论问题。在马克思人学的存在论视域中，感性生活创造人，人不过是人类自身活动的产物和结果，人的感性活动是人类社会的深刻基础。

马克思人学本体论所彰显的是一种前所未有的价值论境界。这一境界说明，实现人类的自由和解放是马克思人学本体论的首要价值。这一境界说明，通过人的感性活动来改造世界是马克思人学本体论昭示的基本途径。这一境界说明，人之所为成为人只能归功于人自身，人的世界只能"以人为本"。这一境界说明，在人类社会中，"以人为本"不是一种奴人之术，一种权宜之计。这一境界说明，社会生活理应以民生幸福、美好生活为价值旨归，所谓的"物本""神本""官本"都是一种本末倒置的表现。

第三节 "以人为本"不是一个
存在论命题

综上所述，我们得出的基本结论是："人何以为本，价值论上缘起，存在论上解答"。但有人可能会提出疑问，人何以为本，既然可以从存在论的高度来给予解释，那是否意味着"以人为本"本身就是一个存在论（本体论）的命题呢？

确实，有不少学者认为，"以人为本"既是价值论的命题，也是一个本体论（存在论）的命题。比如，张奎良先生认为，"以人为本"蕴含这样的意义："人是本体论意义上的世界之本"[①]。高放先生也认为，"以人为本"的"本"不仅是事物的根本，也是世界的本原。虽然人不是世界最原始的本原，却是世界最亲近、最重要的本原。人是人的世界的本原。[②] 显然，这里的分歧首先源于对"本"的不同理解。

"本"——作为一个哲学范畴，存在两种合理的理解。一是指"根本"，这是价值论意义上的理解；二是指"本原""本体"，这是存在论意义上的理解。那么，"以人为本"的"本"，指的究竟是前者还是后者呢？或者说，"以人为本"究竟是一个本体论命题还是一个价值论命题，抑或既是本体论命题也是价值论命题？学术界众说纷纭，莫衷一是。我以为，要说清楚这个问题，还需要从"以人为本"的历史变迁说起。

在西方，"以人为本"经历了从本体论维度向价值论维度演化的历史变迁。

近代以降，笛卡尔对基督教的基本原则发起了决定性的反击，将"我是我所是"代之以"我思故我在"。在这里，笛卡尔把"我思"作为"我在"的根据，利用"我思"来占领上帝长期盘踞的最高位置，"人的本体以'我思'为根据，否定以前的以上帝

---

① 张奎良：《"以人为本"的哲学意义》，《哲学研究》2004 年第 5 期。
② 高放：《关于"以人为本"的一些疑问的辨析》，《党政干部学刊》2006 年第 4 期。

为依据。"① 可见，西方本体论层面的"以人为本"是对中世纪上帝本体论的反动。"以人为本"的价值论转向始于德国古典哲学，"人是目的"这一命题的提出是其突出标志。康德指出，人在其本身就是目的，"要把人当作目的看待，决不要把人当作手段使用。"② 人之一切行为都是为了人自己，而不是为了人之外的任何东西。"人是目的"的论断是价值论人本主义的伟大开端，这一论断在反对封建专制主义、开启资产阶级民主革命的序幕中起到了积极的作用。但是，这一时期，人是通过精神性的实体来赋予其地位，依靠理性来裁剪人的生活、确定人的价值，因而人本维度还是被遮蔽的。

费尔巴哈的唯物主义人本学是西方近代人本主义思潮发展的一座高峰，但费尔巴哈也只是发现了人而没有真正揭开人的秘密，实现人的价值的通道还是没有彻底打开。尽管费尔巴哈批判了宗教神学对人的宰制，将"神是人的最高本质"代之以"人是人的最高本质"的科学命题，喊出了"推到神恢复人的最高权威"的口号，却终归未能揭开宗教产生的世俗根源，只是停留于口号。尽管费尔巴哈也批判了以黑格尔为代表的理性主义哲学，反对近代以来愈演愈烈的"理性主体化""理性实体化"的形而上学做法，将脱离主体、自由自在、自根自据的"理性"重新纳入主体之中，将"人的主体是理性"这一被理性主义哲学家颠倒的命题重新颠倒过来——"理性的主体是人"，但是费尔巴哈始终停留在有血有肉的自然人，全然不知人的历史性实践对于人生成为人的重大意义，对于人的自由发展的重大意义，对于人的价值实现的重大意义。因而，在费尔巴哈那里，人本主义还只是一个抽象的东西。

马克思在扬弃前人的基础上创立了科学的人本思想，在价值论层面赋予了"以人为本"的科学内涵，即：将人从受奴役、受剥削、

① 王锐生：《以人为本：马克思主义与非马克思主义的界限》，《高校理论战线》2006 年第 2 期。

② 北京大学哲学系外国哲学史教研室编译《西方哲学原著选读》下卷，商务印书馆，1982，第 317 页。

受压迫的关系中解放出来，把人的世界和人的关系还给人自己，实现每个人的自由全面发展。这就是马克思主义视域中"以人为本"的全部内涵。

在马克思主义看来，以人为本的"本"不是"本体"的本，而是"根本"的本；以人为本不是一个本体论的概念，而是价值论的概念。正如李德顺先生所言，"从哲学上看，尽管我们的存在论和认识论在事实上是要以人为本的，但'以人为本'却并不是一个存在论或认识论的命题，而是一个纯粹的价值观命题"。① 以人为本就是以人为根本，以人为出发点，以人为落脚点。今天，我们强调科学发展观的核心是"以人为本"，强调我们党的执政理念是"以人为本"，显而易见，这都不是要回答"人是世界本原"的本体论问题，也不是要回答人神物之间"何者第一性、何者第二性"的问题，而是要回答在人与物之间、官与民之间、最大多数人与极少数人之间，何者更重要、什么最根本的问题。以人为本是相对于物本位价值观和权本位价值观而言的，与金钱本位、权力本位、资本逻辑相比，人更重要、更珍贵，人的价值大于物的价值，人本逻辑超越资本逻辑，人的地位高于权力地位，不能本末倒置，不能舍本逐末。

一言以蔽之，人何以为本，可以立足于存在论的高度来回答，但这不意味着以人为本首先是一个存在论的命题。在马克思主义的视域下，在当代中国的语境中，"以人为本"首先是一个价值论的命题，而且只能是价值论的命题。若把本属于价值论领域的基本命题提升至本体论领域，则很可能导致历史唯心主义。在当代中国，"以人为本"作为一个使用频率颇高的词语，其内涵是确定的，而不是漂浮的，不宜做过多的、任意的解读。

（本章内容原载于《求索》2015 年第 6 期，收入时有修改）

---

① 李德顺：《以人为本的价值观》，《哲学动态》2004 年第 7 期。

第九章

人本神话：资本主义
价值观的前提反思

本章内容摘要：

伴随着文艺复兴与启蒙运动的脚步声，资本主义高喊着"自由、平等、博爱"的口号来到了人间，高举着"自由、民主、人权"的旗帜降临于尘世。作为资产阶级反对封建主义的纲领，资本主义价值观的出场，是人类文明的巨大跃进，为推动人类社会发展进步和人的自由解放发挥了历史性作用。但是，受制于阶级立场的局限性和阶级利益的狭隘性，受制于资本逻辑对人本逻辑的压制、资本利益对人民利益的僭越，资本主义社会一贯倡导的自由、平等、博爱、民主、人权不过是统治阶级精心编织的，用来美化自己、欺骗人民的"人本神话"。今天，我们应当对资本主义的人本精神展开前提性反思和批判，避免不加反思地全盘接受资本主义的人本逻辑，从而坠入资产阶级预先设下的"人本陷阱"。资本主义社会客观存在的九个背反："人的物化"与"物的人格化"的背反，"物的世界的增值"与"人的世界的贬值"的背反，人的独立性与物的依赖性的背反，生产社会化与生产资料私人垄断化的背反，个体片面发展与社会全面发展的背反，人的异化生存与自由本性的背反，工具理性与价值理性的背反，虚假的共同体与阶级真实意志的背反，决定了其不可能是一个真正的人本社会，马克思恩格斯所设想的理想的人本社会在今天还没有出现。

伴随着文艺复兴与启蒙运动的脚步声，资本主义高喊着"自由、平等、博爱"的口号来到了人间，高举着"自由、民主、人权"的大旗降临于尘世，资产阶级人道主义原则已经发展为系统的人性论和人本学说。资本主义社会的一切，从物质生活到政治文明，从文化精神到制度设计，从私人领域到公共领域，从政治理念到伦理学说，从市民社会到政治国家，似乎都渗透着强烈的人本精神，以致在部分人的心目中造成了这样一种挥之不去的印象：资本主义社会是真正的人本社会，而且唯有资本主义社会才是以人为本的社会。资本主义一时间成为世人向往的"天堂"，资本主义的人本精神正呈霸权之势席卷全球，试图统治全世界。

然而，人类久远的人本理想真的在资本主义社会成为现实了吗？今天，我们必须对资本主义的人本精神展开前提性反思和批判，避免不加反思地全盘接受资本主义的人本逻辑，从而坠入资本主义预先设下的"人本陷阱"。资本主义社会客观存在的九大背反决定了其不可能是一个真正的人本社会，马克思和恩格斯所设想的理想的人本社会在今天还没有出现。

第一节　"人的物化"与"物的人格化"的背反

人，应该像人那样生活。然而，在资本主义社会，一方面是人降低为物，即人的物化；另一方面是物提升为主体，即物的人化，两方面"和平共处"共同消解了近代以来得以高度彰显的人本精神，

"像人那样生活"成了难以实现的奢望。正如马克思所言，在这个已经创造并还将继续创造无数辉煌的资本主义世界中，"我们的一切发现和进步，似乎结果是使物质力量成为有智慧的生命，而人的生命则化为愚钝的物质力量"。① 这是一种完全的颠倒，其实质就是"物的人格化和人的物化"。②

物的人化，首先体现为物奴役人。在资本主义社会中，"物"上升为社会的主体，资本家不是作为这种或那种个人性的体现者来统治工人，资本家只是在"资本"的范围内统治工人。"物品不是为人服务而设，相反人却成了物品的奴仆"。③ 生产资料、生活资料"不是从属于工人，相反，是工人从属于它们。不是工人使用它们，而是它们使用工人"。④ "资本家对工人的统治，就是物对人的统治，死劳动对活劳动的统治，产品对生产者的统治"。⑤ 在这里，物的权力不归物的生产者所有，而是凌驾于物的生产者之上的绝对权力，将物的生产者置于同自己相对立的地位。

物的人化，其次体现为机器操纵人。机器的发明本是为了人的解放和自由而设，但一旦机器遍布生活的各个领域之后，仿佛整个社会也变成了一部庞大的机器，人反倒失去了很多的自由，变成了机器的奴仆，从机器的创造者变成了服从者，从主人变成了奴隶，完全失去了自我。马克思曾经指出：工人作为机器的仆人而从属于机器的现象，在机器大工业中是常态。单个工人构成总机体的有生命的附件，而这个机体是以自动的机器体系的形式存在于人之外的。"实行（简单）协作和把协作工人当作一个巨大的总自动机的活动附件和仆人而分配到这个自动机的各个部分上"，工人只不过是这个没有意识的机器体系中的有生命的附件，有意识的附属物，"工人象

① 《马克思恩格斯选集》第1卷，人民出版社，1995，第775页。
② 《马克思恩格斯全集》第48卷，人民出版社，1985，第37页。
③ 韩庆祥、亢安毅：《马克思开辟的道路——人的全面发展研究》，人民出版社，2005，第58页。
④ 《马克思恩格斯全集》第48卷，人民出版社，1985，第37页。
⑤ 《马克思恩格斯全集》第49卷，人民出版社，1982，第48~49页。

从属于自己的命运一样从属于机器"。① 即使到了现代社会，机器操纵人的非人现实也依然如故，只不过这种意义上的不自由往往以自由和舒适的形式表现出来，"它的新颖之处在于这种不合理事业中的压倒一切的合理性"。②

物的人化，更主要地体现为资本统治人。在资本主义社会，表面上是资本家在统治，实际上是资本在统治，"资本家本身只有作为资本的人格化才是统治者"。③ 资本逻辑主宰一切，人格化的资本万能化，人沦为资本的奴隶，资本上升为社会的主人。资本是资本主义社会中统治人们生活的"绝对存在"，是支配一切社会关系的"世俗之神"，是主宰全部社会生活的"轴心原则"，是决定资本主义社会中一切存在物是其所是的内在根据，是衡量一切存在物存在"意义"和"价值"的终极尺度。商品、货币、资本这些人创造出来为人所用的东西，现在却获得了一种"神秘"的强大力量反过来支配人。在马克思看来，资本、货币确实就是资本主义的真正"国王"——"财产，同人的、精神的要素相对立的自然的、无精神内容的要素被捧上宝座，……金钱、财产的外在化了的空洞抽象物，就成了世界的统治者。人已经不再是人的奴隶，而变成了物的奴隶"。④ 资本（货币）是整个社会的真正统治者，"是最高的善"，"是有形的神明"，"是真正的创造力"，⑤ 是万能的主宰者。

人的物化，也称为"人的非人格化"，是指人类存在方式和需求的多样性被单面化为"物性"，人不是像"人"那样有尊严地生活，而是降低为"物"而苟活于世。在资本主义社会，人的价值表现为物的价值，人的需要表现为对物的需要，人的力量表现为物的力量，人的个性表现为物的个性，人只有通过物才能得到表现和确证。人的物化，首先表现为人单面化为"商品"。马克思指出，在资本主义

①　《马克思恩格斯全集》第47卷，人民出版社，1979，第526页。
②　〔美〕马尔库塞：《单向度的人》，刘继译，上海译文出版，2006，第31页。
③　《马克思恩格斯全集》第48卷，人民出版社，1985，第36页。
④　《马克思恩格斯全集》第3卷，人民出版社，2002，第534页。
⑤　《马克思恩格斯全集》第3卷，人民出版社，2002，第362、362、363页。

社会，"工人降低为商品，而且降低为最贱的商品"。① 人作为资本增值的一个环节被看成一种经济动物，"工人只有当他对自己作为资本存在的时候，才作为工人存在；而他只有当某种资本对他存在的时候，才作为资本存在。资本的存在是他的存在、他的生活，资本的存在……规定他的生活的内容。"② 当然，工人是一种与众不同的"资本"——"一种活的、因而是贫困的资本"，这种"资本"只要一瞬间不劳动便会失去自己的生存条件。这种"活的资本"，也同其他任何商品一样，"不得不把自己零星出卖"，不得不服从商品供求规律，不得不"受到竞争的一切变化、市场的一切波动的影响"。③ 可见，在资本主义社会，人不过是待价而沽的商品。

人的物化，其次表现为人单面化为"机器"。科学技术的发展、机器大生产的出现在一定程度上代替了千百年来人类劳动实践系统的相应功能。"大工业的机器使工人从机器下降为机器的单纯附属品。'过去是终身专门使用一种局部工具，现在是终身专门服侍一台局部机器。滥用机器的目的是要使工人从小就变成局部机器的一部分。'"④ 生产工人沦落为没有意识、动作单调的机器体系中的有生命的"零件"，"活劳动只不过是死劳动的一个有意识的器官"。⑤ 哈贝马斯深刻地指出："人类掌握了主要根植于人类有机体之中的目的——合理活动的行为系统之基本成分，并把它们一个接一个地投射到技术手段的平面上，从而使自身摆脱了相应的功能。"⑥ 首先是人的活动器官——手和脚的功能得到扩充和被取代，然后是人的感觉器官——眼睛、耳朵、皮肤的功能得到扩充和被取代，最后是人的指挥器官——大脑的功能得到扩充和被取代。人无须发挥自身的

① 《马克思恩格斯全集》第3卷，人民出版社，2002，第266页。
② 《马克思恩格斯全集》第3卷，人民出版社，2002，第281～282页。
③ 《马克思恩格斯选集》第1卷，人民出版社，1995，第279页。
④ 《马克思恩格斯全集》第20卷，人民出版社，1971，第316～317页。
⑤ 《马克思恩格斯全集》第47卷，人民出版社，1979，第567页。
⑥ 转引自陈学明《哈贝马斯的"晚期资本主义"论述集》，重庆出版社，1993，第288～289页。

能动性和创造性，只需服从技术系统的要求，原先由人承担和履行的功能现在已经转嫁给了机器，而人本身则降低为机器的零件和组成部分。

人的物化，再次表现为人与人之间关系的物化。人与人之间的关系以物与物之间的形式表现出来。马克思指出："个人的物化不是个人在其自然规定性上的物化，而是个人在一种社会规定（关系）上的物化。"① 资本主义社会中的生产以交换价值为基础，交换价值因此成为个人之间唯一的社会联系，只有通过交换，个人的活动和产品才能成为实现自己私人利益的形式和手段。在这个社会中，人与人之间"交往的语言是物的语言，而不是人的语言"。② 生产的目的不是为了人本身，而是为了交换价值。在资本主义社会，社会关系转化为物的、对于个人来说是异己的关系；相应地，个人能力也转化为物的能力——生产、占有、支配、消费物的能力，因为个人只有成为交换价值或货币的所有者、支配者，才能行使支配别人的活劳动乃至支配整个社会财富的权利。这样，人的物化过程就表现为全面的异化，即为了纯粹外在的目的而牺牲了个人的目的本身。

人的物化，还表现为人的需求单面化为"物欲"和"名利"。人的需求是丰富多彩的，有生存的需要，有发展的需要；有物质的需要，有精神的需要；有名利的需要，有道义的需要；有世俗的需要，有崇高的需要。然而，在资本主义社会，人的多样性需求单面化为"物"的追求，人们神化经济价值（如 GDP 崇拜）而见物不见人，迷恋利益驱动而鄙视精神价值，膨胀世俗欲望而疏远崇高追求，热衷追名逐利而背弃理想信念，③ 人沦为了"没有信仰，只有物欲""没有道义，只有名利""耻言理想，唯重利益""躲避崇高，贪恋享受"的单面人。

---

① 《马克思恩格斯全集》第 46 卷（上），人民出版社，1979，第 176 页。
② 陈先达：《处在夹缝中的哲学》，北京师范大学出版社，2004，第 178 页。
③ 参见侯惠勤《"以人为本"的精神实质和理论界限》，《红旗文稿》2006 年第 7 期。

可见，由于资本主义生产方式的局限性，"以人为本"的价值诉求在"物的人化"与"人的物化"的双重夹击中被迫沦为观念上的"应当"，外在的物上升为唯一的价值尺度，"人"在资本逻辑强势推进的世俗化进程中遭遇到了自身价值的贬抑，作为无产阶级的"人失去了自己"，"实际上已完全丧失了一切合乎人性的东西，甚至完全丧失了合乎人性的外观……达到了违反人性的顶点"。[1] 因此，在资本主义社会，"以'资'为本"才能迎合资本的本性，才是资本主义时代的必然归结。

第二节 "物的世界的增值"与"人的世界的贬值"的背反

一般来说，理想的社会必然是随着物的世界的不断增值，人的世界也随之不断增值。然而，在资本主义世界，"物的世界的增值同人的世界的贬值成正比"，[2] 这是资本主义社会的一般规律。

资本主义时代是物的世界膨胀最快的时代。过去几百年来资本主义工业文明的历史已经证明，资本主义生产方式导致人类社会发生了根本变化。正如马克思所说，资产阶级在它不到一百年的统治中所创造的生产力，比过去一切世代所创造的全部生产力还要多、还要大。相比于马克思生活的 19 世纪，20 世纪直至 21 世纪是人类发展史上最为惊心动魄的时代。在这一百多年中，人类高扬理性精神，充分发挥自主创造能力，经济全球化、生产全球化、全球信息化……可谓有史以来物的世界增值最快的时代。如果马克思还活着，他一定会再次为"资本"的力量所震撼。

然而，资本主义时代也是人的世界贬值的时代。近现代资本主义社会发展的一个重要特征，就是"见物不见人"，经济与社会物质财富的增长始终是以牺牲个人的全面发展为代价，物的增值与人的

---

① 《马克思恩格斯全集》第 2 卷，人民出版社，1957，第 45 页。
② 《马克思恩格斯选集》第 1 卷，人民出版社，1995，第 40 页。

贬值同时并存、并驾齐驱。在交换价值的指挥棒下，人的价值不在于人自身，而在于人所拥有的物。生产帽子的人的价值就在于他生产的帽子，生产鞋子的人的价值就在于他生产的鞋子，而不在于他是"人"。所以马克思说："我们彼此的价值就是我们彼此拥有的物品的价值。因此，在我们看来，一个人本身对另一个人来说是某种没有价值的东西"。① 在这种情况下，人的价值发生了贬值。20 世纪以来，冷战热战战乱不断，危机丛生，种族歧视、民族冲突、核武器威胁、艾滋病蔓延、毒品泛滥、精神萎靡、信仰失范、道德沦落，人性的弱点和劣根性全方位地暴露出来，人类亲手制造的这些危机和困境已经直接导致了人类自身的贬值。借用文学家狄更斯的话来说，资本主义时代是一个"最好的时代"，也是一个"最糟的时代"；是一个"理想的时代"，也是一个"迷惘的时代"。马克思指出，在资本主义社会，现代工人阶级并不是随着工业的进步而上升，而是越来越降到本阶级的生存条件以下。② 劳动为富人生产了财富，却为自己生产了赤贫；劳动生产了宫殿，却为自己生产了棚舍；劳动创造了美，却使自己变成了畸形；劳动用机器代替了手工劳动，却使一部分人回到了野蛮的劳动，使另一部分人变成了机器；劳动生产了智慧，却给工人生产了愚钝。③ 资本主义社会在资本原则的驱动下导致了人们生活的物化和物质丰富中的价值贬值。人们创造财富是为了生活得更好、更舒适、更健康、更幸福。然而，在资本主义条件下，人们感到的却是生活的压力越来越大，生活的节奏越来越快，活得越来越累，亚健康成为生活中越来越常见的现象，甚至很多人都对未来充满了不可言状的恐惧感、末日感。在资本主义社会，物的堆积与人的空虚并存，一定程度上存在着经济有增长、人却无发展的状况。"与'进步'的奢望相反，经常可以发现退步和

---

① 《马克思恩格斯全集》第 42 卷，人民出版社，1979，第 37 页。
② 参见《马克思恩格斯选集》第 1 卷，人民出版社，1995，第 284 页。
③ 参见《马克思恩格斯全集》第 3 卷，人民出版社，2002，第 269～270 页。

循环的情况"。① 梁启超先生也深有同感，"一百年物质的进步，比从前三千年所得的还加几倍，我们人类不惟没有得着幸福，倒反带来许多灾难"。② 人的幸福指数和快乐度并没有在物的丰富中得到同步提高。

可见，资本主义社会完全是一个畸形的社会，资本主义社会中的"人"完全是一个畸形的"人"。而且，只要"资产阶级生存和统治的根本条件"——"是财富在私人手里的积累，是资本的形成和增殖"③——不变，物的世界的增值与人的世界的贬值之间背反的状况就不会有根本的改变。即使是在现代资本主义社会中，也依然是一个物欲操纵人、资本奴役人、机器支配人、分工限制人的社会。显然，这样一个人不断贬值的社会不可能是真正的人本社会。

第三节　人的独立性与物的依赖性的背反

人，既摆脱了对人的依附，也摆脱了对物的依附，这才是具有独立人格的人，才是真正的"自由人"。然而，资本主义社会却是一个"人的独立性"与"物的依赖性"并存的社会。

马克思指出，在资本主义社会，人摆脱了前资本主义时代的那种人身依附关系，并获得了对他人的独立性。然而，这种"独立性"却并不是完全的"独立性"，或者说并不是实质上的"独立性"，而只不过是形式上的"独立性"——"以物的依赖性为基础的人的独立性"。如果说前资本主义社会表现为人的限制即个人受他人限制的话；那么，在资本主义社会，则表现为物的限制即个人受不以他为转移并独立存在的关系的限制。④ 表面上，在资产阶级的统治下，各个人被设想得要比先前更自由些；"事实上，他们当然更不自由，因

---

① 《马克思恩格斯全集》第 2 卷，人民出版社，1957，第 106 页。
② 梁启超：《科学万能之梦》，《时事新报》1920 年 3 月。
③ 《马克思恩格斯选集》第 1 卷，人民出版社，1995，第 284 页。
④ 参见《马克思恩格斯全集》第 46 卷（上），人民出版社，1979，第 110 页。

为他们更加屈从于物的力量"，① 受制于物的统治，人在对"物的依赖"中"再度丧失了自己"，此前对"神"的崇拜转变为对"物"（商品、货币、资本）的崇拜。在这种社会形态中，人的依赖纽带、血统差别、教育差别、身份等级差别等前资本主义时代的特征事实上都被打破了，被粉碎了，人获得了可贵的"独立性"。然而，个人的"独立性"和"自由"只是相对于前资本主义社会的"不独立""不自由"而言的，只不过是个人可以"独立地""自由地"出卖自己的劳动力，有了人身自由，而且"自由得一无所有"。② 因此，这种"独立性"和"自由"实质上只不过是"幻想"，确切些说，这种"独立性"和"自由"可叫作独立到了"彼此漠不关心"的极致，自由到了"彼此漠不关心"③ 的地步。各个人看起来似乎可以独立地、自由地互相接触并在这种自由中互相交换、平等交换；但是，这种貌似平等、貌似独立是有条件的——只有在那些不考虑个人互相接触的条件即不考虑生存条件的人看来，各个人才显得是这样的。④

不容否认，在资本主义社会中，"人的依赖关系"的解除和个人对他人独立性的获得，为"以人为本"的实现，为人的自由全面发展提供了某种可能性。事实也似乎确实如此，资本主义在其长期的发展进程中，通过对生产关系的调整和改革，有效化解了各种经济社会矛盾和危机，为生产力的发展提供了新的空间，发达资本主义国家工人的生产生活条件得到了很大的改善。然而，可能性不等于现实性。在资本主义社会中，"人的独立性"却是通过人与人之间的相互敌对体现出来，每个人是相互敌对的存在者，通过否定他人来肯定自身，这与个人之间应该"互相尊重、友好相处"的人本原则是相背离的。毋庸置疑，无产者与资产者之间完全是敌对性的依赖

---

① 《马克思恩格斯选集》第 1 卷，人民出版社，1995，第 120 页。
② 《马克思恩格斯全集》第 23 卷，人民出版社，1972，第 192 页。
③ 参见《马克思恩格斯全集》第 46 卷（上），人民出版社，1979，第 110 页。
④ 参见《马克思恩格斯全集》第 46 卷（上），人民出版社，1979，第 110 页。

关系，他们都是依赖于"物"的存在者。除此之外，同一阶级内部的资本家之间或无产者之间也主要体现为一种对立性的关系或者说对立性的依赖关系，而不是体现为个人之间的相互认同。资本家之间，自由竞争的关系占主导地位，彼此之间争夺的结局要么是你死我活，要么是两败俱伤，要么是弱肉强食。即使是在无产者之间，情形也好不了多少。因为工人为了获得更多的工作机会不得不与其他工人展开激烈的竞争，当资本家以解雇、扣薪、迫害相威胁的时候，不同工人彼此间的矛盾和竞争关系就显得尤为突出，并致使他们的阶级同盟开始出现瓦解的倾向。总之，"尽管竞争把各个人汇集在一起，它却使各个人，不仅使资产者，而且更使无产者彼此孤立起来"。①

总之，"物的依赖关系"的存在意味着人的独立性仅仅是一种"外表上"的独立性，资本主义社会中的不公正状况不仅没有消除，在一定程度上反而加剧了，人的自由个性的实现还是遥不可及的梦想，真正意义上的"以人为本"还远没有实现。一个没有摆脱"物的依赖关系"的社会，就不可能实现每个人的自由全面发展；理想的人本社会必然是一个彻底摆脱了"物的依赖关系"的社会。

第四节　生产社会化与生产资料私人垄断化的背反

社会化生产理应由全社会来占有，这本来是天经地义的事情。然而，在资本主义社会，却是多数人生产，少数人占有，多数人为少数人生产，少数人替多数人占有，这构成了资本主义社会中的又一二律背反结构。

马克思指出，资本主义社会的主要矛盾是生产的社会化与生产资料的私人占有之间的矛盾。在资本主义社会中，在社会化大生产的条件下，工人的劳动产品不属于自己，而是属于"工人之外的他

① 《马克思恩格斯选集》第1卷，人民出版社，1995，第116页。

人",工人在生产的过程中"生产出不生产的人对生产和产品的支配……使与他相异的人占有非自身的活动……工人生产出一个对劳动生疏的、站在劳动之外的人对这个劳动的关系"。① 也就是说,工人生产出资本家。"工人丧失所有权,而物化劳动拥有对活劳动的所有权,或者说资本占有他人劳动,或者说资本占有他人劳动"。② 可见,资本主义社会中劳动和所有权是分离的,工人生产但不享有所有权,资本家享有所有权但不生产,"劳动将创造他人的所有权,所有权将支配他人的劳动"。③ 这种私人占有的所有权是一种强大的社会权力,是迫使无产阶级不得不服从的强制性力量。"财产直接且即刻赋予所有者的权力,是购买力,是对于市场上各种劳动或劳动产品的某种支配权。这种支配权的大小与他的财产的多少恰成比例;或者说,他能够购买和支配的他人劳动量或他人劳动产品量的大小,与他的财产的多少恰成比例。"④ 或者,更直白地说,"占有巨大的财富就意味着掌握了统治男人、女人和物质的权力"。⑤ 可见,在私有制条件下,即使没有来自政府的干预,有产者也因其财产占有权而拥有一种迫使无产者无条件服从的力量,有产者享有剥削无产者的自由,而相应的无产者则丧失不被剥削的自由。正如托马斯·迈尔所说,"财产所有者可以不受限制地自由支配无财产者的劳动……生产资料的私人占有导致由所有的人共同创造的财富不公正地集中在少数生产资料占有者手中。"⑥ 这样,在资本主义社会中,只有资本家才有完全的经济自由可言,而无产者则不可能拥有完全的经济自由。在这种条件下,所谓的"以人为本"实质上"以财产(物)为本",而财产是资

---

① 《马克思恩格斯全集》第 3 卷,人民出版社,2002,第 277 页。
② 《马克思恩格斯全集》第 46 卷(下),人民出版社,1980,第 361 页。
③ 《马克思恩格斯全集》第 46 卷(上),人民出版社,1979,第 189 页。
④ Adam Smith, *An Inquiry into the Nature And Causes of the Wealth of Nations*, *Volume 1*, Clarendon Press. Oxford, 1979, 48.
⑤ 〔英〕拉斯基:《思想的阐释》,张振成、王亦兵译,贵州人民出版社,2002,第 255 页。
⑥ 〔德〕托马斯·迈尔:《社会民主主义的转型》,殷叙彝译,北京大学出版社,2001,第 11 页。

本家的"专利"，因此，"以人为本"归根到底是"以资本家为本"。

正是由于资本主义社会中"多数人生产，少数人占有"的这一固有矛盾，必然导致贫困积累与财富积累比肩并列的异化现象。马克思认为，在资本主义社会，一切提高社会劳动生产力的方法都是靠牺牲工人来实现的，一切发展生产的手段都变成统治和剥削生产者的手段。"社会的财富即……资本越大，它的增长的规模和能力越大，从而无产阶级的绝对数量和他们的劳动生产力越大，产业后备军也就越大……产业后备军的相对量和财富的力量一同增长。但是同现役劳动军相比，这种后备军越大，常备的过剩人口也就越多，他们的贫困同他们所受的劳动折磨成反比……这就是资本主义积累的绝对的、一般的规律。"① "使相对过剩人口或产业后备军同积累的规模和能力始终保持平衡的规律把工人钉在资本上，……这一规律制约着同资本积累相适应的贫困积累。因此，在一极是财富的积累，同时在另一极，……是贫困、劳动折磨、受奴役、无知、粗野和道德堕落的积累。"② 由于生产资料归私人占有，工人完全丧失了生产资料的所有权，除了劳动力之外一无所有，工人不得不以出卖劳动力为其收入的唯一来源，如果他不愿饿死，就一刻也不能离开整个购买者阶级即资产阶级，"工人不是属于某一个资本家，而是属于整个资本家阶级。"③ 工人被迫向资本家出卖自己的劳动力，工人所创造的劳动产品和社会财富完全属于资本家，工人的劳动仅仅是维持其生活需要的谋生手段，这样下去的结果必然是财富的积累与贫困的积累并驾齐驱。在资本主义社会，"现代工业和科学为一方与现代贫困和衰颓为另一方的这种对抗……是显而易见的、不可避免的和毋庸争辩的事实"。④ 即使是今天，发达资本主义国家也同样是摩天大楼与贫民窟并存，亿万富翁与贫困人口并存，现代化城市与

① 《马克思恩格斯选集》第2卷，人民出版社，1995，第258页。
② 《马克思恩格斯选集》第2卷，人民出版社，1995，第259页。
③ 《马克思恩格斯选集》第1卷，人民出版社，1995，第337页。
④ 《马克思恩格斯选集》第1卷，人民出版社，1995，第776页。

贫民窟并存，财富不断地向发达国家集中，弱国则必须付出更大的代价。法国前总统希拉克不无忧心地说：与 19 世纪以来的欧洲传统相反，欧洲第一次处于贫困不断加重、不断扩大的境地。① 这种种现象显然是有悖于资产阶级一贯倡导的人本精神的。

多数人生产与少数人占有之间的矛盾，贫困积累与财富积累之间的对立，所导致的直接后果就是社会内部的严重分裂，人与人之间关系的疏远、利益的矛盾以及阶级之间的对抗。在这样的社会条件下，人与人之间、个人和社会之间，绝不是和谐关系，而是敌对关系，这显然是远离了人本精神的真谛。

第五节　个体片面发展与社会全面发展的背反

一般来说，人类个体的发展与社会总体的发展是一致的，社会的发展越全面，越是有利于个人的全面发展。然而，在资本主义社会，社会总体的全面发展以牺牲个人的全面发展为代价，出现了个体发展的片面性与总体发展的全面性之间的背反。

在资本主义社会，商品经济和市场机制极大地推动了人类的发展，但与此同时也给个人发展带来了消极影响。由于强制性的社会分工，"由于劳动被分成几部分，人自己也随着被分成几部分。为了训练某种单一的活动，其他一切肉体的和精神的能力都成了牺牲品。人的这种畸形发展和分工齐头并进，分工在工场手工业中达到了最高的发展……'工场手工业把工人变成畸形物，它压抑工人全面的生产志趣和才能，人为地培植工人片面的技巧……个体本身也被分割开来，成为某种局部劳动的自动的工具'（马克思），这种自动工具在许多情况下只有通过工人的肉体的和精神的真正的畸形发展才达到完善的程度。"② 个人的生活条件迫使他只能牺牲其他一切特性

---

① 转引自胡元梓等主编《全球化与中国》，中央编译出版社，1998，第 9 页。
② 《马克思恩格斯全集》第 20 卷，人民出版社，1971，第 316 页。

而单方面地发展某一种特性，个人的生活条件也只提供给他发展这一种特性的材料和时间，因而，个人始终不能超出单方面的、畸形的发展。① 一位英国学者也曾感伤地指出，在工业生产甚至在农耕劳作中，机器都越来越代替了人力，这在很大程度上剥夺了人类一个无法估计的福分，即劳动的必要性。"机器几乎是自动地不断吐出产品，工人在创造这些产品时并不起什么作用。他们已经丧失了工匠的乐趣、丧失了过去在认真运用自己的技艺、仔仔细细创造产品的过程中所感到的快慰"。② 当然，个人是有发展的，不过这是一种片面的发展、畸形的发展，社会文明的发展繁荣并没有伴以个人的全面发展，在一定程度上说甚至是浪费了个人的全面发展，——不仅工人阶级失去了全面发展的可能性，压迫工人阶级的资产阶级也失去了全面发展的可能性。正如恩格斯所说：不仅是工人阶级，直接剥削工人的资产阶级"也都因分工而被自己活动的工具所奴役；精神空虚的资产者为他自己的资本和利润欲所奴役……一切'有教养的等级'都为各式各样的地方局限性和片面性所奴役，……为他们的由于受专门教育和终身束缚于这一专门技能本身而造成的畸形发展所奴役"。③ 可见，资本主义社会"实际上只是用最大限度地浪费个人发展的办法，来保证和实现人类本身的发展。"④ 资本主义社会内部由于强制性的分工，既产生了专业和特长，也产生了职业痴呆；既发展了人的智力和身体，也导致了智力和身体上的畸形化；脑体的对立把一部分人变成了纯粹的体力劳动者而把另一部分人变成了纯粹的脑力劳动者；城乡的对立把一部分人变成了"乡村动物"而把另一部分人变成了"城市动物"；工农的对立把一部分人变成了受局限的"工人"而把另一部分人变成了受局限的"农民"。爱因斯坦在晚年独具慧眼地揭示了现代资本主义社会的病像："个人畸形发

---

① 参见《马克思恩格斯全集》第 3 卷，人民出版社，1960，第 295~296 页。
② 转引自贝尔纳《科学的社会功能》，陈体芳译，商务印书馆，1982，第 44 页。
③ 《马克思恩格斯全集》第 20 卷，人民出版社，1971，第 317 页。
④ 《马克思恩格斯全集》第 25 卷，人民出版社，1974，第 105 页。

展是资本主义的最大罪恶"。①

　　但是，正是通过牺牲个人全面发展的途径，才有了资本主义社会总体上的发展繁荣。资本主义社会"在把人类个体抽象化的同时，造就了人类总体的全面性和普遍性"②。从而为共产主义社会形态下每个人的全面发展创造了条件。这种个体发展的片面性与社会总体发展的全面性之间背反的状况绝不是人类发展史上的偶然插曲，而是个人与社会发展都无法逾越的必经之途。马克思曾经深刻地指出："'人'类的才能的这种发展，虽然在开始时要靠牺牲多数的个人，甚至靠牺牲整个阶级，但最终会克服这种对抗，而同每个个人的发展相一致；因此，个性的比较高度的发展，只有以牺牲个人的历史过程为代价……因为在人类，也象在动植物界一样，种族的利益总是要靠牺牲个体的利益来为自己开辟道路的。"③ 人类的发展总是以牺牲个人的全面发展为代价，这是资本主义社会人的发展的一般规律。因此，我们也就不难理解为什么资本主义在经过几百年的突飞猛进之后，资本主义社会的发展从总体上来看已经越来越全面了，然而，资本主义社会中个人的发展却越来越片面，越来越沦为"单面人"。

　　不过，尽管个人在分工的条件下发展越来越片面、畸形，但同时形成的社会生产力又为个人能力的全面发展提供了物质基础和前提条件。然而，这毕竟不是"个人全面发展"的实现，因此，从根本上说，资本主义社会并非理想的人本社会。

第六节　人的异化生存与自由本性的背反

　　人，就其本真状态而言，是自由自觉的。然而，在资本主义社会，人却无时无刻不在异化之中。

　　马克思在《巴黎手稿》中指出：人的类特性是自由的有意识的

---

①　〔美〕爱因斯坦：《"为什么要社会主义"？》，《光明日报》1991 年 7 月 7 日。
②　李大兴：《论马克思人的全面发展理论的根本变革》，《哲学研究》2006 年第 6 期。
③　《马克思恩格斯全集》第 26 卷 II，人民出版社，1973，第 124～125 页。

活动。① 这一思想明确揭示了人的生命活动本是自由自觉的，人就其本性来说是"自由的人"。所谓"自由自觉的人"，是相对于资本主义社会使人异化为"非人"的状况而言的，"是一种理想的，应当如此的人，是作为人的发展前景在共产主义社会获得彻底解放、全面占有自己的本质的人"。② 马克思认为，人应该过"真正的人的生活"，享有"真正的人的自由"；马克思强烈谴责资本主义"使人不成为人"的"非人的处境"。

在资本主义社会，人的生命活动丧失了自由自觉的本性，陷入了四重异化之中。第一，人与自己的劳动产品相异化。马克思认为，在资本主义社会，"劳动所生产的对象，即劳动的产品，作为一种异己的存在物，作为不依赖于生产者的力量，同劳动相对立"。③ 工人在劳动过程中耗费的力量越多，他亲手创造出来与自身相对立的、异己的力量就越强大，他自身、他的内部世界就越贫乏，归他所有的东西也就越少。工人生产的对象越多，他能够占有的对象就越少，而且工人就越受自己的劳动产品即资本的统治。第二，人与自己的劳动相异化。马克思认为，劳动对工人来说不属于他的本质，是外在的东西：工人在自己的劳动过程中不是感到幸福，而是感到不幸；不是肯定自己，而是否定自己；不是享受自由，而是感受折磨和摧残；工人只有在劳动之外才感到自在，而在劳动中则感到不自在；工人在不劳动时觉得舒畅，而在劳动时就觉得不舒畅。④ 工人的劳动不属于他，而属于别人；工人的活动不是他的自主活动，或者说，他的自主活动表现为"替他人的活动"和"为他人的活动"，"他甚至不认为劳动是自己生活的一部分；相反，对于他来说，劳动就是牺牲自己的生活"。⑤ 工人的活动就是他自身的丧失，"生命的活跃

---

① 参见《马克思恩格斯选集》第 1 卷，人民出版社，1995，第 46 页。
② 袁贵仁：《对人的哲学理解》，东方出版社，2008，第 477 页。
③ 《马克思恩格斯选集》第 1 卷，人民出版社，1995，第 41 页。
④ 参见《马克思恩格斯选集》第 1 卷，人民出版社，1995，第 43 页。
⑤ 《马克思恩格斯选集》第 1 卷，人民出版社，1995，第 336 页。

表现为生命的牺牲"。① 而且，"只要分工还不是出于自愿，而是自然形成的，那么人本身的活动对人来说就成为一种异己的、同他对立的力量，这种力量压迫着人，而不是人驾驭着这种力量"。② 第三，人与自己的类本质相异化。在资本主义社会，人不是自由自觉的存在，而是异化受动的存在。工人只有在运用自己的动物机能——即吃、喝、居住、生殖、修饰等——的时候，才觉得自己是人，才有自由；而在运用人的机能时，觉得自己只不过是动物。固然，吃、喝、生殖也是人的机能，但是，如果使这些机能脱离人的其他活动领域并上升为最后的和唯一的终极目的，那它们就只不过是动物的机能而已。在这里，"动物的东西成为人的东西，而人的东西成为动物的东西"。③ 在资本主义社会，异化劳动导致人的类本质变成对人来说是异己的本质，任何人都被圈定在一定的特殊的活动范围之内，人只能在这个范围之内活动，这个范围不是自由选择的而是从外面强加于他的。正因为如此，决定了他只是一个猎人、渔夫或牧人，或者只是一个批判的批判者，只要他不愿饿死，不想失去生活资料，他就始终应该是这样的人。④ 第四，人与人相异化。马克思认为，人与劳动产品、人与劳动、人与类本质的异化，其直接结果就是人与人相异化。也就是说，当人与自身全面对立的时候，人也与他人相对立。如果工人的活动不是自由自觉的，不属于工人，而是一种异己的活动，工人的劳动及劳动产品归属于工人之外的他人。工人的活动对工人自身来说是一种痛苦，而对工人之外的他人来说却是一种享受和生活乐趣。通过异化劳动，人不仅生产出他对作为异己的劳动和产品的关系，而且生产出他人对他的生产、他的劳动、他的产品的关系以及他对这些他人的关系。所以，结果就是：正像工人把他自己的劳动变成自己的非现实化一样，变成对自己的

---

① 《马克思恩格斯全集》第 3 卷，人民出版社，2002，第 279~280 页。
② 《马克思恩格斯选集》第 1 卷，人民出版社，1995，第 85 页。
③ 《马克思恩格斯选集》第 1 卷，人民出版社，1995，第 44 页。
④ 参见《马克思恩格斯选集》第 1 卷，人民出版社，1995，第 85 页。

惩罚一样，把他自己的产品变成不属于他的产品一样，工人也生产出不生产的人对劳动和劳动产品的支配和占有。总之，通过异化劳动，工人生产出了一个站在劳动之外的、对劳动生疏的人对这个劳动的关系，也就是说，生产出"资本家"对这个劳动的关系。

在资本主义社会，"异化"并非工人的专利，资本家也逃不脱"异化"的命运，人的异化生存与自由本性之间的背反是资本主义社会的普遍现象。资本主义社会中不仅一无所有的无产者不是"自由人"，腰缠万贯的资本家也不是"自由人"；不仅物质贫乏的工人不是"自由人"，物质充裕而精神贫乏的富翁也不是"自由人"；不仅遭人剥削受人奴役的人不是"自由人"，凭借资本权力奴役他人的人也不是"自由人"。因为，他们都不过是货币、资本、财富的奴隶。马克思指出："异化……，——这也适用于资本家，——则表现为一种非人的力量统治一切"。① 只不过资本家"在这种自我异化中感到自己是被满足和被巩固的"，而不是像工人那样感到痛苦和奴役；在资本家那里，这种异化是对"自身强大的证明"，并且正是在这种异化中资本家"获得人的生存的外观"。② 然而，异化毕竟就是异化，资本家似乎是资本的"主人"，实际上仍然受资本的奴役；资本家把别人的劳动、把人的血汗看作自己贪欲的虏获物，因而也把人本身、把自己本身看作可牺牲的无价值的存在物；资本家作为自己财富的主人，同时也是自己财富的奴隶；资本家既是慷慨大方的，同时又是卑鄙无耻的、傲慢自负的。他只不过还没有体验到或没有意识到这种财富是凌驾于自己之上的完全异己的力量。③ 在资本主义社会，作为物化劳动的资本不仅拥有对活劳动的所有权，而且使它的持有者也心甘情愿地受它的统治和差遣。人，无论是资本家还是无产者，反过来都为自己所创造出来的物所支配，人之为人的本真存在完全被遮蔽，无一幸免地沦为异化受动的人。

---

① 《马克思恩格斯全集》第3卷，人民出版社，2002，第349页。
② 《马克思恩格斯全集》第2卷，人民出版社，1957，第44页。
③ 参见《马克思恩格斯全集》第3卷，人民出版社，2002，第349页。

可见，在资本主义社会，人已经不再是人的奴隶，但是所有的人都变成了物的奴隶，人的关系的颠倒完成了。① 人本应作为人而存在，资本主义生产关系却把人变成了"非人"；人本应自由自觉的活动，资本主义社会却迫使人成为异化受动的人——这不是"以人为本"，而是对人本价值的践踏。

第七节　工具理性与价值理性的背反

理性的启蒙是现代性的重要贡献。资本主义工业文明的巨大成就奠基于近代以来突飞猛进的科学技术，奠基于主体性精神的彰显和理性的弘扬。然而，随着 20 世纪以来现代性弊端逐步展露出来，随着后现代声音的日益喧嚣，以理性主义为支柱的西方近代文明在展露出它的全部丰富性与合理性之后，也逐渐地暴露出它的片面性与局限性，这就是：工具理性的僭越伴随着价值理性的失落。

马克思说得好，人类文明如果自发地发展，而不是自觉地发展，那么留给自己的将是荒漠。培根似乎对科学精神的高扬总是要以价值理性的失落为代价有某种预感，因而在《新工具》的序言中庄严地祈祷：开放自然之途，点亮自然之灯，将不会降低人们灵魂深处的信仰，不会导致灵魂对神性的奥秘的无知和亵渎。② 回首资本主义工业文明的历史，工具理性已经成为一种主导文化精神，人类凭借工具理性精神在创造比以往任何时代都要多、都要大的物质财富的同时，却又遭遇到了价值理性的失落，"我们的发展越来越快，但我们却迷失了方向"，③ 人类陷入了"生存的困境"和"意义的危机"，深感方向的迷失，面临"无家可归"的命运，人类自身仿佛置身于陌生的荒野；主体的地位确立了，却又膨胀得不可一世，在丰饶中

---

① 参见《马克思恩格斯全集》第 3 卷，人民出版社，2002，第 534 页。
② 转引自〔美〕欧文·白璧德《两种类型的人道主义者》，赵燕灵、宋念申译，载生活·读书·新知三联书店编辑部《人文主义——全盘反思》，生活·读书·新知三联书店，2006，第 23 页。
③ 〔美〕威利斯·哈曼：《未来启示录》，徐元译，上海译文出版社，1988，第 193 页。

纵欲，技术理性和伦理价值的鸿沟空前增大。市场经济一方面成功地消解了"人在神圣形象中的自我异化"，磨掉了"神圣形象"的灵光，另一方面与市场经济相伴相生的"终极关怀的感性化"也导致了人们的信仰缺失、形上迷失和意义失落。当今的资本主义世界，人之外的物质世界受到众人瞩目，而人之内的精神世界、意义世界却备受冷落，成为过眼烟云。人们在物质世界大获其胜，在精神世界却一败涂地；人们"在获得完满的物质权力时总是在精神上'失去体面'"。① 人们生活在一个科技昌明、物质丰饶的社会，要什么有什么，却丢失了自己。海德格尔如是说："无家可归正在成为一种世界命运"，人的精神世界的异化、精神家园的丧失、价值世界的悬置、价值追求的错位无疑已经成为影响人类健康与每个人自由全面发展的主要障碍之一，人陷入了没有幸福的富裕、没有精神的家园之中。新技术革命、知识经济、全球化、消费社会、晚期资本主义，正在深刻地影响和改变人类的生活，发达资本主义社会中的人也许作为物种的生存能力早已不是难题，但是，与人类所达到的前所未有的物质文明程度相比，人类却没有在精神生活质量方面达到应有的高度。"技术的胜利，似乎是以道德的败坏为代价换来的"。② 资本主义社会的技术与工业成就始终伴随着人类生存境遇的逼仄与危机感——它反过来动摇着人类对自身生存能力的自信并且导致了普遍的、挥之不去的精神焦虑——"存在主义的焦虑"。这种"存在主义的焦虑"显然不是，至少首先不是来自物质生活的匮乏；相反，是由于发达却又远不协调的物质文明本身所陷入的严重的短视、无序及恶性循环状态所造成的；是由于诗性生活、精神生活被遮蔽而又不得不直面缺乏精神皈依的无根的现实生活所造成的。正如赫舍尔所说，一个人活着而没有常用的姓名是不幸的；一个人活着而没有内在的、精神的同一性则

---

① 〔美〕欧文·白璧德：《两种类型的人道主义者》，赵燕灵、宋念申译，载生活·读书·新知三联书店编辑部《人文主义——全盘反思》，生活·读书·新知三联书店，2006，第 23 页。

② 《马克思恩格斯选集》第 1 卷，人民出版社，1995，第 775 页。

更是悲惨的。① 正是在这个意义上，汤因比在与池田大作的著名对话中要求 21 世纪的人们"放弃经济目标，而去开拓精神目标"。②

也许很多人至今还在为人类文明的"进步"沾沾自喜，然而人们所指称的"进步"，始终不过是技术、经济、物质上的提高，它与精神世界的进步绝非一回事。面对丰裕的物质世界背后精神世界的贫困，失去存在之根的人们漂浮于一个冷漠的世界中，浮躁、焦虑、悲观、虚无、恐惧、烦、绝望、迷茫、孤独、忧郁、麻木等非理性的情感在现代人的日常生活中随处可见。作为对资本主义世界的深刻透视和理性把握，19 世纪的尼采因宣布"上帝之死"而为世界瞩目；20 世纪的福柯因宣布"人之死"③ 而备受世人关注。弗洛姆也指出，19 世纪的问题是"上帝死了"，20 世纪的问题是"人死了"，"上帝死亡的时代"正在被"人的死亡的时代"④ 所代替。尼采的"上帝之死"与福柯的"人之死"有相近的含义，均是对西方人悲观绝望心态的形象表达，意指西方传统文化价值观的断裂以及传统道德信仰的消解，人们生活在一个光怪陆离的社会中深感"没有标准、只有选择"的无助和痛苦，对自己的前途和命运感到担忧，把握不住人生的目的和方向，陷入意义虚无与精神焦虑之中。

资本主义社会那些关怀人类前途和命运的思想家殚精竭虑地寻求着人类的"诺亚方舟"：难道经济增长这束"普照的光"必然要遮蔽人类一切安身立命之所吗？"除魅"后的人世间何处是家园，人还能够诗意地栖居于朗朗天地间吗？⑤ 然而，可以断定的是：正如一个物质匮乏的社会不可能是真正的人本社会一样，一个精神贫困的社会也不可能是真正的人本社会。

---

① 参见〔德〕赫舍尔《人是谁》，隗仁莲译，贵州人民出版社，1994，第 47 页。
② 〔英〕汤因比、池田大作：《展望二十一世纪》，荀春生等译，国际文化出版公司，1986，第 117 页。
③ 〔法〕福柯：《词与物》，莫伟民译，上海三联书店，2001，第 430 页。
④ 〔美〕E. 弗洛姆：《健全的社会》，孙恺祥译，贵州人民出版社，1994，第 291 页。
⑤ 参见侯惠勤《马克思主义的个人观及其在理论上的创新》，《马克思主义研究》2004 年第 2 期。

第八节　虚假的共同体与真实阶级
意识的背反

资产阶级民主革命之所以获得成功，在于资产阶级顺乎历史的发展要求，高举自由、民主、人权、平等、博爱的旗帜，反对封建社会的专制统治。然而，资产阶级民主革命胜利以后建立起来的资本主义社会却仍然是一种"虚假的共同体"，它作为某种独立的、异己的东西同个人相对立。在这里，真实的阶级意识（如自由、民主、人权、平等、博爱等）完全沦为虚假的东西。这就是"虚假的共同体"与"真实的人本追求"之间的背反。

资本主义社会是一个"虚假的共同体"。在这种虚假的共同体中，个人自由只是对那些在统治阶级范围内发展的个人来说才是存在的，他们之所以有个人自由，只是因为他们是这一阶级中的个人。这种虚假的、虚幻的、冒充的共同体是一个阶级反对另一个阶级的联合，对于统治阶级来说，有个人自由的存在；而对于被统治阶级来说，它是完全虚幻的，是个人自由的"新的桎梏"。[①] 可见，参与这个共同体的不是作为个人的个人，而是作为阶级的成员，统治阶级的成员总是凌驾于其他个人之上；掌管这个共同体的是占统治地位的阶级，它打着代表全人类利益的旗号，实际上只代表统治集团的利益，假借集体的名义剥夺大多数人自由发展的权利。因此，对于大多数人来说，这个"共同体"完全是"虚假的"。

"虚假的共同体"中不可能实现"真实的人本追求"。自17、18世纪资产阶级登上历史舞台以来，就乐此不疲、不遗余力地向自己的人民乃至向全世界传播关于自由、平等、博爱、民主、人权和人道主义意识形态，他们把自己的权利要求说成所有人的权利要求，他们解放人的目的无非是为了剥削人，富人向穷人作"最深思熟虑

---

① 参见《马克思恩格斯选集》第1卷，人民出版社，1995，第119页。

的演说"无非是说服穷人像接受自由那样接受奴役。① 从根本上来说，资本主义社会的最大弊害就在于阻隔人的全面交往，阻碍人全面发展自己各方面的才能，"妨碍真实的集体和有个性的个人的形成，致使现代物质文明的进步成果无法转化为人的全面发展的条件"。② 在资本主义社会，所谓"自由"，就是"资本"和资本占有者的自由，③ 就是资产者占有无产者创造的剩余价值的自由，就是无产者向资产者出卖劳动力的自由，就是"最彻底地取消任何个人自由"，④ 就是"自由得一无所有"；⑤ 所谓"民主"，就是资产阶级内部的民主，就是资本家之间的民主，"资产阶级口头上标榜自己是民主阶级，而实际上并不如此，它承认原则的正确性，但是从来不在实践中实现这种原则"；⑥ 所谓"人权"，就是资产阶级的权利，就是"不受社会束缚地使用和处理自己财产的权利……就是自私自利的权利"，⑦ "平等地剥削劳动力，是资本的首要的人权"，⑧ "被宣布为最主要的人权之一的是资产阶级的所有权"⑨；所谓"平等"，就是"平等地剥削劳动力"，⑩ 就是"法律面前的资产阶级的平等"⑪，就是"用等价物交换等价物"⑫ 的商品等价交换原则，就是资产者购买无产者劳动力的等价交换原则，就是用我的劳动创造之物与我交换的平等，就是"把不平等叫做平等"；⑬ 所谓"博爱"，就是要求被剥削者与剥削者互爱合作，就是要求无产者与资产者互敬互爱，

---

① 参见阿尔都塞《保卫马克思》，顾良译，商务印书馆，2006，第 231 页。
② 侯惠勤：《马克思主义的个人观及其在理论上的创新》，《马克思主义研究》2004年第 2 期。
③ 参见《马克思恩格斯全集》第 46 卷（下），人民出版社，1980，第 159 页。
④ 参见《马克思恩格斯全集》第 46 卷（下），人民出版社，1980，第 161 页。
⑤ 《马克思恩格斯全集》第 23 卷，人民出版社，1972，第 192 页。
⑥ 《马克思恩格斯全集》第 10 卷，人民出版社，1998，第 692 页。
⑦ 《马克思恩格斯全集》第 1 卷，人民出版社，1956，第 438 页。
⑧ 《马克思恩格斯全集》第 23 卷，人民出版社，1972，第 324 页。
⑨ 《马克思恩格斯选集》第 3 卷，人民出版社，1995，第 356 页。
⑩ 《马克思恩格斯全集》第 23 卷，人民出版社，1972，第 324 页。
⑪ 《马克思恩格斯选集》第 3 卷，人民出版社，1995，第 356 页。
⑫ 参见《马克思恩格斯选集》第 2 卷，人民出版社，1995，第 176 页。
⑬ 《马克思恩格斯全集》第 2 卷，人民出版社，1957，第 648 页。

就是"一方剥削另一方的那些互相对立的阶级之间的那种博爱……就是内战，就是最可怕的国内战争——劳动与资本间的战争"，①"这种一切人反对一切人的战争，这种到处都很混乱、到处都在剥削的现象就是现代资本主义社会的实质"。② 可见，"虚假的共同体"中不可能有每个人自由全面发展；相反，它是阻碍每个人追求自由的"新的桎梏"。资本主义社会一贯倡导的自由、平等、博爱、民主、人权不过是统治阶级精心编织的，用来美化自己、欺骗人民的"人本神话"。

综上所述，尽管资产阶级思想家们从抽象的人道主义立场出发，为人们描绘了一幅令世人向往的理想社会蓝图，试图经由资本开辟道路、资产阶级主宰社会的前提下实现全体公民的自由、民主、平等、博爱等人道主义的追求。但是，资本主义社会的现实却是：资本主义生产方式造成了人与物的关系的颠倒，强制性分工导致了人的发展的畸形化，技术的资本主义应用加剧了生态环境恶化，科技理性的彰显带来了精神家园的失落，资本逻辑的僭越导致了人的生存的低质化，资本主义经济制度的本质决定了"资本至上"的社会价值取向。因此，在资本主义社会诞生以来的几百年间，除了思想家的许诺、牧师的传道，这个"以人为本"的社会还从来没有真正出现过。恩格斯对资产阶级思想家们超越资本主义经济制度和政治制度的本质而把抽象的社会价值提升到首位的观点给予了尖锐的批判："有产阶级胡说现代社会制度盛行公道、正义、权利平等、义务平等和利益普遍和谐这一类虚伪的空话"。③ 在资本主义社会，人道主义追求最后都难以幸免地走向它的反面——与人背道而驰，亮丽的人本口号总也掩饰不了"资本"化的社会现实。

　　　　　　（本章内容原载于《马克思主义研究》2010 年第12 期，收入时有删改。）

---

①　《马克思恩格斯全集》第 10 卷，人民出版社，1998，第 154 页。
②　《马克思恩格斯全集》第 2 卷，人民出版社，1957，第 602 页。
③　《马克思恩格斯选集》第 3 卷，人民出版社，1995，第 338 页。

第十章

共产主义思想：跃迁与升华

本章内容摘要：

　　走向共产主义，这是《1844年哲学经济学手稿》和《德意志意识形态》的共同旨趣，也是理解《手稿》和《形态》思想差异的一把密钥。然而，某些"理论家"们有意无意的歪曲解读，挑起了《手稿》和《形态》的"战争"，其中的共产主义思想也未能"独善其身"。从《手稿》到《形态》，共产主义思想在创生路径、理论内涵、言说话语以及实现途径上都存在较大的差异。《手稿》和《形态》中共产主义思想的变革，绝不能理解为青年马克思思想发展中的"一小步"，从根本上来说，这是一大步，它意味着马克思彻底离开了传统人学的基地，意味着新的地平线已经展露，意味着共产主义思想的跃迁与升华。

　　马克思早期的《1844年经济学哲学手稿》（简称《手稿》）和后来与恩格斯合著的《德意志意识形态》（简称《形态》）两本著作在马克思生前都未能全文公开发表出版，故而两部著作的原稿都受尽了"老鼠的牙齿"的批判。似乎是作为历史的补偿，在它们重见天日后，同样也都受尽了"世人的牙齿"的批判。"超越论者"将

《手稿》吹捧至巅峰，"断裂论者"却将其贬斥为"意识形态"。其实，这都是不合适的，《手稿》和《形态》之间既不存在无法逾越的"鸿沟"，也非比肩并立的姊妹篇。走向共产主义，这是《手稿》和《形态》的共同旨趣，也是理解《手稿》和《形态》思想差异的一把密钥。从《手稿》到《形态》，共产主义思想在创生路径、理论内涵、言说话语以及实现途径上都存在较大的差异。

第一节　批判路径的断裂：共产主义思想何以创生

若依阿尔都塞之言，《形态》前后马克思的思想发生了一次"自我爆炸"，[①] 产生了某种不相一致的"断裂"的话，那么不该是"意识形态的"和"科学的"这样泾渭分明的断裂，而至多是批判路径的断裂。

一　人本主义批判转向历史唯物主义批判

《手稿》从人本主义的"本质论"出发，同时批判地继承了黑格尔"劳动（抽象的精神劳动）是人的本质"论，主要从劳动的异化展开批判，确立了人本主义的历史观——异化史观。在这里，人的本质被看作打开认识人自身、人类社会和自然界的钥匙，人与自然、人的活动、人的活动的产品、人与人之间的关系、人类社会史以及未来社会的发展，都和人的本质自然而然联系起来。即便是工业及其产物也被看成"打开了的关于人的本质力量的书"，而宗教、历史、政治、艺术、文化等存在，也被理解为"人的本质力量的现实性和人的类活动"。[②] 然而，资本主义社会表现出极端的人的异化，导致人的本质的丧失。马克思在《手稿》中概括了资本主义社

---

① Louis Althusser, *Lenin and Philosophy and Other Essays*, New York: Monthly Review Press, 1971, p. 121.
② 《马克思恩格斯全集》第 42 卷，人民出版社，1979，第 127 页。

会异化的四种主要形式：人同人自己的劳动产品、自己的生命活动、自己的类本质以及他人相异化，并将其根由指向人的社会关系。而人的异化的克服在于异化的扬弃，共产主义社会即"人的自我异化的积极的扬弃"，"通过人并且为了人而对人的本质的真正占有"。①可见，马克思这时候对异化的批判，对共产主义社会的展望，还是建立在异化史观的基础之上，本质上属于人本主义批判。

《形态》中"异化"已失去原有的地位，异化的历史观则被彻底地抛弃了。马克思和恩格斯指出，以往哲学家将历史看作人的自我异化的原因在于，他们采用了一种"公然舍弃实际条件"的"本末倒置的做法"。②《形态》从批判费尔巴哈的人本主义思想，甚至可以说是从整个德国古典哲学开始，因为德国的批判自始至终都没有离开过哲学的基地。在科学的门前，马克思舍弃了抽象的本质走向物质世界的生产实践，走向生产力和交往形式，市民社会和上层建筑之间的辩证关系和矛盾运动。在他们看来，历史发展的动力不是人的本质的异化，以及由此演绎而来的社会的人的复归，而是生产力和交往形式之间的矛盾以及由此所必然引发的社会革命。新社会正是在这种革命中，从旧社会的母体中脱胎而生的。而一切以往存在的国家、观念、意识和种种变体，被认为是独立于人和物质力量而存在的，不过是理论家们的臆想，是用来维护现有统治制度、愚弄戏耍人民的哲学思想。因为它们赖以为生的经济基础被粗暴地，但只是观念上地抛弃了。马克思和恩格斯第一次看到，物质生产是人类社会发展的决定力量，共产主义社会的必然性也由此得到了科学论证。

二　"政治经济——伦理道德"主从批判转向纯政治经济学批判

《手稿》首先是一部政治经济学著作，其构建了以政治经济学

---

① 《马克思恩格斯全集》第42卷，人民出版社，1979，第120页。
② 《马克思恩格斯全集》第3卷，人民出版社，1960，第77页。

批判为主，伦理道德批判为辅的批判体系，这集中表现在，马克思正在形成一种用以指导政治经济学批判的科学方法论原则。一方面，马克思形成了建立政治经济学批判理论体系的构想。他"打算连续用不同的单独小册子来批判法、道德、政治等等，最后再以一本专著来说明整体的联系、各部分的关系并对这一切材料的思辨加工进行批判。"① 《手稿》看似零散的论题，事实上是对资本主义社会生产关系进行整体性批判的预热。另一方面，马克思批判了国民经济学家先让自己处于虚构的原始状态，然后再借以说明事物之间必然关系的方法，从而呼吁"从当前的经济事实出发"，② 为政治经济学批判确立了出发点。再者，马克思不满国民经济学把现实的物质过程总结为一般的、抽象的公式，然后又将其当作规律。他通过客观的分析私有财产的规律性，论证了资本主义社会灭亡的必然性，从而为政治经济学批判确定了规律性。

此外，《手稿》中也谈爱、人性等伦理范畴，却不再是道德说教，抽象的道德已开始倒霉，享受物质的纠缠了。马克思认为，道德"不过是生产的一些特殊的方式，并且受生产的普遍规律的支配。"他紧接着强调了经济异化的现实性，并进一步指出共产主义的道德是具体的，"从一开始就是现实的和直接追求实效的。"③ 可见伦理道德的批判是从属于政治经济学的批判的。

《形态》一开始就厌弃了应然的伦理要求，走向纯政治经济学批判。马克思和恩格斯批判了青年黑格尔派向人们提出道德要求的幻想，因为道德要求不过是改变意识的要求，从其本质上来说，不过是解释世界的一种方式，一种肯定现存世界的方式。"人们是自己的观念、思想等等的生产者"。④ 道德归根到底是物质的东西，是物质的升华物。伦理道德的形式必然与一定的物质生产水平相适应，伦

① 《马克思恩格斯全集》第 42 卷，人民出版社，1979，第 45 页。
② 《马克思恩格斯全集》第 42 卷，人民出版社，1979，第 90 页。
③ 《马克思恩格斯全集》第 42 卷，人民出版社，1979，第 121 页。
④ 《马克思恩格斯全集》第 3 卷，人民出版社，1960，第 29 页。

理道德观念的对立也必然会随着其物质根源的对立的消失而消失。由此，共产主义与伦理道德分道扬镳，并对任何一种道德宣判死刑。① 共产主义者不屑于向人们提出道德上的要求，因为这样做会把革命的办法丢到远离人们的荒野。当然，《形态》并不是一部政治经济学著作，也没有专辟章目研究和论述经济关系，最多是对英法资产阶级政治经济学的历史作了一系列简短的论述和评介。但不可否认，《形态》蕴含丰富的政治经济学思想，它阐明了一系列政治经济学的基本原理，用历史唯物主义和辩证唯物主义为政治经济学奠定了科学的方法论基础。

三 私有财产的批判转向社会分工的批判

《手稿》中，马克思特别强调了私有财产是异化劳动的结果而非原因，所以对私有财产的批判实际上等同于对异化劳动的批判。而对异化劳动的克服是通过扬弃实现的，也就是说消灭异化劳动。《形态》则转向了对社会分工的批判。由于分工是人的活动（劳动）的分配方式，所以对社会分工的批判指向消灭分工，即消灭劳动本身。

《手稿》指出私有财产是分工的基础，分工是私有财产的一种表现形式。② 私有财产被看成外化劳动的必然结果，是工人同自然界和自身外在关系的必然产物。③ 分工始终被置于异化之内，被看成无本质差别的人的类活动，是人的本质的外化和异化的设定。因为劳动的异化，劳动者不占有劳动产品，又因为劳动是人的本质，所以私有财产是对人的本质力量的剥夺，私有财产的扬弃是人对人的本质力量重新占有的过程。私有财产的积极的扬弃，即消灭异化劳动的结果是，人以人的样子占有自己的所有的本质和本质力量，同时也昭示着"人的一切感觉和特性的彻底解放"。④

---

① 参见《马克思恩格斯全集》第3卷，人民出版社，1960，第490页。
② 参见《马克思恩格斯全集》第42卷，人民出版社，1979，第148页。
③ 参见《马克思恩格斯全集》第42卷，人民出版社，1979，第100页。
④ 《马克思恩格斯全集》第42卷，人民出版社，1979，第125页。

《形态》中马克思和恩格斯将私有制和分工等同起来，说前者是就活动而言，后者是就活动的产品而言。① 人类的生产和生活活动从一开始就存在分工，分工经历了从自然分工到社会分工的演化过程。社会分工制约着社会活动、社会关系和所有制的形式，并且造成阶级的对立，使生产力和交往形式之间的矛盾成为可能。社会分工是对人的一种强制性束缚，将人限制在特殊的活动范围内，造成了人的片面发展。而历史发展的一个主要动力就是社会分工，它是一种固定化的社会活动，并且无视人的本意自行其是。人们的这种活动所产生的力量，凝聚成一股不受他们制约的反过来制约他们的力量，并被社会合法化、合理化。共产主义社会自然要消灭这种异己的力量，消灭分工和劳动，使这些由人生产出来的"魔鬼"重归于人的治理之下。消灭劳动包含以下几个方面的含义：首先，消灭劳动与生产力的发展相适应，只有生产力发展到可以建立共产主义社会的时候，消灭劳动才是可能的。其次，消灭劳动的自发性，使劳动成为自觉的劳动。最后，消灭劳动后劳动变成了生活。劳动和生活本来就没有什么界限，只因社会的扭曲发展使得二者对立了起来。消灭现有的被迫劳动条件，就能将二者重新统一起来，劳动由此上升为生活的第一需要。

四　从对两种形式共产主义的批判转向对各式各样社会主义的批判

《手稿》中马克思主要对粗陋的共产主义和政治性的共产主义进行了批判。指出粗陋的共产主义期望的是私有财产的普遍化，它还是物质财产的奴隶，将对物质的直接占有看作生活的唯一目的，不仅不能将统治力量从工人那里剔除，反而要将其推广到一切人那里去。这种共产主义是嫉妒心和贪欲在作祟，抽象否定人类文明，最为严重的是，以动物的形式表现反对私有财产的运动。政治性的共

---

① 参见《马克思恩格斯全集》第 3 卷，人民出版社，1960，第 37 页。

产主义分为保留民主或专制形式的国家和废除国家两种，后者废除国家却尚未完成，仍然受私有财产的影响，所以还不能消灭人的异化。政治性的共产主义相对于粗陋的共产主义表现出的积极性在于，它"已经把自己理解为人向自身的还原或复归，理解为人的自我异化的扬弃"，但还是不理解私有财产的积极本质，从而仍受制于私有财产。①

《形态》的批判视野远比《手稿》来得开阔，几乎囊括了以往各式各样的共产主义思想，包括德国的社会主义以及法国和英国的空想社会主义和共产主义，并且涉及对一些代表性人物的批判，如"施蒂纳式的共产主义"。马克思和恩格斯分析了施蒂纳关于共产主义的历史虚构，指出施蒂纳对共产主义的批判"不过是运用最陈腐庸俗的资产阶级的责难来反对共产主义"。② 至于"真正的社会主义"在指责外国共产主义只具纯粹理论性，而飘忽在现实的运动之外的时候，却变成了自己的批判对象。德国"真正的社会主义"者仰仗的是德国哲学，特别是黑格尔和费尔巴哈的意识形态，以便实现自己和英国法国空想社会主义的调和。这种共产主义思想所关心的不是实在的人而是"人"，它宣扬无差别的宗教式的爱，试图用爱来夷平资本主义道路上人剥削人的堡垒。它走向的不是无产者，而是小资产者以及这些小资产者的思想家。而"真正的社会主义"的代表人物莫泽斯·赫斯不过是把"法国社会主义的发展和德国哲学的发展综合在一起"，至于卡尔·格律恩"总是以最冠冕堂皇的手法来转述赫斯"，③ 不过是错误地当然也"正确地"抄录赫斯而已。

第二节　思想内涵的提升：究竟
何谓共产主义

什么是共产主义？《手稿》和《形态》都给出了自己的回答。

---

① 参见《马克思恩格斯全集》第42卷，人民出版社，1979，第120页。
② 《马克思恩格斯全集》第3卷，人民出版社，1960，第251页。
③ 《马克思恩格斯全集》第3卷，人民出版社，1960，第580页。

《手稿》本身带有过渡性质，所以下面做出的划分和概括不是绝对的而是相对的，为的是既尽可能依据文本不至歪曲作者的本意，又能为比较研究带来一些方便。

一　共产主义是人类社会发展的必然趋势

《手稿》中马克思事实上还没有完全认识共产主义的历史必然性，即使模糊地认识了，那也和《形态》大有不同。《形态》是与唯物史观的创立相联系的著作，共产主义是人类社会发展的必然趋势就是在此基础上得出的。

这种必然性是一种物质力量的必然性，而不是人的力量的必然性。首先，物质力量的发展是变革人类社会的根本力量，生产力和交往形式之间的客观矛盾必然引发革命，推动人类社会走向共产主义。其次，共产主义以物质力量必然表现出的破坏性为预言。物质力量不只是生产的力量，它会因为特定阶段的"现存关系"变成破坏的力量。① 破坏性力量的每一次出现，都预示着共产主义必然到来。最后，共产主义又以物质力量的极大丰富以及人对物质力量的支配为特征。

这种必然性是阶级和阶级斗争的必然性，而不是人、人与人之间斗争的必然性。实现共产主义同样需要作为历史主体的人，借助物质力量打破旧的国家机器，建立新的社会制度。没有"'综合活动'的革命群众，那末，正如共产主义的历史所证明的，尽管这种变革的思想已经表述过千百次，但这一点对于实际发展没有任何意义。"② 生产力的发展催生了资产阶级和无产阶级，同样催生了他们之间的矛盾。阶级性是人的本质属性，人不是作为个人而是作为阶级的成员处于社会中的。要实现对物质力量的驾驭，消灭分工，也必须依靠阶级。没有作为集体的阶级，什么都是不可能实现的。③

① 参见《马克思恩格斯全集》第 3 卷，人民出版社，1960，第 77 页。
② 《马克思恩格斯全集》第 3 卷，人民出版社，1960，第 44 页。
③ 参见《马克思恩格斯全集》第 3 卷，人民出版社，1960，第 84～85 页。

《手稿》虽然也看到了物质的力量，认为人类历史是人的劳动的产物，也将共产主义的实现置于物质前提下，看作在"自觉的和在以往发展的全部财富的范围内生成的。"① 却同样（甚至更）看重人的力量，人的本质的、类的力量。《手稿》中共产主义必须通过人来实现，但因为人的异化，"人"还不是人，所以必须首先使"人"成为人。这"只有通过下述途径才是可能的：人实际上把自己的类的力量统统发挥出来（这又是只有通过人类的全部活动、只有作为历史的结果才有可能），并且把这些力量当作对象来对待，而这首先又是只有通过异化的形式才有可能。"② 共产主义还没有被彻底地看成人和物质力量之间矛盾的解决，仍徘徊于本质和类之中。至于资产阶级和无产阶级《手稿》中几乎没有直接论及，也就不可能论及二者的矛盾斗争，更多地谈及的是资本家和工人、非人和人，更多地看到的是人而不是阶级，也没有明确把人当作阶级的人来看待。

二　从人的复归到自由个性的实现

《手稿》指出，消除异化的共产主义是为了实现"人向自身、向社会的（即人的）人的复归"。③ 因为异化劳动导致人的异化，人已经不是原来的人了，共产主义作为对所有异化的消除，自然就意味着人的复归，人找回原来的自己，回到人作为人的生活状态与人的本质相契合。马克思之所以强调人向自身，又强调向社会的人，那是因为人是社会存在物。人是社会的人也即意味着社会是人的社会，人和社会是彼此存在的条件，是相互生产的存在。④

人的复归这样的语词表明，马克思还深受费尔巴哈人本哲学的影响，所以共产主义又被看成人的解放和复原的一个环节，是对人的本质的占有。这并不意味《手稿》中的共产主义思想就不重视人

---

① 《马克思恩格斯全集》第 3 卷，人民出版社，2002，第 297 页。
② 《马克思恩格斯全集》第 42 卷，人民出版社，1979，第 163 页。
③ 《马克思恩格斯全集》第 42 卷，人民出版社，1979，第 120 页。
④ 参见《马克思恩格斯全集》第 42 卷，人民出版社，1979，第 121 页。

的自由个性，马克思对粗陋的共产主义进行批判的一个重要依据就是其"到处否定人的个性"。① 可见马克思很看重人的自由个性与共产主义之间的关联，但这时的个性和自由更多的是从人的本质、类本质去解读的。

《形态》以人的自由个性的实现取代了人的复归，马克思和恩格斯指出，共产主义社会人们重新实现了对物的力量的支配，消除了致使人片面狭隘发展的物质条件，消除了人类活动的固定化，人们可以依照个性自由全面的发展。分工将人强制地限制于一定的活动范围之内，致使人和他被限制的狭隘的活动范围一样狭隘，但是在共产主义社会"任何人都没有特定的活动范围"，② 人们会和他们的全面的活动范围一样得到全面的发展。他们还指出，人们过去获得自由的条件是受偶然性支配的，自由不过是一种偶然权利的享用，而共产主义社会会把"个人的自由发展和运动的条件置于他们的控制之下"。③ 这就是说共产主义的自由是必然的自由，是经常性的自由，是自觉的自由，是在自我能力掌控下的自由。在他们看来，历史上存在过的一切社会都限制了人的自由发展，而共产主义革命"本身就是个人自由发展的共同条件"。④

三 从人道主义的共产主义到科学共产主义

在费尔巴哈时代，唯物主义被庸俗肤浅的形式笼罩着，被等同于对物质的贪恋、拜金主义，所以费尔巴哈选择以人道主义、自然主义来称呼自己的哲学。这也部分是《手稿》中马克思采用人道主义这一术语的原因，故而是理解人道主义的共产主义的关键。

马克思说共产主义"作为完成了的自然主义，等于人道主义，而作为完成了的人道主义，等于自然主义"。⑤ 人道主义作为一门人

---

① 《马克思恩格斯全集》第 42 卷，人民出版社，1979，第 118 页。
② 《马克思恩格斯全集》第 3 卷，人民出版社，1960，第 37 页。
③ 《马克思恩格斯全集》第 3 卷，人民出版社，1960，第 85 页。
④ 《马克思恩格斯全集》第 3 卷，人民出版社，1960，第 516 页。
⑤ 《马克思恩格斯全集》第 42 卷，人民出版社，1979，第 120 页。

的学问、人本学，将人本身作为人自己的最高对象。所以，人才会成为理解共产主义和实现共产主义的关键。然而，问题在于"人直接地是自然存在物"，既是"能动的自然存在物"，又是"受动的、受制约的和受限制的存在物"。① 自然界是人的对象，人同时也是自然界的对象，人通过与自然界建立对象性关系，使自然界成为人的活动的对象，人这才得以确证人自身，确证人的本质力量。同时人也是社会存在物，社会是人与自然互为彼此纽带的纽带，是"人同自然界的完成了的本质的统一，是自然界的真正复活，是人的实现了的自然主义和自然界的实现了的人道主义。"② 到此，人成为人道主义的、自然界成为自然主义的、人类社会成为共产主义的，都统一了起来。人道主义的共产主义则必然意味着要在人、自然界和社会中的一起实现，也就意味着他们之间矛盾的解决。

《形态》中共产主义之所以是科学的，历史唯物主义的科学论证是首要的原因，对此上文直接或间接地提过很多，在此只需稍稍提一下马克思和恩格斯是如何批判人道主义的即可。他们写道："我们的作者这样驳倒了共产主义和社会主义之后，就给我们揭示出两者的最高统一——人道主义。从这时起，我们进入了'人'的境地，从此我们这个'真正的社会主义'的全部真正的历史就只在德国展开了。"③《形态》中到处都是这样的"人"，为什么要给这么多人加上那"多余"的双引号？因为这样的"人"实在不能令人满意，这样的"人"是理论家臆造出来，抹杀人与人之间客观存在的差别，以及作为本质的历史的社会关系。共产主义没有一根头发需要这样的"人"来打理，事实上这样的"人"在历史上从来就没存在过，也就不可能作为共产主义的目的而存在。共产主义的必然性不能由，也无须由人道主义推出，更无须由人道主义说明论证，甚至也不需要人道主义去做描述，这就是科学的共产主义对人道主义的态度。

---

① 《马克思恩格斯全集》第42卷，人民出版社，1979，第167页。
② 《马克思恩格斯全集》第42卷，人民出版社，1979，第122页。
③ 《马克思恩格斯全集》第3卷，人民出版社，1960，第550页。

第三节　学术话语的变革：如何
言说共产主义

学术思想的转变必然伴随着学术话语的变革。如果说《手稿》用旧的语言外衣包裹着新的思想躯体，那么《形态》则丢掉了这件旧外衣，为新思想换上了量身定制的时代着装。

一　知性话语的退场与生活话语的出场

《手稿》中的话语是"类""类本质""类意识""类生活""本质力量""扬弃""复归"，这些知性话语虽然交织着"感性的现实的活动""生产活动""社会活动""实践""经济事实""社会联系""社会存在物"等生活话语，却因为异化史观的统摄，在大多数情况下都占据主导地位。《形态》中知性话语顿悟退场，源于感性、见于经验、立足实践、观照生活的生活话语得以出场。

知性话语是依赖理性思维、先于经验感知的话语，可以以《手稿》中"复归"这一术语为引展开。从"复归"这个词本身所包含的历史的视角来看，意味着回到过去的某个节点；从非历史的视角来看，则意味着回到本然的状态中去，本然的状态并不和过去的某个时间点相对应。从思维方式的视角来看，则仍然未能走出西方传统人学的本体论思维方式。马克思明确反对历史的复归，共产主义"决不是返回到违反自然的、不发达的简单状态去的贫困。"① 然而，所谓的本然不外是预先的设定、假定或者说规定。共产主义及其话语因此可以被看成一次合逻辑的演绎：现实社会既然被判定为是对预设社会的偏离，那么取代现实社会的方向必然也就被判定为向预设社会的"复归"。与"预设"紧密相关作为逻辑内含的是"本质""类本质"等术语，与"偏离"紧密相关作为逻辑先导的是"外化"

---

① 《马克思恩格斯全集》第42卷，人民出版社，1979，第175页。

"异化"等术语，与"复归"紧密相关作为逻辑承接的是"扬弃""否定的否定"等术语。它设定了一个前提，而这个前提却最需要证明。

《形态》只有替"哲学家"考虑的时候才会用一些带有知性色彩的话语。马克思和恩格斯坚持从主、客体的双重视角去认识和描述世界，把感性世界当作感性的人的活动、实践的产物，当作人类历史活动的积累。而人本身作为一切历史活动的基本前提，即作为实现共产主义的基本前提，既在静态上被描述为"是什么""生产什么""以什么生活"，更在动态上被描述为"在做什么""在怎样生产""在怎样生活"。"个人怎样表现自己的生活，他们自己也就怎样。"[①] 他们认为人能创造历史的首要前提是，人必须首先生产解决温饱这些不致肉体死亡的物质资料，这也是人们日常生活的基本内容。这个现实的前提不是那个设定的没有被证明的前提，而是一直以来就客观存在的，可以通过"纯粹经验的方法来确认"的前提，生活话语正是围绕这一前提展开的："经验活动"取代了"先验活动"，"现实的具象活动"取代了"抽象活动"，"感性活动"取代了"直观活动"，"生产生活活动"取代了"思维意识活动"。在《形态》中我们随处可见的便是"物质生活条件""社会活动""历史活动""历史关系""社会关系""生产力""交往关系""交往形式""交往状况"等生活话语。

二　思辨的话语逻辑走向实践的话语逻辑

事实上，知性即思辨，生活即实践，而话语逻辑不过是思维逻辑的介质体现。《手稿》中的话语虽然在具体内容上倒向了人本思维，却还没有完全摆脱黑格尔式的思辨逻辑。《形态》沿着由思维走向存在的思辨逻辑逆流而上，为共产主义开辟出一条实践之路。

---

① 《马克思恩格斯全集》第 3 卷，人民出版社，1960，第 24 页。

　　思辨逻辑理解世界的法门是将世界纳入某种已经确定的逻辑范畴内，继而合乎逻辑地推导出改造现实世界的方案，实践逻辑则对逻辑范畴表示厌弃，二者迥异不同的要旨在于确立怎样的逻辑起点和怎样确立逻辑起点：是通过思维和感觉还是实践，前者的起点是概念，后者的起点是客观现实。思辨逻辑的高明之处在于以概念假代现实，以为概念就是现实，以为对概念的改造就是对现实的改造。这两种思维起初在对人自身以及人的外部世界的考察中就水火难容。《手稿》时期，马克思通过人的本质的对象化考察对象性问题，对感觉和思维的依赖，使得马克思用想象部分地撇开了现实前提，所谓的人、社会和自然都可归根于概念（当然这是从最严苛的角度来讲的）。这种思辨的考察活动相应地形成了一套思辨的话语体系，就共产主义而言，作为描述性的话语，是人道主义、自然主义、存在和本质；作为评断性的话语，是合乎人性、人本的，合乎道德的，合乎爱的，合乎自然的；作为论证性的话语，是异化到扬弃、丧失到复归。可以说都是思辨之河中的概念流。

　　《形态》同样考察人、社会（国家）和自然，但"不是在每个时代中寻找某种范畴，而是始终站在现实历史的基础上，不是从观念出发来解释实践，而是从物质实践出发来解释观念的东西"。[①] 人是现实的社会关系，社会是人的现实的社会关系的总体，国家是阶级统治的工具，自然界是自在的物质世界和人通过实践改造的对象。这种实践逻辑确立的结论是，思维和现实的消灭是通过消灭其产生的根源，即现实的社会和经济关系完成的。共产主义作为描述性的话语，是生产力的高度发达、人的全面自由的发展、消灭劳动、消灭阶级、必然和自由；作为评断性的话语，是合乎历史的、合乎必然的、合乎规律的、合乎生产生活的；作为论证性的话语，是压迫剥削到阶级联合和革命、自发到自觉、必然到自由。当然都是依赖于实践的现实活动的代名词而已。

---

　　① 《马克思恩格斯全集》第 3 卷，人民出版社，1960，第 43 页。

三　与以往社会主义和共产主义话语划清界限

共产主义和社会主义是《手稿》中同时存在的两个术语，究竟哪个是马克思理想中那个必然取代资本主义社会的社会形态，有的学者认为是社会主义①，有些学者则认为是共产主义。② 以上争论实际上表明，《手稿》中的共产主义话语还没有与以往社会主义和共产主义话语划清界限，而这些争论又主要源于对这段话的理解：共产主义是"人的解放和复原的一个现实的、对下一段历史发展说来是必然的环节。共产主义是最近将来的必然的形式和有效的原则。但是，这样的共产主义并不是人类发展的目标，并不是人类社会的形式。"③

从上述论述，加上对《手稿》的通观纵览，马克思确有将社会主义，看作未来社会形态的意思。然而，文字和思想总有一段距离。马克思是应用语言的大师，深知语言的魅力，下笔成文，何其容易！《手稿》又毕竟是部手稿，马克思并没有为了发表对其逐字逐句修改过，加之早年的马克思处在思想和学术话语都在不断发生巨大转变的时期，又是在对各种思想理论进行批判的基础上阐述自己的思想，不可避免夹杂着反对者的术语。所以，很难根据一两句话的含义来断定那就是马克思的本意，只能从整体上进行把握不至流于荒谬。至少关于马克思是用共产主义还是用社会主义，为他理想的社会形态来命名这一点，我们大可以"模糊学"一回。《形态》中马克思和恩格斯是将共产主义和社会主义作为同义语使用的，有时甚至直接连起来使用。④ 词句上划分得再清楚，也掩饰不住思想上的藕断丝

---

① 赵家祥：《准确把握马恩著作中未来社会名称的含义》，《北京大学学报》（哲学社会科学版）2001 年第 1 期。

② 成保良：《论共产主义、社会主义用语含义的演变和发展》，《当代经济研究》2004 年第 9 期。

③ 《马克思恩格斯全集》第 42 卷，人民出版社，1979，第 131 页。

④ 参见《马克思恩格斯全集》第 3 卷，人民出版社，1960，第 536、537、540、550 页。

连。马克思和恩格斯从来都不是用焕然一新的词句和以往的思想家们分道扬镳的，他们更看重用可用于指导实际运动的理论筑起与旧学说的天壤之别。对于《形态》时期的他们来说，共产主义或者社会主义一词的实质内涵已很清楚，已经是可以指导现实的工人运动的理论，已经能将他们的共产主义思想和其他各式各样的共产主义理论划清界限，所以也就没必要为一个虚妄的名号纠缠不清。

第四节 实现途径的跃迁：共产 主义何以可能

从扬弃私有财产到消灭私有制，从依赖人的本质的复归到阶级联合和阶级革命，从"否定的否定"到"最实际的运动"，共产主义具体的实现途径，从《手稿》到《形态》经历了一场跃迁。

一 从扬弃私有财产到消灭私有制

《手稿》中共产主义被明确表述为是私有财产即人的自我异化的积极的扬弃。人的自我异化是指个人的生命成为"不依赖于他、不属于他、转过来反对他自身的活动。"① 人在这种异化中丧失了人的本质、人的产品，而人本身是人成为非人的原因，因而扬弃人的自我异化是通过人并且为了人而对人的本质的真正占有。而人的现实就是私有财产的运动，是不断进行生产、交换和消费活动的人。扬弃人的自我异化就和扬弃私有财产统一起来了。须知这种扬弃不是未完成的最初的积极的扬弃。马克思将粗陋的共产主义称作"最初的积极的扬弃"，连同政治性的共产主义一起称作"尚未完成的共产主义"，那么共产主义就是完成了的最终的积极的扬弃，即"一切异化的积极的扬弃"，② 既包括人的意识这些虚无的领域，也包括经济、政治这些现实的领域。虽然马克思将实践看成异化亦即异化的

---

① 《马克思恩格斯全集》第42卷，人民出版社，1979，第95页。
② 《马克思恩格斯全集》第42卷，人民出版社，1979，第119~121页。

扬弃借以实现自身的手段，也将社会从私有财产和私有制的奴役中的解放，同工人的解放和普遍的人的解放这种政治形式联系起来，但马克思还给人的抽象本质留有余地，所以在论及共产主义运动如何开始，在什么领域开始的时候，他还摇摆于意识领域和现实的物质领域之间。①

《形态》继承了《手稿》中扬弃私有财产的积极方面，走向彻底消灭私有制的共产主义革命。私有制被看成人的活动的产品，从而和社会分工联系起来，而分工就是活动本身；同时被看成过去劳动的积累和现实的劳动区分开来，从而和劳动本身联系起来。② 私有制是劳动的产物，是物质生产力发展的产物，作为过去劳动的积累，是个人生存和交往的条件，是制度化了的劳动，凝结在社会制度尤其是国家制度之中，体现为法的关系，表现为包括人在内的各式各样的私有财产。而现实的劳动是以私有制为前提进行的，并最终向其转化的劳动。这种模式化的、固定化的劳动或者说活动就是分工。所以私有制的消灭是同消灭劳动、消灭分工密不可分的，是同现实的物质前提以及这种物质前提的未来发展密不可分的，所以"只有在大工业的条件下才有可能消灭私有制。"③ 私有制的消灭又意味着人对物质力量的占有和支配，然而因为现存的交往形式和生产力是全面的，所以只有全面发展的个人才可能占有和支配它们。④ 消灭私有制是生产力和交往形式矛盾运动的客观要求，是阶级矛盾和阶级斗争的客观要求，人的作用在于以物质力量的全面发展奠定人自身全面发展的契机。

二 从依赖人的本质的复归到阶级联合和阶级革命

人的异化是《手稿》分析资本主义社会的一条主要路径，依赖

① 参见《马克思恩格斯全集》第 42 卷，人民出版社，1979，第 99、101、121 页。
② 参见《马克思恩格斯全集》第 3 卷，人民出版社，1960，第 74 页。
③ 《马克思恩格斯全集》第 3 卷，人民出版社，1960，第 74 页。
④ 参见《马克思恩格斯全集》第 3 卷，人民出版社，1960，第 516 页。

人的本质的复归也就必然成为实现共产主义的一个主要途径。《形态》已近乎要将"历史是阶级斗争的历史"呼之出口了，阶级联合和阶级革命已经成为实现共产主义不可撼动的基石。

人的本质的复归即意味着对人的本质力量的全面占有，《手稿》没有系统明确地论述如何实现人的本质的复归，只是将其简单地概括为对异化的扬弃和现实的共产主义运动。根据《手稿》的整体思想和已详尽论述的人的异化的四种形式，相应的可从四个方面加以总结。一是，人占有自己的劳动产品而不是被他人所占有。二是，人自愿进行自己的生命活动而不是被迫进行。三是，使类本质成为人的目的而不是手段。四是，使人与人相一致而不是相互对立。然而，这四点不是人想做就能做到的，马克思只部分地看到了劳动者和生产资料相分离这一前提。如果不消除这个前提，那么工人依旧是工人，资本家依旧是资本家，而人的本质的复归除了在意识的领域内可能实现外，在哪里也实现不了。《形态》则完成了蜕变，马克思和恩格斯疾呼道："对实践的唯物主义者，即共产主义者说来，全部问题都在于使现存世界革命化，实际地反对和改变事物的现状。"① 这又是通过阶级联合和阶级革命才能实现的。

阶级联合和阶级革命之所以必需，是因为统治与被统治的关系都是以集体的形式出现的。被统治阶级反对统治阶级的统治只能以集体的形式出现，"这种集体是一个阶级反对另一个阶级的联合"。② 与工人相对立的统治他们的历来就不是什么单个人、单个资本家，而是联合起来的成为资产阶级的资本家的联盟。而革命才是历史发展的动力。"历史的动力以及宗教、哲学和任何其他理论的动力是革命，而不是批判。"③ 若不革命，无以联合；若不联合，何以革命？不革命，不夺取国家政权，旧的国家机器就还会作为统治阶级最为有利的统治工具，工人阶级就不可能从根本上变革现有的受压迫、

---

① 《马克思恩格斯全集》第 3 卷，人民出版社，1960，第 48 页。
② 《马克思恩格斯全集》第 3 卷，人民出版社，1960，第 84 页。
③ 《马克思恩格斯全集》第 3 卷，人民出版社，1960，第 43 页。

受剥削的社会状况。这一点早在德法年鉴时期，马克思用"武器的批判"批判"批判的武器"的时候就说得很清楚了。而无产阶级也"只有在革命中才能抛掉自己身上的一切陈旧的肮脏东西，才能建立社会的新基础。"①

三 从"否定的否定"到"最实际的运动"

《手稿》中"否定的否定"这一术语源自黑格尔。如果说黑格尔把私有财产、人的自我异化看作人的思维的外化、异化，即否定，马克思则将其看成人的现实的生产劳动的外化、异化，进而不把这种外化、异化的扬弃，即"否定的否定"，看作人的思维的现实表现，也就是说纯粹思维领域内的扬弃、法哲学的扬弃，而是对现实生活中私有财产的扬弃。作为"否定的否定"的共产主义，是以"否定私有财产作为自己的中介的，因而还不是真正的、从自身开始的肯定，而只是从私有财产开始的肯定"。② 马克思对仰仗中介的"否定的否定"不甚满意，因为它即便是对现实的私有财产的扬弃，也不过是"要求归还真正人的生命即人的财产"，③ 所以只能是未来"必然的环节"，而不是人类社会的形式。马克思虽然对这个中介表示不满，但认识到它是人类社会发展的"一个必要的前提"。④ 只有扬弃"否定的否定"才是理想的社会形态，而社会主义作为社会主义，已不再需要这样的中介。⑤ 至于共产主义是从自身开始的肯定，到底意味着什么，马克思并没有具体说明，若从扬弃私有财产这一中介而言，可能就意味着消灭私有制、旧式劳动和分工。

对"否定的否定"的爱恨交织事实上显示出马克思思想不成熟的方面，既苦于不知如何对共产主义运动的实际任务给出确切的回答，又苦于不知如何给共产主义的未来指出明确的发展方向，反映

---

① 《马克思恩格斯全集》第 3 卷，人民出版社，1960，第 78 页。
② 《马克思恩格斯全集》第 42 卷，人民出版社，1979，第 139 页。
③ 《马克思恩格斯全集》第 3 卷，人民出版社，2002，第 331 页。
④ 《马克思恩格斯全集》第 42 卷，人民出版社，1979，第 175 页。
⑤ 参见《马克思恩格斯全集》第 42 卷，人民出版社，1979，第 131 页。

出马克思当时实践的认识论的不彻底，没能清楚地认识到实践对理论的指导意义。历史才是自己的出谜者和解谜者，一切的一切都必须置身于现实的实际境况中才能得到回答。时至《形态》，共产主义便成为"那种消灭现存状况的现实的运动"，[①] 是"用实际手段来追求实际目的的最实际的运动，它只是在德国，为了反对德国哲学家，才会稍为研究一下'本质'问题"。[②] 由现实本身为我们提出应该和必然产生的问题，继而在现实已经奠定好的解决问题的物质基础之上，历史给我们开出解决问题的药方。工人阶级也只有投身最实际的革命运动，才能清楚地认识到自己的使命，真正成为革命的阶级。

综上可知，《形态》中的共产主义思想至少在三个方面超越了《手稿》。首先，《形态》中的共产主义是一个完整的思想体系，这是《手稿》所无法比拟的。其次，《形态》中的共产主义代表着共产主义的社会制度，这是《手稿》少有关涉的。最后，《形态》中的共产主义意味着现实的工人运动，即共产主义运动，这是《手稿》所少有问津的。用《手稿》来否定《形态》不可避免要流于荒谬，借《形态》来轻视《手稿》注定要完成对自己的背叛。《手稿》的功绩不容忽视，《形态》的伟大更不可低估。那些目的不在于弄清问题的人，试图用《手稿》和《形态》的术语躯壳，扭曲掩饰二者的本质联系和区别，是注定要失败的。

（本章内容原载于《上海师范大学学报》2017 年第 4 期，武汉大学博士研究生、宁夏大学马克思主义学院讲师余伟如系第二作者）

---

① 《马克思恩格斯全集》第 3 卷，人民出版社，1960，第 40 页。
② 《马克思恩格斯全集》第 3 卷，人民出版社，1960，第 236 页。

第十一章
"自由个性"的价值维度

本章内容摘要:

"自由个性"是马克思哲学的重要范畴。马克思的"自由个性"思想意涵丰富：其一，作为人的发展状态，"自由个性"是对"人的依赖性"和"物的依赖性"的双重超越，是"真正的个人"的实现，是人的发展的理想境界；其二，作为一种社会形态，"自由个性"是共产主义的高级阶段，是人类社会的高级形态，是"自由人的联合体"；其三，作为一种价值观念，"自由个性"是自由的理想状态，是个性发展的最高境界，是"以人为本"的完成形态；其四，作为一种生存体验，"自由个性"是对人的本质的真正占有，是自由自觉的完美体验，是美好生活的完美呈现。"自由个性"的实现是一个自然历史过程，人类社会正行走在通往"自由个性"的途中。人类通往"自由个性"是一条漫长的路，资本主义的充分发展为"自由个性"的实现创造了条件，社会主义社会是人类走向"自由个性"的必经阶段。"自由个性"的实现不会终结历史的未来发展，历史不会止步于"自由个性"。在"自由个性"的目的地，便是人类社会向着未来出发的新起点。

马克思在《政治经济学批判（1857—1858 年手稿）》中创造性地提出了"自由个性"这一全新的哲学范畴。毋庸置疑，马克思首先是在社会形态的意义上来使用这一概念的，但"自由个性"概念意涵十分丰富，可以从多个维度来理解。

第一节　人的发展维度：人的依赖性和物的依赖性的双重超越

马克思认为，从"人的依赖性"到"物的依赖性"，最终通往"自由个性"，这是历史发展的逻辑，也是人的发展的逻辑。人的发展必须依次经过"人的依赖性"阶段，"以物的依赖性为基础的人的独立性"阶段，最后达到"自由个性"阶段。[①] 其中后一阶段以前一阶段为基础和前提，前一阶段的发展为后一阶段创造条件。

"人的依赖性"是人的发展的最初阶段，人表现为"自然的个人"，或者称之为"依附的个人"。这是马克思对前资本主义社会中人的发展状态的定位。在"人的依赖性"阶段，"个人"不是作为一个独立的个体与其他人发生关系，人的生产能力只是在狭小的范围内和孤立的地点上发展着，自然界和共同体具有至高无上的权威。具体来说，在原始社会，人不仅奴隶般地服从于自然界，也温顺地从属于"共同体"。一方面，人是匍匐于自然界脚下的奴隶。人们依靠自然、敬畏自然，盲目崇拜自然。另一方面，单个人为了保存自身，自发地结成了以血缘关系为基础的"天然共同体"。个人消融于共同体之中，社会共同体的价值具有绝对的优先性，个人绝对地服从共同体的利益，缺乏独立性和自主性。诚如马克思所言，"我们越往前追溯历史，个人，从而也是进行生产的个人，就越表现为不独立，从属于一个较大的整体"。[②] 到了奴隶社会和封建社会，生产力的缓慢发展促使人类在一定程度上摆脱了自然界的奴役，获得了对

① 参见《马克思恩格斯全集》第 46 卷（上），人民出版社，1979，第 104 页。
② 《马克思恩格斯文集》第 8 卷，人民出版社，2009，第 6 页。

大自然的有限的独立性。这为人在客观世界中地位的提升创造了可能，也为人的主体性的萌发准备了条件。但是，个人的生存与发展仍旧不独立，缺乏自主性。这是由"政治共同体"对个人的超经济强制所决定的。一方面，个人具有一定的政治身份，作为某一等级的成员而从属于"共同体"。个人与共同体的关系表现为一种人身依附关系，神或君主作为共同体的代表，具有无条件的统治权力。现实的个人身份固化，除了被迫接受等级依附和政治强制之外，别无选择。正如马克思所说：在这时，"贵族总是贵族，平民总是平民……这是一种与他的个性不可分割的品质"。① 这种"依附的个人"在经济生活中常常表现为禁欲主义，在精神生活中表现为蒙昧主义，在政治生活中表现为专制主义。② 另一方面，人的个体意识虽然产生，但社会整体意识始终是凌驾于个体意识之上的绝对权威，以致人丧失了最基本的人身权利和自由。在这一阶段，唯有牺牲个体的发展，才能保证整个人类的生存与发展。这是早期人类的必然选择，也是一种自然而然的选择。

"物的依赖性"是人的发展全面异化的阶段，人表现为"偶然的个人"，或者称之为"独立的个人"。这是马克思对资本主义社会中人的发展状态的科学定位。在这一阶段，人摆脱了人身依附关系，获得了对他人的独立性。然而，这种"独立性"不过是形式上的"独立性"——"以物的依赖性为基础的人的独立性"，"对物的依赖"取代了"对人的依赖"成为套在每个人头上的新的枷锁。在"物的依赖性"阶段，人的全面异化与人对"物"的依赖的确立是同一个过程。从地位上来看，人虽然获得了在客观世界中的主体地位，即人从自然的奴隶转变为自然的主人。但是，人成为商品、货币以及资本等死的东西的奴隶，形成了商品拜物教、货币拜物教、资本拜物教。从人与自然的关系来看，人与自然之间不再是人屈从

---

① 《马克思恩格斯文集》第 1 卷，人民出版社，2009，第 571 页。
② 参见《孙正聿哲学文集·属人的世界》第 2 卷，吉林人民出版社，2007，第 161 页。

于自然的对立关系，而是人凌驾于自然之上的对立关系。这种对立关系最终走向了人类中心主义，导致了人类对其他物种的傲视和践踏，也导致了自然对于人类的报复。从人与人的社会关系来看，人与人之间虽然形成了内容丰富、形式多样的社会关系，但是，从性质上来说，这种"全面性"的社会关系的形成却是以人对"物"的依赖的确立为前提的。在这种物化了的社会关系中，不是人支配物，而是物统治人。人与人之间的社会关系实则转变为普遍的拜物性。因此，即便个人获得了对他人的独立性，这种独立性也只是形式上的。从个人发展与社会发展的关系来看，资本主义社会的巨大发展并没有带来与之相适应的个人全面发展。畸形片面发展成为个人发展的常态。这是由资本主义本身所固有的、无法克服的基本矛盾所决定的。在这一阶段，人的活动受资本逻辑的牵制，自由的是资本，而不是人。人只有在服从资本主宰的前提下才是"自由"的。一句话，资本主义社会是一个"自由地追求自己目的的私人利益、无政府状态、自我异化的自然个性和精神个性的社会"。①

"自由个性"是人的发展的理想状态，其实质是每个人的自由全面发展，这时期人表现为"真正的个人"，或者称为"有个性的个人"。这是马克思对共产主义社会中人的发展状态的科学预测。在"自由个性"阶段，每个人既超越了对于"人的依赖"，也超越了对于"物的依赖"，上升为社会的主人、历史的主人、自身命运的主人。也就是说，人不再是受制于自然界的仆人，不再是"物"的统治的奴隶，也不再依附于任何与人相对立的"虚假共同体"。这样的人，是自由发展与全面发展的统一，是自由自觉地行走于历史之中的人。在这一阶段，人与人之间不再是一切人对一切人的战争状态，而是形成了"人人为我、我为人人"的社会关系，造就了一切"己"都在"他者"中得以共生的和谐局面。在这一阶段，个人发展与社会发展之间不再对立，共同体的发展不再以牺牲个体的发展

---

① 《马克思恩格斯文集》第 1 卷，人民出版社，2009，第 324 页。

为代价，个人的自由全面发展不再以牺牲他人的全面发展为前提。马克思指出，"代替那存在着阶级和阶级对立的资产阶级旧社会的，将是这样一个联合体，在那里，每个人的自由发展是一切人的自由发展的条件。"① 在这一阶段，人的能力得到充分发展，每个人都不再受制于特殊的活动范围和发展空间，能够从事自主活动，能够自主地选择、自由地发展，能够为全人类的幸福和自身的完美贡献力量。

第二节　社会形态维度：人类社会的高级形态

人类社会从低级到高级的发展有着自身的发展规律和历史逻辑。在《政治经济学批判序言》中，马克思从生产关系的视角出发，将人类社会划分为原始社会、奴隶社会、封建社会、资本主义社会以及未来的共产主义社会这五种社会形态，即人们通常所说的"五形态说"。在《政治经济学批判（1857—1858 年手稿）》之中，马克思从人的发展的视角出发，将人类社会划分为三种社会形态："人的依赖关系……是最初的社会形式……以物的依赖性为基础的人的独立性，是第二大形式……建立在个人全面发展和他们共同的、社会的生产能力成为从属于他们的社会财富这一基础上的自由个性，是第三个阶段。"② 这是"三形态说"的最初理论表达形式。"五形态说"和"三形态说"不是相互排斥的，而是互补的关系。它们都有各自存在的意义和价值，都是马克思对人类社会发展的一般规律的揭示，是任何国家都无法绕开的历史逻辑。

"人的依赖关系"是人类社会发展的第一个阶段，大致相当于前资本主义社会。这一阶段涵盖了原始社会、奴隶社会以及封建社会。人类历史越是往前追溯，人对自然界的依赖程度就会越高，人的自

---

① 《马克思恩格斯选集》第 1 卷，人民出版社，2012，第 422 页。
② 《马克思恩格斯文集》第 8 卷，人民出版社，2009，第 52 页。

由也就越少，个人必须依赖于一个更大的整体，否则就无法生存。进入奴隶社会以后，"人的依赖关系"呈现为奴隶对奴隶主的人身依附。到了封建社会，这种关系转变为农奴对领主的依附。在这个阶段，个人总是不能自己代表自己，总是需要有一个外在的主体来代表自己。

"物的依赖性"是人类社会发展的第二个阶段，也即资本主义社会。这是一个全面异化的社会，表面上，各个人要比先前更自由些，"事实上，他们当然更不自由，因为他们更加屈从于物的力量"，①受制于物的统治，在"物的依赖"中"再度丧失了自己"；表面上，各个人看起来也比先前更独立些，事实上不过是个人可以"独立地""自由地"出卖自己的劳动力，"自由得一无所有"。② 然而，相比较于第一个阶段，资本主义具有巨大的历史进步性。马克思指出，"资产阶级在它的不到一百年的阶级统治中所创造的生产力，比过去一切世代创造的全部生产力还要多，还要大。"③ 资产阶级曾经在历史上起过非常革命的作用，它推翻了封建统治和专制制度，极大地促进了人类社会的发展进步。即便是在当代，发达资本主义国家在经济社会发展程度上仍然领先于社会主义国家，这是资本主义社会的历史进步性所在。但是，从根本上来说，资本主义社会仍然是一个少部分人压迫和剥削绝大多数人的虚假共同体。资本主义社会的巨大发展并不能扭转其必然灭亡、必然为更加美好的社会形态所取代的历史命运。正是基于对资本主义社会中人的全面异化的基本事实以及资本主义制度本身的批判，马克思在展望未来新社会时，提出了"自由个性"的新阶段。

"自由个性"是人类社会发展的"第三个阶段"，是最高级的社会形式。从实质上来说，它是以每个人自由全面发展为基本原则的共产主义社会，这是一个"自由人的联合体"。共产主义是最美好的

---

① 《马克思恩格斯选集》第 1 卷，人民出版社，2012，第 200 页。
② 《马克思恩格斯全集》第 23 卷，人民出版社，1972，第 192 页。
③ 《马克思恩格斯文集》第 2 卷，人民出版社，2009，第 36 页。

人类社会，到那时，生产力高度发达，人们的精神境界极大提高，"集体财富的一切源泉都充分涌流"，社会在自己的旗帜上写上"各尽所能，按需分配"；① 社会已经完全超出了资产阶级权利的狭隘眼界，人类实现了从"必然王国"向"自由王国"的飞跃。

共产主义社会分为两个阶段，社会主义社会是其第一阶段，"自由个性"是其高级阶段。社会主义不管是在生产力和生产关系方面，还是在物的发展和人的发展方面，当然还达不到"自由个性"的高度，但是不经过社会主义阶段的凤凰涅槃，就不可能达到共产主义的彼岸，就不可能实现"自由个性"。换句话说，社会主义社会是人类通往"自由个性"的必经阶段。从理论层面上看，作为共产主义社会的第一阶段，社会主义社会是比资本主义社会更加高级的社会形态，它已然属于人类社会发展的"第三阶段"。从现实层面上看，社会主义社会本身还是一个生成中的、不成熟的、不完善的社会。当代社会主义国家在发展过程中遭遇的种种挑战和危机，这是人类通往"自由个性"阶段、过上诗意生活之前必经的苦难。唯有社会主义社会才是人类通往"自由个性"的现实起点。"自由个性"的实现意味着"人类史前时期"的结束以及真正"人类史"的开启。

第三节　价值理想维度：以人为本的完成形态

"自由个性"概念具有深刻的价值观意蕴。共产主义既是一种社会制度，又是一种价值目标，它以每个人的自由而全面发展即"自由个性"为最高价值。"自由个性"在理论上实现了对权本位价值观、神本位价值观和抽象人本主义价值观的超越，在现实上实现了对社会主义人本实践的超越。"自由个性"作为一种价值理念，是人的自由的理想状态，是个性发展的最高境界，是人的发展的完美样

---

① 参见《马克思恩格斯选集》第3卷，人民出版社，2012，第365页。

态，是"以人为本"的完成形态。

"自由个性"摆脱了君权和神权的奴役，是对封建专制主义价值观的否定。尽管封建社会的开明君主和进步思想家也提出了不少"以人为本"的口号，但口号是一回事，制度和实践又是一回事。马克思指出，封建"专制制度的唯一原则就是轻视人类"，这种"专制政体的原则总的说来就是轻视人，蔑视人，使人不成其为人"；这种专制制度的"原则就是使世界不成其为人的世界"，世界完全沦为"庸人的世界""政治动物的世界"。① 更为重要的是，这个原则不单是一个原则，而且还是事实。专制制度下的人绝不是人格平等、个性自由的人，而是等级分明、人格依附、个性泯灭的人。所以，封建社会不存在真正意义上的"以人为本"。

"自由个性"摆脱了物的奴役、资本的奴役，是对西方自由主义意识形态和抽象人本主义价值观的扬弃。西方人本主义思想丰富，但理论的丰富并不等于理论的成熟。尽管资产阶级思想家们从抽象的人道主义立场出发，为人们描绘了一幅令世人向往的理想社会蓝图，试图经由资本开辟道路、资产阶级主宰社会的前提下实现全体公民的自由、民主、平等、博爱等人道主义追求。但是，以私有制为基础的所谓个人自由，归根结底只是少数人即有产者的自由，资本逻辑是唯一的主导力量，资本是唯一的主人。资本主义生产方式造成了人的物化与物的人格化，强制性分工导致了人的发展的片面化，技术的资本主义应用加剧了人的生存环境危机，工具理性的膨胀带来了精神家园的失落，物的膨胀导致了人生意义的单一化，社会的全面发展牺牲了个人的丰富个性，资本的僭越导致了一切人本价值的虚伪化。在资本主义社会，个人表面上是独立的、自由的，但无往而不在物的统治、资本的枷锁之中。因此，在资本主义社会诞生以来的几百年间，尽管以人为本的实现程度比前资本主义社会有了很大的提升，但距离"自由个性"的理想社会还很遥远。爱因

① 参见《马克思恩格斯全集》第 47 卷，人民出版社，2004，第 59、57 页。

斯坦在历数了资本主义私有经济的若干弊端之后说："我相信，只有一种办法可以消灭这种邪恶的灾祸，那就是建立社会主义经济"。①

"自由个性"摆脱了人本实践的局限性，是对社会主义国家"以人为本"的现实状况的超越。众所周知，现实的社会主义国家并不是诞生于发达的资本主义国家，而是诞生于经济社会发展相对落后的东方国家，这些国家还不具备马克思所描述的实现共产主义的社会历史前提。具体来说，这些东方国家并不具备高度发达的生产力水平，基本上还处于以农业经济为主的发展水平上，其市场化程度还很低。因此，在社会主义社会，特别是社会主义初级阶段，"以人为本"无论是在范围、程度，还是在层次、水平等方面都是有局限的，是很不完善的，尽管以"自由个性"为前进的方向，但依然任重而道远。比如中国，社会依然处于"物的依赖性"阶段而非"自由个性"阶段，财富依然表现为"物的丰富"而非"人的自由全面发展本身"，劳动依然是"谋生的手段"而非"生活的第一需要"，产品依然实行按劳分配为主的原则而非按需分配，资本依然无法超越而不得不服从资本的逻辑，市场依然强大而不得不承受其副作用，人依然受制于强制性的分工而无法自由全面地发展自己的才能，这些因素都决定了中国还远未进入马克思设想的理想的人本社会。马克思在《1844 年经济学哲学手稿》中对未来理想社会的"以人为本"进行了展望："这种共产主义，作为完成了的自然主义，等于人道主义，而作为完成了的人道主义，等于自然主义，它是人和自然界之间、人和人之间的矛盾的真正解决，是存在和本质、对象化和自我确证、自由和必然、个体和类之间的斗争的真正解决。"②相较于残次的现实，"自由个性"的理想状态还在远方，但我们已经行走在正确的路上。现实中"以人为本"的每一次推进，都是向着理想的人本社会挺进，都将为最终实现"自由个性"开辟道路。

---

① 〔美〕爱因斯坦：《"为什么要社会主义"？》，《每月评论》（美国）1949 年第 1 期，转引自《光明日报》1991 年 7 月 7 日。

② 《马克思恩格斯文集》第 1 卷，人民出版社，2009，第 185 页。

"自由个性"的实现意味着以人为本的历史性飞跃,意味着全人类的普遍解放,意味着完全意义的人本社会得以降临,意味着"真正的人类历史时期"的开启。"自由个性",从时间向度来说,是指向遥远未来的,它具有最高的完满性,"所标示的是人的个性发展的最高境界",① 是"以人为本"的理想社会形式。人类只有进入了"真正的人类历史时期"才能实现"自由个性",在此之前的每一历史阶段上,"以人为本"的实现程度总是有残缺的,总是不完美的。人类社会是一个不断向着"自由个性"迈进的过程。到那时,人既摆脱了人身依附,又摆脱物的奴役,任何个人都不必拘束于特殊的活动范围,而是可以根据自己的兴趣在任何部门内自由发展;到那时,"迫使个人奴隶般服从分工的情形已经消失",工农之间、城乡之间、脑体之间的对立不复存在,每个人都可以自由全面地发展自己的才能;到那时,劳动不再是单纯的谋生手段,而上升为"生活的第一需要";到那时,"每个人的自由发展是一切人的自由发展的条件","人终于成为自己的社会结合的主人,从而也就成为自然界的主人,成为自身的主人——自由的人"。② 一句话,"自由个性"的实现意味着人本价值的完满实现,这是迄今为止人们所能设想的最美好的社会。

第四节 生存体验维度:人的 本质的真正占有

在《1844 年经济学哲学手稿》中,马克思将人的类本质界定为自由自觉的活动。他指出,"一个种的全部特性、种的类特性就在于生命活动的性质,而人的类特性恰恰就是自由的自觉的活动。"③ 人作为人的理想生存体验,就是摆脱一切外在的奴役,实现对人的本

---

① 《汪信砚论文选》,中华书局,2009,第 309 页。
② 《马克思恩格斯文集》第 9 卷,人民出版社,2009,第 398 页。
③ 《马克思恩格斯全集》第 42 卷,人民出版社,1979,第 96 页。

质的真正占有，实现自由自觉的活动。

在原始社会，人是自由自觉的。但是，人对自由的生存体验是原始的、肤浅的，自由归根结底是本能的自由，而不是思想的自由、实践的自由。马克思指出，"人是唯一能够由于劳动而摆脱纯粹的动物状态的动物——他的正常状态是和他的意识相适应的而且是要由他自己创造出来的。"① 但是，在原始社会，生产力的发展极其落后，不足以支撑人走出纯粹动物式的生存状态；人的认识能力极其有限，不足以支撑人摆脱盲目必然性的支配而获得自由；人的实践能力极其低下，既无法驾驭自然，也无法驾驭社会，不足以支撑人通过改造客观世界以获得自由。在这一阶段，人的劳动只能满足人们最基本的生存需求，人的活动服从于本能的支配，人无法通过自身的努力成为高度自由的人。所以，这时期，人尽管尚未遭遇权力和资本的奴役，但正如马克思所说，"在发展的早期阶段……留恋那种原始的丰富，是可笑的，相信必须停留在那种完全的空虚化之中，也是可笑的。"②

进入私有制社会，特别是资本主义社会，人丧失了自由自觉的本性，沦为异化受动的人。与之相适应，人的生存体验是一种"异化"的体验，物的世界的全面发展以牺牲人的全面发展为代价，人的尊严遭到了资本的彻底扭曲。近代以来，资本、金钱的魔力发挥到了极致，它可以使黑的变成白的、丑的变成美的、错的变成对的、卑贱变成尊贵、老人变成少年、懦夫变成勇士、寡妇重做新娘、父子化为水火、冰炭化为胶漆、仇敌互相亲吻、商人攫取权力、资本统治人间。马克思在《1844 年经济学哲学手稿》中批判道，人"在自己的劳动中不是肯定自己，而是否定自己，不是感到幸福，而是感到不幸，不是自由地发挥自己的体力和智力，而是使自己的肉体受折磨、精神遭摧残。"③ 今天，这种极端恶劣的生存体验也许有了很大改进，但并没有从根本上扭转，更谈不上终结。在这种"非人"

---

① 《马克思恩格斯全集》第 20 卷，人民出版社，1971，第 535～536 页。
② 《马克思恩格斯文集》第 8 卷，人民出版社，2009，第 56～57 页。
③ 《马克思恩格斯文集》第 1 卷，人民出版社，2009，第 159 页。

的生存状态之中，自由是资本的专利，而不是人的本质。人的能力由资本赋予，人的价值由资本衡量，人的地位由资本决定，人的活动受资本逻辑的宰制，人的社会关系不过是物的社会关系的投射。一句话，人只有在服从资本主宰的前提下才是"自由"的。所以，"在资产阶级社会里，资本具有独立性和个性，而活动着的个人却没有独立性和个性。"① 相比于原始社会的虚空化状态，这种"非人"的生存状态让人产生了"充实"的错觉。然而，这不过是物质上的充实，这种充实以精神上的虚空为代价。因为，人唯有通过占有物，才能感受到自身的生存、价值和意义。相比于自由自觉的本真状态，这种"非人"的生存状态极度地贬低人、摧残人。

在未来理想社会，每个人都能真正占有自己的本质，实现诗意的栖居和优雅的生存，这是一种理想的生存体验。在那个时候，人摆脱了自发性的主宰，摆脱了外在的剥削和压迫，摆脱了自然与人的关系和人与人的关系的双重束缚，成为自由自觉的存在，成为真正的个人。也就是说，到那时，人摆脱了自然的奴役、权力的奴役、资本的奴役，清除了一切阻碍人自由全面发展的桎梏，成为自己的主人、社会的主人、历史的主人，实现人与社会、人与人、人与自然之间的真正和谐，实现全人类的完全解放，过上真正属于人的优雅生活；到那时，人从动物性或本能性的生存体验中走出来，真正进入人的生存状态之中，实现了人的本质的复归，成为自由自觉的人；到那时，劳动上升为生活的乐趣，分工为全面发展自身才能创造了条件，工作成为人们体验美好生活的重要场所，社会"不仅可能保证一切社会成员有富足的和一天比一天充裕的物质生活，而且还可能保证他们的体力和智力获得充分的自由的发展和运用"。② 在未来社会，人的生存体验是完满的、幸福的，是自由的、自觉的，"人以一种全面的方式，就是说，作为一个完整的人，占有自己的全面的本质"。③

---

① 《马克思恩格斯文集》第2卷，人民出版社，2009，第46页。
② 《马克思恩格斯选集》第3卷，人民出版社，2012，第670页。
③ 《马克思恩格斯文集》第1卷，人民出版社，2009，第189页。

第五节　人类行走在通往"自由个性"的途中

人类通往"自由个性"是一条漫长的路，资本主义的充分发展为"自由个性"开辟道路，社会主义是通往"自由个性"的必经阶段，"自由个性"的实现不是历史的终结，而是人类走向更加美好未来的出发阵地。

一　"自由个性"的实现是一个自然历史过程

作为一种社会形态，人类走向"自由个性"是一个漫长的自然历史过程，既不可能一蹴而就，也不可能一帆风顺。"自由个性"终将实现，这是社会基本矛盾运动的必然结果，是历史发展的大逻辑，是不以任何个人的意志为转移的客观规律，它既不会因为资产阶级的百般阻挠而姗姗来迟，也不会因为无产阶级的殷殷期盼而蓦然驾到。资本主义的社会形态横跨五个世纪，历经几百年的狂飙，目前已经进入了衰退期，但是在它所能容纳的全部生产力发挥出来以前，是绝不会自动退出历史舞台的；"自由个性"的社会形态，在它的物质存在条件成熟以前，是绝不会出现的。

作为一种社会理想和目标，"自由个性"的实现是理想引导现实和现实趋向理想的统一，这是同一过程的两个方面。一方面，"自由个性"作为个人发展和社会发展的完满状态，它不是既成的历史结果，而是有待实现的美好理想。理想之所以为理想而不同于空想和幻想的地方就在于它与现实之间保持着合理的张力，它们之间隔着的不是一道永远无法逾越的鸿沟，而是一步一步向前迈进的阶梯。"正因为有了'未来'这个向度，人的生活才有了意义和追求。"① "自由个性"的崇高理想虽然在远方，但只要人类坚持不懈地努力奋

---

① 陈曙光：《直面生活本身：马克思人学存在论革命研究》，北京师范大学出版社，2012，第185页。

斗，总有一天会变成现实。另一方面，"现实之所以叫现实，当然是不理想的，否则便不需要发展了；但是它既然能成为前进的起点，它就必然包含理想性于自身之中，否则它就不能在实践中走向理想。"① 今天，现实还没有到达"自由个性"的彼岸，但社会中已经包含"自由个性"即共产主义的因素，随着实践的发展，这种共产主义因素只会越来越多、愈发鲜明，最终累积起实现"自由个性"的巨大能量，完成人类历史上最伟大、最动人心弦的惊险一跃。

二 资本主义为"自由个性"的实现创造条件

马克思指出，"第二个阶段为第三个阶段创造条件"。② 这句话包含两层意思，资本主义的前方是人类社会的第三个历史阶段；资本主义的充分发展为人类社会进入"第三个阶段"创造了条件。

其一，物质条件。"自由个性"的发展阶段是人类迄今为止所设想的最高级的阶段，这一阶段建立在生产力高度发达、物质财富极大丰富的基础上。这种新的更高的生产关系，在它的物质存在条件在旧社会的胎胞里成熟以前，是绝不会出现的。在资产阶级社会的胎胞里发展的生产力，同时又创造着解决资本主义社会矛盾、实现"自由个性"的物质条件。

其二，革命条件。生产的社会化与生产资料私人占有之间的矛盾是资本主义社会的主要矛盾，也是在资本主义制度框架内无法调和的对抗性矛盾。随着资本主义的高度发展，随着物质生产力发展到一定的阶段，资本主义生产关系便由生产力的发展形式变成了生产力的桎梏。那时社会革命的时代就到来了，资本主义的灭亡就是不可避免的了。"资产阶级的生产关系是社会生产过程的最后一个对抗形式……因此，人类社会的史前时期就以这种社会形态而告终。"③

---

① 陈曙光：《以人为本"元"论》，博士学位论文，武汉大学，2010，第214页。
② 《马克思恩格斯文集》第8卷，人民出版社，2009，第52页。
③ 《马克思恩格斯文集》第2卷，人民出版社，2009，第592页。

其三，主体条件。资本主义的充分发展，资本的全球扩张，在世界范围内造就了资本主义的掘墓人——无产阶级，为"自由个性"的实现培养了开创者。全世界无产者联合起来，终将汇聚起实现"自由个性"的磅礴力量。

三　社会主义社会是人类走向"自由个性"的必经阶段

100多年前，世界上第一个社会主义国家——苏联诞生，开启了人类历史的新纪元。从此，社会主义作为一种崭新的社会形态正式出场，人类社会从此进入了资本主义与社会主义"两制共存"的新时代。与未来理想社会相比，社会主义社会显然还是一个处于生成中的、不成熟的、不完善的社会。但它是比资本主义社会更加高级的社会形态，是人类社会走向"自由个性"的必经阶段。

现在有人质疑，曾经风光无限的社会主义阵容早已瓦解，烟消云散；个别社会主义国家的作为与"共产主义"的远大理想，相去甚远，"自由个性"的前景究竟在何方？其实，"他们不知道，'苏东'剧变不是马克思'惹的祸'，不是因为坚持了共产主义原则，而是因为背离了马克思主义；他们不知道，某种社会主义模式的失败不等于社会主义的失败；他们不知道，苏东剧变不过是国际共运途中的一个'踉跄'，社会主义事业的暂时受挫不等于历史的终结；他们不知道，有波峰，有低谷，波浪式前进，正是任何一种社会形态演进的规律性现象"。①

现实的社会主义事业是共产主义运动的一部分，是走向"自由个性"的一大步。经过70年风雨兼程，中国的共产主义事业已经推进到为实现中华民族伟大复兴的"中国梦"而奋斗的新阶段。党的十八大以来，我们推进全面小康，实施精准扶贫，推进共同富裕，建设美丽中国，实现民族复兴，等等，这些都是在社会主义的母体中植入共产主义的因子。我们致力于完成现阶段的历史任务，正是

---

①　参见陈曙光《共产主义这面旗帜什么时候都不能丢》，《光明日报》2016年3月17日。

为了向着未来的理想社会挺进，为了给"自由个性"的最终实现积蓄能量、开辟道路。共产主义再难，"自由个性"阶段再远，只要不犯颠覆性、方向性的错误，就会不断接近。

今天，中国特色社会主义事业一枝独秀，中国奇迹震撼全球，中国正健步行走在重回世界之巅的途中。中国特色社会主义道路是实现社会主义现代化的必由之路，是创造人民美好生活的必由之路，也是走向共产主义、实现"自由个性"的必由之路。我们应该有这样的道路自信。

四 "自由个性"的实现不是历史的终结

"自由个性"的实现，意味着人类社会站在了新的历史起点上，历史不会终结。一方面，"自由个性"是比前资本主义社会和资本主义社会更高级的社会形式，它不是人类社会发展的终点，它没有终结历史的未来发展，历史不会止步于"自由个性"，因而也不构成历史的终结。相反，"自由个性"的实现是另一个新的更高的起点，是人类社会再攀高峰的出发阵地。另一方面，"自由个性"标志着个人发展的完满形态，是对"人的依赖性"和"物的依赖性"的双重超越，为每个人的自由全面发展奠定了坚实的基础，开辟了更为广阔的空间，但这并不代表人的发展就此止步，每个人都只需要坐享其成；也不意味着人的发展已经达到了顶峰，发展的全面度和自由度已经达到了极限，失去了向上提升、向外扩展的任何可能性和空间。

如果"自由个性"的实现，意味着历史的终结，意味着人的发展空间的封闭，意味着社会进步的凝固，意味着自由发展、全面发展的极限，那绝不是人类的幸运，不是人类社会追求"自由个性"的初衷，也不符合马克思和恩格斯的设想。从方法论上来说，共产主义终结论不仅不符合历史唯物论，更违背历史辩证法，是一种典型的形而上学思维。根据历史唯物主义，"自由个性"的实现不会终结人类社会的未来发展；相反，它展现了人类社会未来发展的辉煌前景和无限可能性。"自由个性"的目的地，便是人类社会向着未来进发的新起点。

（本章内容原载于《北京大学学报》2017 年第 5 期，武汉大学博士研究生、贵州大学马克思主义学院讲师杨洁系第二作者。收入时有修改。）

第十二章
走向每个人自由全面发展

本章内容摘要：

　　"每个人自由全面发展"是马克思哲学的核心概念。经典作家致力于未来社会来理解人的解放，将其终极追求定位于"每个人自由全面发展"。但这不等于说，"每个人自由全面发展"是一种与现实无关的幻想。"每个人自由全面发展"，从理想维度来说，确实是指向遥远未来的；但从现实维度来说，它是当代中国的价值范导。今天，不必讳言个人，马克思主义有"个人观"，而且只有马克思主义才科学解答了个人与社会的关系问题。个人之外没有人，社会之外也没有人，"每个人自由全面发展"不能遮蔽个体向度，也不能降低为个人主义。"每个人自由全面发展"既不是原子个体主义命题，也不是社会整体主义命题，而是一个彻底的集体主义命题，是对个体主义和整体主义的双重超越，是集体主义的最高表现和完成形态。共产主义社会是"以每个人的全面而自由的发展为基本原则的社会形式"。共产主义的实现意味着"每个人自由全面发展"的实现，但不是人的发展的终结，"每个人自由全面发展"永无止境、永远在途中。

"每个人自由全面发展"是马克思哲学的核心概念，是人类解放的终极追求。经典作家致力于未来社会来描绘"每个人自由全面发展"，而当代中国则立足于社会主义初级阶段来推进"每个人的自由全面发展"，这就产生了理想性维度与现实性维度的分野。站在初级阶段的地基上，如何理解"每个人自由全面发展"的核心要义与当代价值，仍然是一个有待澄明的重大课题。

第一节　不必讳言个人：科学
个人观的创立

不必讳言个人，马克思主义有"个人观"。在中西方哲学史上，马克思主义才是真正重视个人的，才真正科学解答了个人与社会的关系问题，第一次创立了科学的个人观。

第一，"现实的个人"是历史唯物主义的逻辑起点。考察历史必须从"人"出发，关键在于从什么样的"人"出发。经典作家在《德意志意识形态》中指出：我们开始要谈的前提"是一些现实的个人，是他们的活动和他们的物质生活条件"。① 联系马克思的其他论述，"现实的个人"有四层内涵。其一，这是"有生命的个人"，把人看作"感性的对象"。其二，这些人不是"孤立的个人"，不是"唯一的个人"，而是"在历史中行动的个人"，是从事实践活动的个人，把人看作"感性的活动"。其三，这些人是在现成的和他们自己创造出来的物质生活条件中活动和表现他们自己的。其四，马克思所讲的"个人"与抽象人性论所讲的"个人"是有本质区别的：抽象人性论所讲的"个人"实际上只是他们"自己"，是排斥他人、社会的"单个人"；马克思所讲的"个人"通常是"每一个个人"即"每个人"；马克思所讲的"个人的全面性""个人的全面发展""个人自由"则是指"每个人的全面性""每个人的全面发展""每

———————
① 《马克思恩格斯选集》第 1 卷，人民出版社，1995，第 73、66～67 页。

个人的自由"。"现实的个人"是历史观领域的最伟大发现之一，"马克思历史观变革的实质是个人观的创新"，① 科学个人观的形成奠定了唯物史观的前提。

第二，"人们的社会历史始终只是他们的个体发展的历史"。在马克思看来，社会生产力的发展不过是个人本身力量的确证，与生产力的发展相适应的交往形式也不过是个人自主活动创造的。交往形式的"历史同时也是发展着的、为各个新的一代所承受下来的生产力的历史，从而也是个人本身力量发展的历史"。② 从这个意义上说，"人们的社会历史始终只是他们的个体发展的历史"，③ 生产力和交往形式不过是个人本身力量发展的不同方面。不仅如此，"社会结构和国家总是从一定的个人的生活过程中产生的"。④ 正是在这个意义上，马克思认为，"整个所谓世界历史不外是人通过人的劳动而诞生的过程，是自然界对人来说的生成过程"。⑤ 在马克思看来，人类社会的发展史归根结底是个体发展史，是个性不断发展的历史，人类社会发展的最终归宿归根结底是实现每个人的"自由个性"，理想的人类社会归根结底是"有个性的个人"组成的"自由人联合体"。

第三，"应当避免重新把'社会'当作抽象的东西同个体对立起来"。社会是个人生产出来的，个人也是社会生产出来的。首先，个人不是外于社会而存在的。马克思认为，"个人"总是处于一定社会关系中的个人，"不管个人在主观上怎样超脱各种关系，他在社会意义上总是这些关系的产物"。⑥ 个人"是社会存在物"，或者说是"社会个人"，"他的生命表现，即使不采取共同的、同他人一起完成的生命表现这种直接形式，也是社会生活的表现和确证"。⑦ 人是

① 侯惠勤：《马克思主义的个人观及其在理论上的创新》，《马克思主义研究》2004年第 2 期。
② 《马克思恩格斯全集》第 3 卷，人民出版社，1960，第 81 页。
③ 《马克思恩格斯选集》第 4 卷，人民出版社，1995，第 532 页。
④ 《马克思恩格斯选集》第 1 卷，人民出版社，1995，第 71 页。
⑤ 《马克思恩格斯全集》第 3 卷，人民出版社，2002，第 310 页。
⑥ 《马克思恩格斯选集》第 2 卷，人民出版社，1995，第 102 页。
⑦ 《马克思恩格斯全集》第 3 卷，人民出版社，2002，第 302 页。

一个特殊的个体，并且正是因为他的特殊性使他成为一个个体，成为一个单个的社会存在物；同样，"他也是总体，观念的总体"，"特定的个体不过是一个特定的类存在物。"① 即使表面上看来先于社会存在的"个人"其实在一开始就已经被打上了社会的烙印，总是一个类的存在物。其次，社会也不是外于个人而存在的。"社会本身，即处于社会关系中的人本身"；② 社会不过是"表示这些个人彼此发生的那些联系和关系的总和"；③ "正像社会本身生产作为人的人一样，社会也是由人生产的"。④ 离开了个人的社会关系，不会有社会；离开了个人的生活过程，不会有社会结构和国家。社会结构和国家等社会组织是人们自己的社会关系的组织化、制度化，是人的本质的外化和实现。

第四，每个人的意志都对历史的"合力"有所贡献。人民群众是推动历史发展的动力。恩格斯认为，社会总是由许多个人组成，每个人的意志相互冲突、相互作用，形成无数互相交错的力量，形成无数个力的平行四边形，由此就产生出一个"合力"，即历史结果。这个结果就是呈现在每个人面前的现实社会。因为任何一个人的愿望都会受到任何另一个人的妨碍，因此最后出现的结果就是谁都没有希望过的事物。但是，历史的发展虽然不会以某个人的意志为转移，各个人的意志虽然都达不到自己的愿望，而是融合为一个总的"合力"，然而从这一事实中绝不应得出结论说，这些意志等于零。相反地，每个意志都对"合力"有所贡献，因而都是包括在这个"合力"里面的。⑤ 可见，历史是所有参与者即每个人的"合力"造成的。

第五，"每个人的自由发展是一切人的自由发展的条件"。马克思恩格斯指出，在"自由人联合体"中，"每个人的自由发展是一

---

① 《马克思恩格斯全集》第 3 卷，人民出版社，2002，第 302 页。
② 《马克思恩格斯全集》第 46 卷（下），人民出版社，1980，第 226 页。
③ 《马克思恩格斯全集》第 46 卷（上），人民出版社，1979，第 220 页。
④ 《马克思恩格斯全集》第 3 卷，人民出版社，2002，第 301 页。
⑤ 参见《马克思恩格斯选集》第 4 卷，人民出版社，1995，第 697 页。

切人的自由发展的条件"。这里明确揭示了"每个人"与"一切人"的关系：不是"一切人的发展是每个人发展的前提"，而是"每个人的发展是一切人发展的条件"；只有每个人都能自由发展，才可能有一切人的自由发展。在这里，"每个人的自由发展"是前提，"一切人的自由发展"是结果。这表明："每个人"和"一切人"这两个概念不仅存在重大差别，而且比较起来，"每个人"居于基础的层面上。经典作家设想的未来社会不是任何别的社会，而是"每个人的自由发展是一切人的自由发展的条件"的社会，是"个人的独创的和自由的发展不再是一句空话的唯一的社会"，① 是"自由个性"得以实现的社会，是"排除一切不依赖于个人而存在的东西"② 的社会。

第二节 个人之外没有人："每个人自由全面发展"不能遮蔽个体向度

个人与社会的关系问题始终是人学思想史上的重大问题。有的人习惯于把个人利益与社会利益对立起来，出现了用集体主义原则来限制个人利益的倾向，把合理的个人利益当成个人主义加以批判，把集体主义道德原则当成社会对个人的单向要求，这是片面的。

事实上，人首先是个体存在物。一方面，个人与社会不是对立的，不能以社会遮蔽个人。离开了个人无所谓社会的存在，个人之外没有人。马克思多次指出："社会，即联合起来的单个人"。③ 个人之所以称为个人，"正是因为每个人在世界上都是唯一的、个别的、不可重复的、不可替代的、独特的存在"，④ 任何个人都处于特定的时空中，拥有独特的个性特征和精神世界。另一方面，集体主

---

① 《马克思恩格斯全集》第 3 卷，人民出版社，1960，第 516 页。
② 《马克思恩格斯全集》第 3 卷，人民出版社，1960，第 79 页。
③ 《马克思恩格斯全集》第 46 卷（下），人民出版社，1980，第 20 页。
④ 韩庆祥：《思想是时代的声音——从哲学到人学》，新世界出版社，2005，第206 页。

义与个人利益也不是对立的，不能以集体利益消解个人利益。马克思指出，"私人利益本身已经是社会所决定的利益，而且只有在社会所创造的条件下并使用社会所提供的手段，才能达到"；① 也就是说，私人（个人）利益离开了社会条件和手段是无法实现的。集体主义不是国家、集体对个人的单向要求，而是对国家、集体和个人之间的双向要求。以集体利益为幌子无视甚至践踏个人利益，这不是集体主义，恰恰是对集体主义的僭越，是集体专制主义。

坚持每个人自由全面发展，必须防止以抽象的集体利益吞没个体利益，以抽象的公共意志抹杀个人意志的现象。无条件地遏制个人以保全社会并不具有合理性、正当性。个人绝不仅仅是人类的"样品"或"标本"，忽略了个人的独特性，就会被他人、社会所扭曲。马克思主义经典作家一贯反对脱离个人来谈人和社会。马克思指出，"要不是每一个人都得到解放，社会也不能得到解放"。② 个人没有得到解放，社会是不可能得到解放的，真正的解放应该是社会中的每一个个人获得解放。列宁也十分强调个人利益与社会利益的协调，他说："不同个人利益结合，什么也办不成"。③ 早在民主革命时期，毛泽东就强调每个人的发展，他指出："不能设想每个人不能发展，而社会有发展"；④ 他还指出，我们建立中华人民共和国就是为了"几万万人民的个性的解放和个性的发展"。⑤ 然而，长期以来我们的逻辑似乎总是这样的：解放无非就是社会的解放，社会解放了，社会中的个人也自然得到解放；发展无非就是社会的发展，社会发展了，社会中的个人也自然得到发展；利益无非就是社会的利益，社会利益满足了，社会中个人的利益也自然会得到满足。其实，现实情况并非如此简单。恩格斯说："每个人都追求幸福"，这

---

① 《马克思恩格斯全集》第46卷（上），人民出版社，1979，第102~103页。
② 《马克思恩格斯选集》第3卷，人民出版社，1995，第644页。
③ 《列宁全集》第51卷，人民出版社，1988，第449页。
④ 《毛泽东文集》第3卷，人民出版社，1996，第416页。
⑤ 《毛泽东选集》第3卷，人民出版社，1991，第1060页。

是"颠扑不破的原则"，"是无须加以论证的"原理。① 没有每个人对幸福的积极追求，就没有人类的整体幸福。个人的发展程度反映整个社会的发展程度和文明程度，社会发展最终要体现到每个人的发展上来，要通过每个人的发展来实现。即使是在"自由人联合体"中，也不是把个人吞没了，不是排除掉个人利益；恰恰相反，它是自由的个人的联合体。罗素下面这段话不乏深刻："一个社会的存在不是，或者至少不应是为了满足一种外观，而是要给构成它的个人带来幸福的生活。最终的价值正是应当在个人身上，而不是在整体那里追求。一个善的社会是为了给构成它的成员们谋得幸福生活的一种手段，而不是某种由于自身的缘故而孤芳自赏的东西"。②

第三节　社会之外没有人："每个人自由全面发展"不能降低为个人主义

个人之外没有人，"每个人自由全面发展"必须落实到个体，这是对的。但是，这还只是问题的一个方面。问题的另外一个方面是，社会之外也没有人，"每个人自由全面发展"不能降低为个人主义。

个人是社会之中的个人，社会之外没有人。马克思认为，人的本质是一切社会关系的总和，只能从主体间性、从社会关系方面来考察人的本质。个体是社会存在物，"个体生活的存在方式是——必然是——类生活的较为特殊的或者较为普遍的方式，而类生活是较为特殊的或者较为普遍的个体生活……特定的个体不过是一个特定的类存在物"。③ "人不是抽象的蛰居于世界之外的存在物。人就是人的世界，就是国家，社会"。④ 这些无非都是说明，人与社会本为一体，人之外无所谓社会的存在，社会之外无所谓人的存在；人只

①　《马克思恩格斯全集》第42卷，人民出版社，1979，第373～374页。
②　〔英〕伯特兰·罗素：《权威与个人》，肖巍译，中国社会科学出版社，1990，第100页。
③　《马克思恩格斯全集》第3卷，人民出版社，2002，第302页。
④　《马克思恩格斯选集》第1卷，人民出版社，1995，第1页。

有通过向社会的奉献才能体现人的价值，社会只有通过回报人民才能体现社会的价值。

个人只有在社会中才能确认自己的存在。社会之中不仅存在作为个人的"我"，还存在作为个人的"你"和"他"，"我－你－他"是社会的基本结构关系。正如马克思所说："人对自身的关系只有通过他对他人的关系，才成为对他来说是对象性的、现实的关系"；①"人起初是以别人来反映自己的。名叫彼得的人把自己当作人，只是由于他把名叫保罗的人看作是和自己相同的"。② 个人一旦离开社会，就很难意识到自己作为人的存在。马克思明确反对那种将个人和社会对立起来的做法，他指出，"从事科学之类的活动，即从事一种我只在很少情况下才能同别人进行直接联系的活动的时候，我也是社会的……不仅我的活动所需的材料——甚至思想家用来进行活动的语言——是作为社会的产品给予我的，而且我本身的存在是社会的活动"。③ 在马克思看来，那些很少与别人交往的人，那些专门从事思想活动的人也是社会的产物，不存在脱离社会的纯粹个体。个人的视野中不仅要有自己，也要有别人乃至整个社会。正如伯纳德·布朗指出的那样，"每一个体，因其存在，其对权利的要求都是有效的；但是，还有其他的众多个体，他们有着同样的本质和类似的要求，这造成了社会性的情境，因此，需要进行普遍性的管控。由于不仅有个体存在，而且还有众多其他个体以及社会的存在，因此权利和义务对于社会中的人来说就是必不可少的"。④ 如果只是片面地强调自己权利的有效性，而无视他人权利的有效性；仅仅将自己的权利视为现实的，而将他人的权利视为抽象的，那么，"个人全面发展"就降低到了个人主义的层次上。

---

① 《马克思恩格斯全集》第 3 卷，人民出版社，2002，第 276 页。
② 《马克思恩格斯全集》第 23 卷，人民出版社，1972，第 67 页。
③ 《马克思恩格斯全集》第 3 卷，人民出版社，2002，第 301～302 页。
④ Bernard Edward Brown, *American Conservatives. The Political Thought of Francis Lieber and John W. Burgess.* New York: Columbia University Press, 1951, p. 28.

个人的发展取决于与其交往的其他一切人的发展。个人对社会的依赖性主要表现在：个人的生存依赖于社会生产，个人的生活依赖于社会规范，个人的发展依赖于社会进步。离开了集体、社会、国家，不可能有个人的生存与发展。马克思指出："一个人的发展取决于和他直接或间接进行交往的其他一切人的发展；彼此发生关系的个人的世世代代是相互联系的，后代的肉体的存在是由他们的前代决定的，后代继承着前代积累起来的生产力和交往形式，这就决定了他们这一代的相互关系。总之，我们可以看到，发展不断地进行着，单个人的历史决不能脱离他以前的或同时代的个人的历史，而是由这种历史决定的。"① 社会对于个人而言，绝不是一个可有可无的抽象实体；相反，一个人"生活在什么样的社会中，就决定了他是什么样的个体"；② 因此，"必须使个别人的私人利益符合于全人类的利益"，③ 试图通过排斥其他人的发展而谋求个别人的发展是断不可能的。马克思早就说过，个人只有在共同体中，才能获得全面发展其才能的手段，才能有个人的自由。④ 个人的非自足性、有限性和不完整性决定了个人不能离开社会共同体而生存，个人总是以共同体的合作方式与自然、他人、社会发生关系，并在此基础上满足个人的生存和发展需要。

社会不是个人自由全面发展的桎梏，相反，是其条件。社会与个人是相对的，而不是对立的。人只有通过参与社会活动，只有在社会关系中，才能发展我们的个性和自由。没有社会限制的自由是不存在的，自由不是一种反社会的现象。"没有社会'限制'，自由与个性都不会存在……社会限制——或者最好是说社会影响——是人类所有真正自由的必不可少的前提条件，它也是人类发展的必不可少的前提条件。一个最基本的事实是，没有他人的'限制'，个人

---

① 《马克思恩格斯全集》第 3 卷，人民出版社，1960，第 515 页。
② 〔英〕莱斯利·史蒂文森：《人性七论》，赵汇译，国际文化出版公司，1988，第 59 页。
③ 《马克思恩格斯全集》第 2 卷，人民出版社，1957，第 167 页。
④ 参见《马克思恩格斯选集》第 1 卷，人民出版社，1995，第 119 页。

注定会消亡"。① 即使到了共产主义社会，在这个"自由人联合体"中，联合起来的是"个人"，"在这个集体中个人是作为个人参加的"，"个人的全面发展"是宗旨，是归宿，但也不能因此得出结论说：共产主义社会是一个"以个人为本位"的社会。因为，即使在这时个人也只有在集体中通过"自由的联合"才能实现个人的全面发展，个人对社会、集体的依赖一刻也不曾摆脱过。

第四节　"每个人自由全面发展"：一个彻底的集体主义命题

"每个人自由全面发展"既不是个体主义命题，也不是整体主义命题，而是一个彻底的集体主义命题，是集体主义的最高表现和完成形态。原子个体主义和社会整体主义在处理个人与社会的关系问题上都有其片面性，"每个人自由全面发展"实现了对个体主义和整体主义的双重超越，开辟了个人与社会关系理论的新境界。

一　"每个人自由全面发展"是对原子个体主义的超越

个体主义粗暴地处置了个人与社会的相互关系，主张只有个人才是价值中枢和意义中心，是独立先在的、自足的、高高在上的绝对权威，强调个人权利对社会的绝对优先性；而社会只不过是个人的无方向的集合，而不是一个有机的整体，不具有独立的价值；个人没有责任服从和服务于社会，而社会却有责任为个人服务。

个人主义的共同要素在于：它们是一种以个人为中心的体系，是主张个人价值至高无上的理论。鲍顿指出："个人主义是一种认为个人至高无上的学说"。② 卢克斯认为，个人主义的主要含义和特有

---

① 〔英〕肖恩·塞耶斯：《马克思主义与人性》，冯颜利译，任平校，东方出版社，2008，第9页。

② Pierre Birnbaum. *Individualism*. Oxford：Clarendon press，1990，p. 31.

成分正在于：个人价值至高无上，"保全个人可以损害社会的更高利益"。① 为了"修补"个人主义的不足，为了给资本剥削劳动作"辩护"，西方出现了所谓"合理个人主义"。其实，个人主义无论怎么粉饰还是个人主义。"合理个人主义"主张"对己以合理的自我节制，对人以爱"，但是，资本家要满足资本无限增值的欲望，他会"对己节制，对人以爱"吗？资本主义社会的现实早已戳穿了"合理个人主义"的欺骗性和虚伪性。

个人主义的一个重要使命就是通过消解个人对社会的责任来减轻个人的重负，但是，与其初衷相反，它所选择的是与社会相分离的道路。这种个人至上的个体主义试图离开集体来谋求个体的发展，甚至把个人视为完全自足的自我，强调个人自由是无条件的自然权利。然而，社会上并不存在完全自足的个人，离开集体，个人就失去了全面发展自己的条件。爱因斯坦晚年说道：资本主义社会的时代危机是个人的畸形发展，究其原因就在于个人与社会之间关系的错位，其要害是社会整体意识的淡漠。个人不是把社会作为一份宝贵的财富和一种保护性的力量，相反，他把社会视为对自身权利的威胁。个人在社会中过分强调以自我为中心，社会意识变得越来越淡薄。人类不知不觉地成为自我主义的囚徒。但个人只要把自己奉献给社会，人才能发现生命的意义。②

可见，原子个体主义确认个人为本体，主张个人优先于社会，这虽然合理地道出了社会受制于个人的一面，但无法揭示个人又依赖于社会的另一面。从表面上看，"每个人自由全面发展"与个人主义都把发展个性视为价值追求，但实质上二者大相径庭。个人主义所追求的"个性"就是个体之间的差异性，而"发展个性"就是反对社会控制，因而孤独、张狂、桀骜不驯就成为其通常的表现形式。而"每个人自由全面发展"就是个人自然禀赋的全面发展，就是个人的丰富性、完整性，由于个人总是通过对象化活动、通过交往活

---

① Steven Lukes. *Individualism*. Oxford：Basil Blackwell, 1973, p. 7.
② 参见〔美〕爱因斯坦《"为什么要社会主义"?》,《光明日报》1991 年 7 月 7 日。

动而实现自我，因而"发展个性"也就表现为个人与他人、与社会、与自然界交往的全面性。① 在现实生活中，原子个体主义根本行不通，个人只有在集体中，才能获得全面发展其才能的手段，才能有个人自由。"每个人自由全面发展"与个人主义是根本对立的，马克思并不认为个体价值的实现本身是个人的，个人不可能在离群索居的孤独状态下自满自足和展现个性。② "每个人自由全面发展"是对个人主义的超越。

二 "每个人自由全面发展"是对社会整体主义的超越

社会整体主义同样粗暴地处置了个人与社会的相互关系，主张只有社会才是价值中枢和意义中心，才是真实的存在，社会成了外在于个人的世界中心，社会对个人具有绝对优先的地位。"个人"根本无力与社会构成两相对应的关系，社会中根本没有"个人"的存在，而只有"人"的存在，个人只是实现社会目的的手段。

黑格尔是社会整体主义的典型代表。在他看来，个人、家庭和市民社会隶属于国家，理性的国家是调节市民社会和个人矛盾的权威力量。国家是目的自身，个人只是实现国家目的的环节和手段。黑格尔把国家视为可以独立存在的实体，"国家是绝对自在自为的理性东西"，③ 个人从国家等社会组织中引申出来并从属于社会整体。在黑格尔看来，个人只追求自身的利益，因而必然造成一切人反对一切人的利益冲突。而国家等社会组织则具有维护生活秩序的功能，国家是永恒正义的伦理实体，是伦理理念的最高体现，国家作为"伦理性的规定就是个人的实体性或普遍本质，个人只是作为一种偶性的东西同它发生关系。个人存在与否，对客观伦理来说是无所谓的，唯有客观伦理才是永恒的，并且是调整个人生活的力量。因此，

---

① 参见侯惠勤《马克思主义的个人观及其在理论上的创新》，《马克思主义研究》2004 年第 2 期。
② 参见侯惠勤《马克思主义的个人观及其在理论上的创新》，《马克思主义研究》2004 年第 2 期。
③ 〔德〕黑格尔：《法哲学原理》，范扬、张企泰等译，商务印书馆，1961，第 253 页。

人类把伦理看作永恒的正义，是自在自为地存在的神，在这些神面前，个人的忙忙碌碌不过是玩跷跷板的游戏罢了"。① 可见，黑格尔没有给个人的独立与自由留下充分的空间，个人的存在与作用是微不足道的。

可见，社会整体主义设定社会为本体，主张社会优先于个人。这虽然合理地道出了社会制约个人、个人依赖社会的一面，但无法揭示个人改造社会、社会依赖个人的另一面。从表面上看，"每个人自由全面发展"与整体主义都重视社会的价值，但二者存在本质区别。在现实社会中，社会整体主义行不通，它没有给个人自由发展留下空间，它所强调的"国家""集体"正是马克思曾经批判过的"虚幻的集体"，它是个人自由的桎梏，在这个"集体"中不可能有个人自由。"每个人自由全面发展"与社会整体主义不同，马克思并不认为个人除了融入整体之外就毫无价值；相反，个人是价值的源泉。"每个人自由全面发展"是对整体主义的超越。

三　"每个人自由全面发展"是集体主义的最高表现和完成形态

"每个人自由全面发展"是集体主义的命题，但不是原始集体主义的命题，也不是封建宗法集体主义的命题，甚至也不同于社会主义集体主义（无产阶级集体主义）的命题。它是未来无阶级社会的集体主义命题，即共产主义集体主义的命题，是集体主义的最高表现和完成形态。

"每个人"是一个离"个人"更远而靠"集体"更近的概念。"每个人"不等于"个人"，这可以从各自与"集体"的关系来分析。首先，关于"个人"与"集体"的关系。"个人是相对集体而言的范畴，与集体或社会是对立的"，因而"个人"固然可以含有"每个人""每个自我"之意，但一般来说，却仅仅是指"自我"。

①　〔德〕黑格尔：《法哲学原理》，范杨、张企泰等译，商务印书馆，1961，第165页。

"个人"与"自我",一般而言,是同一概念。所以,个人与集体的利益既可能一致也可能不一致:有利于集体却可能有损于个人,有利于个人却可能有损于集体。① 承认个人价值的至高无上性,意味着对集体主义原则的否定。其次,关于"每个人"与"集体"的关系。"每个人"并不是相对集体或社会而言的范畴,恰恰相反,它属于集体或社会范畴:"每个人"不仅不排斥他人、集体,而恰恰是以他人、集体为前提的;或者说,集体或社会就是"每个人"的联合体。"每个人"固然可以含有"个人"之意,但一般来说,很少单独用来指称"个人""自我"。"每个人"与集体的利益具有一致性,承认每个人的价值,同时内蕴承认集体价值。因而,"每个人自由全面发展"是一个彻底的集体主义的命题。

"共产主义集体主义"并不排斥"每个人"。共产主义集体主义只存在于"真实的集体"中,而"真实的集体"正是以"每个人自由全面发展"为目标。马克思曾经将集体区分为"真实的集体"和"虚假的集体"。"真实的集体"中,"个人"不是"作为阶级的成员"参加的,而是"作为个人"参加的;"真实的集体"中,"各个个人在自己的联合中并通过这种联合获得自由";② "真实的集体"不是个人自由的限制力量,而是个人获得自由的手段。尽管"虚假的集体"也宣称代表全体人民的利益,但实际上只是代表统治集团的利益,在这个集体中,个人不是作为个人而是作为阶级的成员而存在。马克思说:"从前各个个人所结成的那种虚构的集体,总是作为某种独立的东西而使自己与各个个人对立起来";在"虚假的集体"中,"个人自由只是对那些在统治阶级范围内发展的个人来说是存在的"。③ 可见,"虚假的集体"中没有真正的"集体主义"。

"每个人自由全面发展"与"共产主义集体主义"是同一个东西。在共产主义社会,坚持"每个人自由全面发展"就是真正坚持

---

① 参见王海明《论自由主义》,《人文杂志》2006 年第 4 期。
② 《马克思恩格斯全集》第 3 卷,人民出版社,1960,第 84 页。
③ 《马克思恩格斯全集》第 3 卷,人民出版社,1960,第 84 页。

"共产主义集体主义"原则，两者在本质上是完全一致的。因为共产主义社会是"个体和类之间的斗争的真正解决"，① 是个人利益与社会利益之间的矛盾的真正解决，是个人全面发展与社会全面进步相协调的社会。在未来社会，"每个人自由全面发展"既不像"自我牺牲"那样泯灭个性来追求社会的发展，也不像"唯我独尊"那样不顾一切地发展自己，而是追求个人发展与社会发展相一致。在未来社会中，集体利益不过是建立在独立的个人利益基础之上的共同利益；集体和集体利益之存在的必要性，乃在于它是个人发展的条件和手段，每个人的发展和自由个性的实现才是最终的目的。因此，"每个人自由全面发展"与"共产主义集体主义"不是两个事物，而是同一事物的一体两面。在共产主义社会，社会朝着符合个人发展要求的方向发展，个人朝着符合社会发展要求的方向发展，——这就是"共产主义集体主义"的真谛，也是"每个人自由全面发展"的真谛。

第五节　共产主义社会本质上是"每个人自由全面发展"的社会

实现共产主义是马克思主义的最高理想。马克思对"共产主义社会"先后有过三次经典表述，尽管每一次所使用的语言不同，但本质内核是相通的。

第一次是隐喻式表述。在《德意志意识形态》中，马克思恩格斯使用诗意的语言描绘道："在共产主义社会里，任何人都没有特殊的活动范围，而是都可以在任何部门内发展，社会调节着整个生产，因而使我有可能随自己的兴趣今天干这事，明天干那事，上午打猎，下午捕鱼，傍晚从事畜牧，晚饭后从事批判，这样就不会使我老是一个猎人、渔夫、牧人或批判者"。② 在未来社会中，每个人都可以

---

① 《马克思恩格斯全集》第3卷，人民出版社，2002，第297页。
② 《马克思恩格斯选集》第1卷，人民出版社，1995，第85～86页。

摆脱强制性的旧式分工，不必局限在特殊的活动范围内从事某种单一的社会工作；每个人都可以随着自己的兴趣在任何部门内自由发展，可以出于自愿选择适合自己的任何工作。这样，个人就不再是一个片面的人，而是一个全面发展的人，自由的人。

第二次是总括式表述。《共产党宣言》对未来社会做出了总括式界定："代替那存在着阶级和阶级对立的资产阶级旧社会的，将是这样一个联合体，在那里，每个人的自由发展是一切人的自由发展的条件"。① 这是关于未来社会的一个核心命题。马克思在《资本论》第一卷再次重申，共产主义社会是以"每个人的全面而自由的发展为基本原则的社会形式"。② 这两个命题深刻揭示了共产主义的本质特征——"每个人的自由全面发展"。在未来社会中，除了追求"每个人自由全面发展"，共产主义社会没有更高尚的追求；除了以"每个人自由全面发展"来表征未来社会，共产主义社会没有其他更加合适的身份标识。"每个人自由全面发展"这一命题"具有最高的完满性和启示性"，③ 正是这一点将共产主义社会同一切旧社会甚至也同社会主义社会从根本上区别开来。

第三次是对比式表述。在《1857—1858 年经济学手稿》中，马克思用对比的手法指出："人的依赖关系（起初完全是自然发生的），是最初的社会形态……以物的依赖性为基础的人的独立性，是第二大形态……建立在个人全面发展……基础上的自由个性，是第三个阶段。"④ 在这里，"最初的社会形态"对应前资本主义社会，"第二大形态"对应资本主义社会，"第三个阶段"则对应共产主义社会。在第三个阶段，人已经发展为"真正的个人"，实现了对人的依赖性和物的依赖性的双重超越，个人以全面的方式占有自身，实现了个人的自由全面发展，实现了人与自然、人与人、人与社会之

① 《马克思恩格斯选集》第 1 卷，人民出版社，1995，第 294 页。
② 《马克思恩格斯全集》第 23 卷，人民出版社，1972，第 649 页。
③ 张盾：《"历史的终结"与历史唯物主义的命运》，《中国社会科学》2009 年第 1 期。
④ 《马克思恩格斯全集》第 46 卷（上），人民出版社，1979，第 104 页。

间的真正和解。

综上，经典作家关于未来社会的论述，其本质是一致的，那就是：共产主义社会是以每个人的自由全面发展为基本原则的社会形式，是一个"自由人联合体"。

在共产主义社会中，个人的存在由于消除了阶级属性，消除了为争夺物质财富而展开的竞争，消除了人剥削人的现象，因而具有了完全不同的性质和状况；个人的片面、畸形发展由于消除了强制性的旧式分工，消除了把一个人变成农民、把另一个人变成鞋匠、把第三个人变成工人、把第四个人变成投机者的现象，也将不复存在。① 未来理想社会不仅不与个人相对立，而且已经"排除一切不依赖于个人而存在的东西"；② 已经结束"牺牲一些人的利益来满足另一些人的需要的状况"，③ 每个人的发展不再以牺牲他人的发展为前提，而是为他人的发展创造条件。共产主义社会区别于以往任何社会的根本标志就在于"真正的个人"的实现，在于"自由个性"的获得，在于"外部世界对个人才能的实际发展所起的推动作用为个人本身所驾驭"。④ 可见，共产主义社会就是要"为所有的人创造生活条件，以便每个人都能自由地发展他的人的本性"⑤ 的社会。

"每个人自由全面发展"只有上升为"世界历史性的存在"才有可能实现。马克思指出："共产主义……只有作为'世界历史性的'存在才有可能实现"。⑥ 共产主义事业是全人类的事业，"每个人自由全面发展"也只有从全人类的角度去理解才有意义。"地域性的个人"是发展不够的产物和结果，是发展不自由不全面的表现，超越地域限制的"世界历史性的个人"是人的发展的重大跃迁。由于历史的原因，世界各国的发展是很不平衡的，每个人的发展也必

---

① 参见《马克思恩格斯选集》第 1 卷，人民出版社 1995，第 243 页。
② 《马克思恩格斯全集》第 3 卷，人民出版社，1960，第 79 页。
③ 《马克思恩格斯选集》第 1 卷，人民出版社，1995，第 243 页。
④ 《马克思恩格斯全集》第 3 卷，人民出版社，1960，第 330 页。
⑤ 《马克思恩格斯全集》第 2 卷，人民出版社，1957，第 626 页。
⑥ 《马克思恩格斯选集》第 1 卷，人民出版社，1995，第 87 页。

然是不平衡的。而在历史已经转变为世界历史，单个人的活动已经扩展为世界历史性的活动的背景下，剥削也随着跨越国界演变为世界性的剥削，单个人越来越受到对他们来说是异己的力量的支配，受到日益扩大的、归根结底表现为世界市场的力量的支配。人在一国内获得解放并不意味着在世界范围内也获得了解放，"每一个单个人的解放的程度是与历史完全转变为世界历史的程度一致的"，① 完全可能存在在一国内已经获得解放的人们仍然受到来自其他国家尤其是发达资本主义国家剥削、压迫和奴役的"非人"现象。因此，只要共产主义社会还没有在全人类真正实现，"每个人自由全面发展"就是不彻底的。共产主义运动的最终目的是在世界范围内解放全人类，共产主义在世界范围内的实现，同时也意味着"每个人自由全面发展"在世界范围内的实现。

第六节　共产主义的实现不是"每个人自由全面发展"的终结

"每个人自由全面发展"内在地包含两个维度：理想性维度和现实性维度。从理想性维度来看，"每个人自由全面发展"是指人类解放的最高价值和终极追求，它指向人类生活最高的善，指向未来的共产主义社会，就其展开方式而言是一种"动词性"的"未完成"状态，具有无限的可能性。从现实性维度来看，"每个人自由全面发展"是指社会主义条件下人的发展程度和发展水平，它是面向当下的，就其存在方式而言是一种"名词性"的"已完成"状态，具有直接的确定性。即使是在社会主义初级阶段，它也仍然不失为一种经验性的存在。

在社会主义初级阶段，"每个人自由全面发展"尚未成为现实，但也不是与现实无关的幻想。前面已经说过，唯有共产主义社会是

---

① 《马克思恩格斯文集》第 1 卷，人民出版社，2009，第 541 页。

"每个人自由全面发展"的社会，这就是说，"每个人自由全面发展"还不是现实，而只是一种有待实现的理想。"每个人自由全面发展"与共产主义一样，只有在社会主义社会充分发展和高度发达的基础上才能实现，这是一个非常漫长的历史过程。但这并不等于说，"每个人自由全面发展"是一种与现实生活毫无关涉的、不着边际的幻想，是一张无法支取、不能兑现的空头支票。"每个人自由全面发展"，从时间向度来说，确实是指向遥远未来的，它具有最高的完满性；但从价值向度来说，它是当代中国的价值范导，对社会发展具有重要的引领作用。"每个人自由全面发展"是终极目标与现实目标的辩证统一。当前，我们既要坚定"每个人自由全面发展"必定实现的信念，更要脚踏实地为提升现阶段人的发展水平而不懈努力，人的发展的每一次重大推进，都是向"每个人自由全面发展"这一理想目标的接近。

"每个人自由全面发展"的目的地在远方，但终将成为现实。马克思曾经说："全面发展的个人……不是自然的产物，而是历史的产物"。① "每个人自由全面发展"是历史本身辩证运动的结果，是人类长期发展的结果，人类社会终将发展到那样一天：通过长期的发展，社会生产力将高度发达，社会的物质财富和精神财富将充分涌流，"不仅可能保证一切社会成员有富足的和一天比一天充裕的物质生活，而且还可能保证他们的体力和智力获得充分的自由的发展和运用"；② 通过长期的发展，私有制将被消灭，劳动将不再是谋生的手段而成为生活的第一需要，全部生产将集中在联合起来的个人手里并成为他们的共同财富；通过长期的发展，强制分工将不复存在，任何人都不必局限于特殊的活动范围，都可以在任何部门内自由发展自己的才能；通过长期的发展，必将结束牺牲一些人的利益满足另一些人的需要的状况，人人都能得到全面而自由的发展。一言以蔽之，通过长期的发展，"每个人自由全面发展"将会历史性地呈现

---

① 《马克思恩格斯全集》第46卷（上），人民出版社，1979，第108页。
② 《马克思恩格斯选集》第3卷，人民出版社，1995，第633页。

在那个时代的地平线上。

"每个人自由全面发展"的内涵是开放的、生成的，随着历史的发展不断赋予其新的时代内容。马克思充分强调了个人全面发展的生成论性质。他说，当历史使人的全面发展成为目的本身时，"在这里，人不是在某一种规定性上再生产自己，而是生产出他的全面性；不是力求停留在某种已经变成的东西上，而是处在变易的绝对运动之中"。① 这就是说，个人的全面性是生产出来的，是创造出来的，而不是现成的。同样，个体发展的"自由度"和"全面性"也是不断提升的。相对于明天的"全面发展"，今天的发展再怎么"全面"也会黯然失色；相对于明天的"自由发展"，今天的发展再怎么"自由"也会自惭形秽。更为重要的是，在共产主义社会中，人类整体的全面发展、自由发展与个体的全面发展、自由发展在其程度上必然存在不一致的情况。由于人类整体发展的无限可能性和个体生命的有限性，个体的全面发展、自由发展永远不可能完全体现人类整体发展的成果，永远不可能达到人类整体发展的那种全面性、自由性。相对于人类整体的全面发展，个体发展无论如何全面也始终显得只是一种"片面"的发展；② 相对于人类整体的自由发展，个体发展无论如何自由也始终显得只是一种"束缚"的发展；因而始终存在向着更加全面、更加自由的方向拓展的巨大空间和无限可能。

共产主义的实现意味着"每个人自由全面发展"的实现，但绝不意味着个人的"全面自我终结"或"全面自我凝固"；③ 也不意味着人的发展从此将失去向上提升的一切空间。共产主义的实现不是"每个人自由全面发展"的终结，而是新的起点。按照"止于至善"的要求，"每个人自由全面发展"从来都不是、也永远不可能是一种完全成就了的事实，永远不可能完全地、一无遗漏地得到实现；人们所能谋求的只能是更高层次、更高程度、更高水平上的发展，而

① 《马克思恩格斯全集》第 3 卷，人民出版社，1960，第 580 页。
② 参见汪信砚《汪信砚论文选》，中华书局，2009，第 260 页。
③ 李德顺：论"以人的自由全面发展为原则"，《社会科学战线》2006 年第 6 期。

不可能是人的发展的顶峰和最后完成，并不存在终极意义上的、既成的人的发展状态。"每个人自由全面发展"作为人类的终极追求，永远也不会失却其超越现实、高于现实的理想性质。社会生产力和经济文化的发展水平是逐步提高、永无止境的历史过程，"每个人自由全面发展"也是逐步提高、永无止境的历史过程。

（本章内容原载于《北京大学学报》2019 年第 2 期）

参考文献

一 著作类

《马克思恩格斯选集》第1~4卷，人民出版社，1995。

《马克思恩格斯文集》第1~10卷，人民出版社，2009。

《马克思恩格斯全集》第1卷，人民出版社，1995。

《马克思恩格斯全集》第2卷，人民出版社，1957。

《马克思恩格斯全集》第3卷，人民出版社，2002。

《马克思恩格斯全集》第4卷，人民出版社，1958。

《马克思恩格斯全集》第6卷，人民出版社，1961。

《马克思恩格斯全集》第7卷，人民出版社，1959。

《马克思恩格斯全集》第8、9卷，人民出版社，1961。

《马克思恩格斯全集》第12卷，人民出版社，1962。

《马克思恩格斯全集》第19卷，人民出版社，1963。

《马克思恩格斯全集》第20卷，人民出版社，1971。

《马克思恩格斯全集》第22卷，人民出版社，1965。

《马克思恩格斯全集》第23卷，人民出版社，1972。

《马克思恩格斯全集》第25卷，人民出版社，1974。

《马克思恩格斯全集》第26卷Ⅰ，人民出版社，1972。

《马克思恩格斯全集》第26卷Ⅱ，人民出版社，1973。

《马克思恩格斯全集》第 26 卷Ⅲ，人民出版社，1974。

《马克思恩格斯全集》第 27 卷，人民出版社，1972。

《马克思恩格斯全集》第 40 卷，人民出版社，1982。

《马克思恩格斯全集》第 42 卷，人民出版社，1979。

《马克思恩格斯全集》第 46 卷（上），人民出版社，1979。

《马克思恩格斯全集》第 46 卷（下），人民出版社，1980。

《马克思恩格斯全集》第 47 卷，人民出版社，2004。

马克思：《博士论文》，人民出版社，1961。

马克思：《资本论》，人民出版社，1975。

马克思：《1844 年经济学哲学手稿》，人民出版社，2000。

马克思：《政治经济学批判大纲》第三分册（1857—1858 年），人民
　　出版社，1963。

〔德〕恩格斯：《自然辩证法》，人民出版社，1971。

《列宁选集》第 3 卷，人民出版社，1972。

《列宁全集》第 1 卷，人民出版社，1955。

《毛泽东选集》第 3 卷，人民出版社，1991。

《毛泽东著作选读》，人民出版社，1986。

北京大学哲学系外国哲学史教研室编译：《古希腊罗马哲学》，商务
　　印书馆，1961。

北京大学哲学系外国哲学史教研室编译：《西方哲学原著选读》，商
　　务印书馆，1981。

《十六世纪——十八世纪西欧各国哲学》，商务印书馆，1975。

《从文艺复兴到十九世纪资产阶级哲学家、政治思想家有关人道主义
　　人性论言论选辑》，商务印书馆，1966。

中国科学院哲学研究所西方哲学史组编译：《存在主义哲学》，商务
　　印书馆，1963。

《亚里士多德全集》第 7 卷，苗力田译，中国人民大学出版社，1993。

〔古希腊〕亚里士多德：《政治学》，颜一、秦典华译，中国人民大
　　学出版社，2003。

〔古希腊〕亚里士多德:《形而上学》，吴寿彭译，商务印书馆，1983。

〔古罗马〕奥古斯丁:《忏悔录》，周士良译，商务印书馆，1963。

〔法〕笛卡尔:《第一哲学沉思集》，庞景仁译，商务印书馆，1986。

《康德著作全集》第3卷，李秋零译，中国人民大学出版社，2004。

《康德文集》，刘克苏等译，改革出版社，1997。

〔德〕康德:《逻辑学讲义》，许景行译，商务印书馆，1991。

〔德〕康德:《实践理性批判》，韩水法译，商务印书馆，1999。

〔德〕费希特:《全部知识学的基础》，王玖兴译，商务印书馆，1986。

〔德〕费希特:《人的使命》，梁志学、沈真译，商务印书馆，1982。

〔德〕费希特:《论学者的使命　人的使命》，梁志学、沈真译，商
　　务印书馆，1984。

〔德〕黑格尔:《哲学史讲演录》，贺麟、王太庆译，商务印书馆，1978。

〔德〕黑格尔:《小逻辑》，贺麟译，商务印书馆，1980。

〔德〕黑格尔:《历史哲学讲演录》，《黑格尔全集》，H. 格罗克纳
　　编，斯图加特，1949。

〔德〕黑格尔:《历史哲学》，王造时译，生活·读书·新知三联书
　　店，1956。

〔德〕黑格尔:《法哲学原理》，范扬、张企泰译，商务印书馆，1979。

〔德〕黑格尔:《美学》第1卷，朱光潜译，商务印书馆，1979。

〔德〕黑格尔:《精神现象学》，贺麟、王玖兴译，商务印书馆，1979。

〔德〕黑格尔:《逻辑学》，梁志学译，人民出版社，2002。

《黑格尔早期神学著作》，商务印书馆，1988。

〔德〕费尔巴哈:《费尔巴哈哲学著作选集》上、下卷，荣震华、李
　　金山、王太华等译，商务印书馆，1984。

〔德〕尼采:《偶像的黄昏》，周国平译，湖南人民出版社，1987。

〔匈牙利〕卢卡奇:《关于社会存在的本体论》，白锡堃、张西平、
　　李秋零等译，重庆出版社，1993。

〔匈牙利〕卢卡奇:《历史与阶级意识》，杜章智、任立、燕宏远译，
　　商务印书馆，1996。

〔丹麦〕克尔凯郭尔：《非科学的总结性补记》，普林斯顿大学出版社。

〔美〕托马斯·库恩：《科学革命的结构》，金吾伦、胡新和译，北京大学出版社，2003。

〔德〕海德格尔：《海德格尔选集》，孙周兴选编，上海三联书店，1996。

〔德〕海德格尔：《存在与时间》，陈嘉映、王庆节译，生活·读书·新知三联书店，1999。

〔德〕海德格尔：《形而上学导论》，熊伟、王庆节译，商务印书馆，1996。

〔德〕海德格尔：《面向思的事情》，孙周兴译，商务印书馆，1996。

〔德〕恩斯特·卡西尔：《人论》，甘阳译，西苑出版社，2003。

〔德〕胡塞尔：《现象学与哲学的危机》，吕祥译，国际文化出版公司，1988。

《存在主义资料选集》：商务印书馆，1997。

〔英〕霍布斯：《利维坦》，黎思复、黎廷弼译，商务印书馆，1985。

〔法〕霍尔巴赫：《健全的思想》，王荫庭译，商务印书馆，1985。

〔英〕洛克：《人类理解论》，关文运译，商务印书馆，1981。

〔英〕洛克：《政府论》下篇，叶启芳、瞿菊农译，商务印书馆，1981。

〔荷兰〕斯宾诺莎：《伦理学》，贺麟译，商务印书馆，1958。

〔英〕圣西门：《圣西门选集》第3卷，董果良、赵鸣远译，商务印书局，1962。

〔英〕欧文：《欧文选集》第2卷，柯象峰、何光来、秦果显译，商务印书馆，1981。

〔奥地利〕弗洛伊德：《精神分析引论》，高觉敷译，商务印书馆，1984。

〔英〕罗素：《西方哲学史》下卷，马元德译，商务印书馆，1976。

〔法〕阿尔都塞：《保卫马克思》，顾良译，商务印书馆，2006。

〔法〕德里达：《马克思的幽灵》，何一译，中国人民大学出版社，1999。

〔德〕施太格缪勒:《当代哲学主流》，王炳文等译，商务印书馆，
　　1986。

〔日本〕野家启一:《库恩范式》，毕小辉译，河北教育出版社，2002。

〔美〕路易斯·丹布尔:《通向现代性:自然与文化的解释学尝试》，
　　耶鲁大学出版社，1990。

〔美〕巴雷特:《非理性的人》，上海译文出版社，1992。

〔瑞士〕布克哈特:《意大利文艺复兴时期的文化》，商务印书馆，
　　1979。

〔德〕哈贝马斯:《后形而上学思想》，曹卫东、付德根译，译林出
　　版社，2001。

〔德〕哈贝马斯:《交往行动理论》第2卷，重庆出版社，1994。

〔德〕麦克斯·施蒂纳:《唯一者及其所有物》，商务印书馆，1989。

〔英〕凯蒂·索珀:《人道主义与反人道主义》，廖申白、杨清荣译，
　　华夏出版社，1999。

〔英〕麦克莱伦:《马克思以后的马克思主义》，中国人民大学出版
　　社，2004。

〔奥地利〕弗洛伊德:《精神分析引论》，高觉敷译，商务印书馆，
　　1986。

〔澳〕彼得·辛格:《动物的解放》，光明日报出版社，1999。

〔德〕阿多诺:《美学理论》，四川人民出版社，1998。

〔美〕M. K. 穆尼茨:《当代分析哲学》，吴牟人等译，复旦大学出版
　　社，1986。

〔伊朗〕拉明·贾汉贝格鲁:《柏林谈话录》，杨祯钦译，译林出版
　　社，2002。

美国《人文》杂志社、三联书店编辑部编:《人文主义——全盘反
　　思》，生活·读书·新知三联书店，2006。

李泽厚:《批判哲学的批判》，人民出版社，1979。

周辅成编《西方伦理学名著选辑》，商务印书馆，1964。

邢贲思:《费尔巴哈的人本主义》，上海人民出版社，1981。

赵剑英、俞吾金主编《马克思的本体论思想》，社会科学文献出版社，2006。

袁贵仁：《马克思的人学思想》，北京师范大学出版社，1996。

袁贵仁：《人的哲学》，工人出版社，1988。

韩庆祥：《马克思开辟的道路——人的全面发展研究》，人民出版社，2005。

韩庆祥：《思想是时代的声音——从哲学到人学》，新世界出版社，2005。

黄楠森、陈志尚：《人学理论与历史·人学原理》，北京出版社，2005。

黄楠森、赵敦华：《人学理论与历史·西方人学观念史》，北京出版社，2005。

黄楠森：《马克思主义哲学史》第1卷，北京出版社，1991。

肖前：《实践唯物主义研究》，中国人民大学出版社，1996。

陈先达：《处在夹缝中的哲学》，北京师范大学出版社，2004。

李毓章、陈宇清：《人·自然·宗教——中国学者论费尔巴哈》，商务印书馆，2005。

赵敦华：《现代西方哲学新编》，北京大学出版社，2001。

苗力田：《古希腊哲学》，中国人民大学出版社，1989。

苗力田、李毓章主编《西方哲学史新编》，人民出版社，1990。

倪梁康：《自识与反思——近现代西方哲学的基本问题》，商务印书馆，2002。

崔唯航：《马克思哲学革命的存在论阐释》，中国社会科学出版社，2005。

潘知常：《生命美学论稿——在阐释中理解当代生命美学》，郑州大学出版社，2002。

杨祖陶：《康德黑格尔哲学研究》，武汉大学出版社，2001。

郑昕：《康德学述》，商务印书馆，2001。

刘放桐：《马克思主义与西方哲学的现当代走向》，人民出版社，2002。

张曙光：《生存哲学——走向本真的存在》，云南人民出版社，2001。

薛德震：《人的哲学论纲》，人民出版社，2005。

高清海：《哲学的憧憬：〈形而上学〉的沉思》，吉林大学出版社，1995。

高清海：《高清海哲学文存·哲学的奥秘》，吉林人民出版社，1997。

高清海：《"人"的哲学悟觉》，黑龙江教育出版社，2004。

高清海：《找回失去的"哲学自我"——哲学创新的生命本性》，北京师范大学出版社，2004。

俞吾金：《实证诠释学——重新解读马克思哲学与一般哲学理论》，云南人民出版社，2001。

俞吾金：《问题域外的问题》，上海人民出版社，1988。

侯鸿勋：《论黑格乐的历史哲学》，上海人民出版社，1982。

孙鼎国：《世界人学史》第1—4卷，河北人民出版社，2003。

孙正聿：《孙正聿哲学文集·哲学通论》上，吉林人民出版社，2007。

孙正聿：《思想中的时代——当代哲学的理论自我》，北京师范大学出版社，2004。

张汝伦：《自我的困境和时间释义学》，《思考与批判》，上海三联书店，1999。

吴晓明：《思入时代的深处》，北京师范大学出版社，2006。

复旦大学当代国外马克思主义研究中心编《当代国外马克思主义评论》，人民出版社，2004。

宋继杰：《BEING 与西方哲学传统》，河北大学出版社，2002。

衣俊卿：《哲学之路》（第一辑），黑龙江人民出版社，2003。

贺来：《辩证法的生存论基础——马克思辩证法的当代阐释》，中国人民大学出版社，2004。

邹诗鹏：《实践——生存论》，广西人民出版社，2002。

张志伟：《西方哲学问题研究》，中国人民大学出版社，1999。

旷三平：《唯物史观前沿问题研究——现代哲学视野下的一种理论探索》，中国社会科学出版社，2004。

刘小枫：《东西方文化评论》（第三辑），北京大学出版社，1991。

钟明华、李萍:《马克思主义人学视阈中的现代人生问题》,人民出版社,2006。

中宣部:《"三个代表"重要思想学习纲要》,学习出版社,2003。

胡寿鹤:《价值·人·人的价值》,中国百科文库出版社,2006。

仰海峰:《形而上学批判——马克思哲学的理论前提及当代效应》,江苏人民出版社,2006。

洪谦主编《逻辑经验主义》,商务印书馆,1989。

二 论文类

高清海、徐长福:《力求哲学范式的尽早转换——对世纪之交哲学发展的主张》,《哲学动态》1998 年第 12 期。

高清海:《马克思对"本体论思维方式"的历史性变革》,《当代国外马克思主义评论》,人民出版社,2004。

高清海、孙利天:《马克思的哲学观变革及其当代意义》,《天津社会科学》2001 年第 5 期。

高清海:《有这样一个世界》,《天津社会科学》1998 年第 1 期。

高清海:《哲学思维方式的历史性转变——论马克思哲学变革的实质》,《开放时代》1995 年第 6 期。

高清海:《重提德国古典哲学的人性理论》,《学术月刊》2002 年第 10 期。

高清海:《从哲学思维方式的演进看人的不断自我超越本质》,《哲学动态》1994 年第 9 期。

衣俊卿:《马克思主义哲学演化的内在机制研究》,《哲学研究》2005 年第 8 期。

衣俊卿:《关于人学研究内在局限性的反思》,《江海学刊》2005 年第 5 期。

衣俊卿:《西方马克思主义的哲学范式转换及其启示》,《江苏社会科学》2006 年第 2 期。

衣俊卿:《人之存在与哲学本体论范式——兼论马克思哲学的本体论

意蕴》,《江海学刊》2002 年第 4 期。

韩庆祥:《马克思开辟的人学道路》,《江海学刊》2005 年第 5 期。

韩庆祥:《解读"以人为本"》,《光明日报》2004 年 4 月 27 日。

杨学功:《2005 年马克思主义哲学研究回眸》,《光明日报》2006 年
　　2 月 28 日。

杨学功:《传统本体论哲学的终结和马克思哲学变革的实质》,《现
　　代哲学》2002 年第 1 期。

杨学功、李德顺:《马克思哲学与存在论问题》,《江海学刊》2003
　　年第 1 期。

杨学功:《也谈马克思哲学的人文关怀》,《哲学研究》2002 年第 6 期。

杨学功:《关于 Ontology 词源和汉译的讨论》,《场与有——中外哲学
　　的比较与融通》第 6 辑,中国社会科学出版社,2002。

杨学功:《超越哲学同质性神话——从哲学形态转变的视角看马克思
　　的哲学革命》,《复旦学报》(社会科学版)2005 年第 2 期。

旷三平:《历史唯物主义"重建"之思》,《哲学动态》2006 年第 8 期。

旷三平:《在什么意义下说马克思哲学具有形而上学的性质——一个
　　涉及马克思与形而上学"颠覆"的问题》,《哲学动态》2005 年
　　第 10 期。

旷三平:《作为人的生存本性的形而上学——兼作对马克思哲学的一
　　个辩护》,《哲学研究》2006 年第 10 期。

贺来:《马克思哲学与"存在论"范式的转换》,《中国社会科学》
　　2002 年第 5 期。

贺来:《实践与人的现实生命——对"生存论本体论"的一点辩护》,
　　《学术研究》2004 年第 11 期。

贺来:《现实生活世界之遗忘——对传统哲学的理论批判》,《求是
　　学刊》1997 年第 5 期。

贺来:《论人与哲学的内在循环关系》,《学术月刊》1999 年第 7 期。

贺来:《从哲学的"定性化"中走出来——哲学范式转换的重要内
　　容》,《江海学刊》2000 年第 1 期。

贺来：《辩证法与人的存在——对辩证法理论基础的再思考》，《哲学研究》2002 年第 6 期。

贺来：《马克思哲学与"人"的理解原则的根本变革》，《长白学刊》2002 年第 5 期。

贺来：《"现代性"的建构——哲学范式转换的基本主题》，《哲学动态》2000 年第 3 期。

聂锦芳：《马克思哲学观变革的逻辑路向——一种文本学的考察与探析》，《求是学刊》2002 年第 6 期。

阎孟伟：《马克思的"感性世界"理论与现象学运动》，《哲学研究》2006 年第 6 期。

孙正聿：《生存论转向的哲学内涵》，《哲学研究》2001 年第 12 期。

孙正聿：《怎样理解马克思的哲学革命》，《吉林大学社会科学学报》2005 年第 3 期。

吴晓明：《当代哲学的生存论路向》，《哲学研究》2001 年第 12 期。

吴晓明：《马克思的哲学革命与全部形而上学的终结》，《江苏社会科学》2000 年第 6 期。

吴晓明：《试论马克思哲学的存在论基础》，《学术月刊》2001 年第 9 期。

吴晓明：《论马克思哲学的当代性》，《天津社会科学》1999 年第 6 期。

吴晓明：《马克思实践学说的本体论意义》，《南京社会科学》1996 年第 8 期。

邹诗鹏：《生存论路向与当代哲学转型》，《哲学研究》2001 年第 12 期。

邹诗鹏：《人学及其生存论结构》，《社会科学辑刊》2002 年第 2 期。

邹诗鹏：《论人学的生存论基础》，《江海学刊》1999 年第 4 期。

邹诗鹏：《生存论转向与马克思的实践哲学》，《现代哲学》2002 年第 11 期。

邹诗鹏：《申辩与自省》，《哲学研究》2003 年第 8 期。

邹诗鹏：《当代哲学的生存论转向与马克思哲学的当代性》，《学习与探索》2003 年第 2 期。

张登巧：《论马克思哲学的生存论转向与人本主义转向》，《北方论丛》2005 年第 5 期。

杨耕：《马克思哲学与"生存论转向"》，《哲学研究》2001 年第 12 期。

杨魁森：《深化生活世界理论研究》，《新华文摘》2007 年第 9 期。

倪梁康：《康德哲学中'自身意识'的双重性质与功能》，《浙江学刊》2000 年第 4 期。

邓晓芒：《费尔巴哈"人的本质"试析》，《湖南师范大学社会科学学报》2001 年第 2 期。

孙正聿：《哲学与人生》，《光明日报》2009 年 4 月 16 日。

田海平：《哲学的起点与终点——论回到现实世界的哲学转向》，《浙江社会科学》2000 年第 5 期。

袁贵仁：《人的理论：马克思的回答》，《北京师范大学学报》（社会科学版）1996 年第 5 期。

赵义良、崔唯航：《如何理解马克思的人学革命》，《人文杂志》2005 年第 3 期。

张曙光：《论"存在"的生存意蕴与辩证性质》，《江海学刊》2002 年第 4 期。

张曙光：《"生存与发展"问题和生存论哲学》，《哲学研究》2001 年第 12 期。

朱宝信：《论人本学哲学的三种本体论形态》，《学术研究》2002 年第 2 期。

王德峰：《在存在论革命的本质渊源中洞察历史唯物主义》，《江苏社会科学》2000 年第 6 期。

王国坛：《感性的超越——马克思哲学变革的基础》，《江苏社会科学》2006 年第 2 期。

陈立新：《论马克思实践原则的存在论意义》，《学术研究》2006 年第 8 期。

李文阁：《回归现实生活世界——现代哲学的基本趋向》，《教学与研究》2000 年第 1 期。

李文阁：《实践其实是指人的现实生活》，《哲学动态》2000 年第 11 期。

李文阁：《回归现实生活——哲学视野的根本置换》，《学习与探索》 2001 年第 1 期。

李文阁：《生成性思维：现代哲学的思维方式》，《中国社会科学》 2000 年第 6 期。

林剑：《论马克思实践唯物主义人学理论的深刻革命》，《哲学研究》 2006 年第 9 期。

黄楠森：《建立一个完整严密的科学体系是马克思主义哲学建设和发 展的重要任务》，《社会科学战线》1999 年第 1 期。

康渝生、邢有男：《马克思主义哲学的人学致思理路》，《求是学刊》 2002 年第 3 期。

周凡：《以马克思主义方法研究人的问题》，《马克思主义与现实》 2006 年第 2 期。

王南湜：《论哲学思维的三种范式》，《江海学刊》1999 年第 5 期。

王南湜：《回归生活世界意味着什么》，《学术研究》2001 年第 10 期。

王南湜、谢永康：《走向实践哲学之路》，《学术月刊》2006 年第 5 期。

邹广文、刘文嘉：《回归生活世界：哲学与我们时代的人生境遇》， 《新华文摘》2006 年第 9 期。

邹广文、崔唯航：《如何理解马克思的哲学革命》，《天津社会科学》 2003 年第 1 期。

三　外文类

W. K. C. Guthrie, *A History of Greek Philosophy*, Vol. 2, Cambridge University Press, 1980.

William J. Richardson, *Heidergger—Through Phenomenology to Thought*, Martinusnijhoff/The Hague, 1963.

Martin Heidegger, *Being and Time*, ed. by John Macquarrie & Edward Robinson, Oxford: Blackwell Publishers, 1962.

Immanuel Kant, *Critique of Pure Reason*, translated by Norman Kemp Smith, Beijing: ChinaSocial Sciences Publishing House, 1999.

John Sallis, *Delimitations: Phenomenology and the End of Metaphysics*, Bloomington: Indiana University Press, 1995.

W. O. Quine, *From aLogical Point ofView*. Harvard University Press, 1980 (reprinted).

G. Lukacs, *ZurOntologie des GesellschaftlichenSeins* (1. Halbband), Hermann LuchterhandVerlag, 1984.

Jacques Taminiaux, "Philosophy of Existence I: Heidegger," in *Routledge History of Philosophy*, Vol. VIII, London and New York: Routledge, 2003.

L. Dupre, *Passage to Modernity*. An Essay in the Hermeneutics of Nature and Culture. New Haven & London: Yale University Press, 1993.

W. O. Quine, *The Ways of Paradox and Other Essays*, New York, 1979.

Martin Heidegger, *Sein Und Zeit*, Max Niemeyer Verlag, Tuebingen 1986.

Karl Marx, *Pariser Manuskripte*, Dietz Verlag, 1985.

K. Marx, Grundrisse, Dietz Verlag 1974.

Karl Jaspers, *Reason and Existenz*, ed. by William Earle, New York: Noonday Press, 1955.

R. Rorty, *The Consequences of Pragmatism*, University of Minnesota Press, 1982.

F. Jameson, *Marxism and Historicism*. New Literary, Vol, xl, No. i, Autumn 1979.

Loux, Michael J. and Zimmerman, Dean W. (eds.), *The Oxford Handbook of Metaphysics*, Oxford University Press, 2003.

Francis Liber. *The Miscellaneous Writings of Francis Liber*, ed. Daniel C. Gilman, Vol. 2 (Philadelphia: Lippincott, 1880).

索　引

后　记

　　本书是我多年来人学研究部分成果的结集，也是继人学"三部曲"之后我的又一部人学研究专著。

　　我从事马克思主义人学研究以来，写的第一部人学专著是《马克思人学革命研究》，这本书由中国社会科学出版社于 2009 年出版。马克思人学的出场是人学史发生的一次"哥白尼革命"。这部著作从宏观上、整体上研究了马克思人学的革命性变革，从历史之维、存在之维、体系之维、内容之维、方法之维、价值之维等方面对马克思人学与西方传统人学展开全景式的比较研究，比较客观地呈现了马克思人学的完整图景。

　　《直面生活本身——马克思人学存在论革命研究》是我的第二部人学专著，国家社科规划办立项为后期资助项目，后指定由北京师范大学出版社出版，2012 年年初公开问世。马克思人学革命是于"存在论"的根基处发动的，是人学存在论传统的"整体断裂"和"新生"。该著作从"存在论"这一微观视角切入来研究马克思在人学史上发动的这一场革命性变革，细致考察了西方传统人学的存在论立场及其历史演变，考察了费尔巴哈人学对存在论转向的贡献，重点研究了马克思开辟的人学存在论道路。

　　《"以人为本"的形上之思》是我的第三部人学专著，由中国社会科学出版社于 2017 年出版。该著作从存在论（本体论）的视角切入，从元哲学的层面展开，力图从根本上回答"以人为本究竟是什么"、"人究竟何以为本"、"以人为本究竟何以可能"以及"以人为本的终极追求究竟是什么"等四个元哲学层面的问题。

这三部人学著作之所以被称为"三部曲"，是因为它们之间具有密切的亲缘关系，具有严密的内在逻辑关联。如果说第一部著作是从宏观上、整体上研究马克思人学革命的话，那么，第二部著作则是从微观上、局部上（"存在论"这个方面）来研究马克思在人学史上发动的这一场革命性变革。后者的研究视角似乎要窄一些，但立意更加高远，研究也更加深入，从问题的表象进入了问题之中，深入马克思人学革命的本质那一度中间去了。第三部著作是前面两部著作在价值论层面的进一步深化，发掘了马克思人学（存在论）革命的价值论意义。"马克思人学革命"的落脚点就是将人的世界和人的关系还给人自己，实现人的自由全面发展；"马克思人学存在论革命"直接地解决了"人是什么"的存在论难题，深层地彰显了"如何对待人"的价值论意蕴，两者最终都指向"以人为本"的价值立场。

《马克思人学的存在论阐释》是我关于人学研究的最新成果。该著从存在论的视角切入，比较系统地阐释了马克思人学的存在论思想及其价值论意蕴。该著作中大多数章节已公开发表，因此也可以说是相关论文的结集出版。但这些论文主题明确，一以贯之，具有较为完整的内在逻辑。由于该著作中收入的文章时间跨度超过 15 年，前后的文字风格可能不尽一致，部分章节内容可能显得稚嫩、不成熟，欢迎学界同人批评指正。

陈曙光

2019 年 7 月 1 日于大有庄

图书在版编目（CIP）数据

马克思人学的存在论阐释／陈曙光著. -- 北京：
社会科学文献出版社，2019.9（2021.3 重印）

（中共中央党校（国家行政学院）马克思主义理论研
究丛书）

ISBN 978 - 7 - 5201 - 5392 - 8

Ⅰ.①马…　Ⅱ.①陈…　Ⅲ.①马克思主义 - 人学 - 研
究　Ⅳ.①C912.1

中国版本图书馆 CIP 数据核字（2019）第 181887 号

中共中央党校（国家行政学院）马克思主义理论研究丛书

马克思人学的存在论阐释

著　　者／陈曙光

出 版 人／王利民

责任编辑／吕霞云　王京美

出　　版／社会科学文献出版社·政法传媒分社 （010）59367156
地址：北京市北三环中路甲 29 号院华龙大厦　邮编：100029
网址：www. ssap. com. cn

发　　行／市场营销中心（010）59367081　59367083

印　　装／北京建宏印刷有限公司

规　　格／开 本：787mm × 1092mm　1/16
印 张：17.75　字 数：245 千字

版　　次／2019 年 9 月第 1 版　2021 年 3 月第 2 次印刷

书　　号／ISBN 978 - 7 - 5201 - 5392 - 8

定　　价／108.00 元

本书如有印装质量问题，请与读者服务中心（010 - 59367028）联系